목사는 말씀을 가르치는 자인 동시에 교회라는 전문 집단을 경영하는 경영자이기도 하다. 그러나 목회자들 대부분이 말씀을 가르치는 훈련은 충분히 받지만 경영에 대한 훈련과 마인드가 부족하여 교회 경영을 제대로 못하는 경우가 많다. 그래서 장로회신학대학교 측에 신학생들이 경영학 오리엔테이션을 한 학기라도 필수 과목으로 배우면 좋겠다는 제안을 했었다. 그 결과 경영에 대해서 배운 바 없는 나에게 그 시간이 맡겨졌고 나는 몇 년 동안 신대원 학생들과 함께 공부했다. 그때 교재로 사용했던 책이 바로 기독경영연구원 회원들이 쓴 『건강한 교회, 이렇게 세운다』였다. 학생들이 조별로 한 챕터씩 맡아서 연구한 내용을 가지고 1시간 동안 발표를 하면 나머지 1시간 동안 내가 보충 설명과 강의를 하는 방식으로 진행했다. 나에게도, 그리고 학생들에게도 아주 유익한 시간이었다. 그 책의 저자들이 후속편 『무엇이 교회를 건강하게 하는가』를 집필했다. 무척 반갑다. 후속편도 좋은 통찰들로 가득한데, 그중에서도 이 책의 가장 큰 매력은 교회 건강성 체크리스트를 만들고 그에 따라 180개 교회의 건강성 진단을 실시한 것이다. 사람들이 정기적으로 병원에 가서 건강을 점검하고 그에 따른 처방을 받듯이 교회도 그래야 한다. 그 어느 책보다 관심이 많이 가는 책이다. 이 책을 들고 신학교로 가서 학생들과 다시 한 번 씨름해 보고 싶은 마음이 들 정도다.

김동호(사단법인 피피엘 대표)

한국 교회의 위기는 새삼스러운 이야기가 아니다. 우리는 이 위기를 어떻게 극복해야 하는가? 『건강한 교회, 이렇게 세운다』에서 교회의 조직체적 본질에 주목했던 저자들은, 『무엇이 교회를 건강하게 하는가』에서 한국 교회가 현재의 위기를 극복하고 건강성을 회복할 수 있는 방안을 다시 한 번 제시한다. 이 책은 교회에 대한 공동체적 관점과 조직체적 관점을 통합함으로써 신학적 기반과 실제적 안목을 조화시킨 '건강한 교회론'을 전개한다. 그리고 교회에 대한 건실하고 깊이 있는 신학적 성찰과 논의를 통해 우리 시대에 하나님이 세우고자 하시는 이상적 교회상을 선명하게 제시한다. 또한 이론적 담론에 그치지 않고 현장에 대한 치밀하고 정확한 분석과 평가, 이상과 현실의 적절한 연계를 성공적으로 수행함으로써 현실에 밀착된 실천 방안을 풍성하게 제공한다. 이 책은 전작과 같이 한국 교회가 회복과 갱신을 통해 위기를 극복하는 데 매우 구체적인 도움을 줄 것이다. 또한 한국 교회가 하나님을 기쁘시게 하고 이 시대의 신앙인들에게 희망을 주는 '건강한 교회'로 거듭나는 데 있어 중요한 안내자 역할을 할 것이다. 건강한 교회를 꿈꾸는 모든 목회자들과 신자들의 필독서 목록에 넣기에 부족함 없는 훌륭한 책이다.

임성빈(장로회신학대학교 총장, 기독경영연구원 이사)

건강한 교회에 대한 관심은 어제 오늘의 일이 아니다. 그리고 이제는 교회의 양적 성장보다는 지속 가능성이 더 큰 과제가 되었다. 그렇다면 오늘날 한국 교회에 필요한 건강한 교회의 기준은 무엇인가?『건강한 교회, 이렇게 세운다』에서는 저자들이 조직체로서의 교회의 건강성에 집중하였다면,『무엇이 교회를 건강하게 하는가』에서는 한 걸음 더 나아가 교회의 공동체적 특성과 조직체적 특성을 통합하고 다양한 사례를 통해 건강한 교회에 대한 입체적 지침까지 제시한다. 교회의 건강성을 다각도로 진단하고 개선하기 위한 객관적 기준을 제시하려는 저자들의 세밀한 작업에서 교회에 대한 저자들의 깊은 사랑을 충분히 알 수 있다. 성경적 교회론과 건강한 교회상에 대한 목회자와 신학자의 저술은 이미 많이 소개되었다. 하지만 정작 교회의 주체인 평신도가 만족할 수 있는 교회에 대한 지침을 다룬 책은 거의 없었다. 그런 의미에서 이 책은 목회자와 평신도가 성경적으로 균형 잡힌 건강한 교회를 세우기 위해 함께 읽어야 할 책이다. 건강한 교회? 여기에 대안이 있다!

조경열(아현감리교회 목사)

무엇이 교회를 건강하게 하는가

IVP(InterVarsity Press)는
캠퍼스와 세상 속의 하나님 나라 운동을 지향하는
IVF(InterVarsity Christian Fellowship)의 출판부로
생각하는 그리스도인을 위한 문서 운동을 실천합니다.

무엇이 교회를 건강하게 하는가

교회의 건강성 회복을 위한 처방전

양혁승·류지성·배종석

IVP

차례

감사의 글 / 009

들어가는 글 / 013

1부

건강한 교회를 위한 진단 및 처방

1장 건강한 교회 공동체 / 023

2장 건강한 교회를 추구하는 사례 교회들 / 045

3장 교회의 건강성 진단 / 085

4장 교회의 건강성 회복을 위한 처방과 변화 관리 / 105

2부

공동체로서의 교회 건강성

5장 참된 예배 / 131

6장 연합된 지체 / 153

7장 건강한 자람 / 175

8장 섬김의 실천 / 199

3부

조직체로서의 교회 건강성

9장 목적 충실성 / 225

10장 세움의 리더십 / 247

11장 직분의 회복 / 273

12장 핵심 원리에 기반한 운영 / 295

결론 / 317

부록 1 2013년도 CHEQ II 분석 결과 / 321

부록 2 교회 건강성 진단 설문(CHEQ II) / 339

주 / 347

감사의 글

2008년에 저자들이 『건강한 교회, 이렇게 세운다』(한국 IVP)를 출간할 때 1차 원고를 폐기하고 전면 재집필 과정을 거쳐 4년여 만에 책이 나왔다. 인사 조직 전공자의 시각으로 '건강한 교회'란 조직 운영 면에서 어떤 특성을 갖춘 교회인지 그 분석틀을 만들고, 한국 교회가 특별히 중시해야 할 성경적 핵심 원리들을 도출하며, 각자 쓴 원고를 함께 읽고 내용을 조율하느라 수없이 만나서 토론했다. 그 과정을 통해 저자들은 교회를 바라보는 공통의 시각과 문제의식을 공유하게 되었다.

그래서 후속편인 본서를 계획할 때에는 이전 책보다 훨씬 수월하게 진행될 것으로 예상했다. 하지만 본서도 결국 4년여 만에 햇빛을 보게 되었다. 본서도 1차 원고를 거의 폐기하다시피 하고 전면 재집필 과정을 거쳐야 했다. 교회의 공동체 및 조직체 측면을 함께 고려하여 교회의 건강성을 진단할 수 있는 설문지(CHEQ II)를 만들고, 180개 교회를 대상으로 설문 조사를 실시하고 분석하는 데 많은 시간을 투입해야 했다. 또한 출간 도서의 품질을 중요하게 관리하는 IVP 편집부와 책의 내용을 조율하는 데도 많은 시간이 소요되었다.

이러한 과정을 거쳐 이 책이 나오기까지 여러 귀한 분들의 도움을 받았다. 우선, 저자들의 이전 책 『건강한 교회, 이렇게 세운다』를 장로회신학대학교 강의 교재로 사용하시면서 여러 차례 좋은 피드백을 주시고 또 본서를 준비하는 과정에서 설문 조사 비용을 기꺼이 부담해 주신 김동호 목사님께 감사를 드린다. 기독경영연구원(기경원)에서 늘 신학적 방향을 제시해 주시고 이 책의 초기 방향을 제시해 주신 임성빈 장로회신학대학교 총장님께도 감사를 드린다. 또한 이 책은 기경원의 교회 건강 회복 사업 중 하나로 집필되었다. 기경원의 이사장으로서 기경원의 발전을 위해 후원과 기도로 섬기시는 박래창 장로님과 박철 원장님, 그리고 늘 동역해 주시는 운영 위원들에게 감사를 드린다.

본서를 저술하는 과정에서 다양한 분들과 인터뷰를 하고 도움을 받았다. 책의 방향 설정 단계에서 조언을 주신 방인성 목사님(함께여는교회)과 안해용 목사님(전 너머서교회 담임)께 감사드린다. 본서에 소개된 여덟 개 사례 교회의 담임 목사로 섬기시면서 기꺼이 인터뷰와 자료 제공에 협조해 주신 김일현 목사님(양평 국수교회), 이도영 목사님(더불어숲동산교회), 이진오 목사님(전 더함공동체교회 담임), 정성규 목사님(예인교회), 조재호 목사님(고척교회), 조주희 목사님(성암교회), 주서택 목사님(전 청주 주님의교회 담임), 최경학 목사님(순천 강남중앙교회)께 감사를 드린다.

저자들이 속한 서문교회의 한진환 목사님, 서울중앙교회의 김진영 목사님, 거룩한빛광성교회의 정성진 목사님께 이 지면을 빌려 감사를 드린다. 서문교회는 이 땅에 하나님 나라를 세워 가는 교회가 되기 위해 노력 중이고, 서울중앙교회는 교회다운 교회가 되어 우리 시대에 개혁교회의 이정표가 되려고 노력하고 있으며, 거룩한빛광성교회는 한국 교회의 개혁 모델이 되려는 다양한 실험을 하고 있다. 저자들은 각자가 소속된 이 교회들 안에서 많은 기쁨과 슬픔, 아픔과 보람을 경험하였고, 각자의 교회를 위해 많은 생각과 기도와 수고를 감당하고 있다.

본서를 집필하는 기간 중에 교회의 본래적 사명과 한국 교회 갱신 방안을 함께 토론하며 저자들의 집필을 응원해 주신 이근복 목사님, 한국일 교수님, 손달익 목사님, 김도일 교수님, 원종휘 목사님, 조주희 목사님, 이영익 목사님, 배경임 실장님, 박현철 목사님께도 감사를 드린다. 그리고 4년 전 180개 교회 대상 설문 자료 분석과 정리를 위해 수고해 준 옥지호 박사(현 전주대 교수)께도 감사를 드린다.

이 책의 저술 기획부터 집필 방향, 원고 편집, 교정 작업 등의 과정을 성실하게 해 준 한국 IVP 간사님들에게 감사를 드린다. 긴 세월 동안 항상 기도와 성원을 보내 준 가족들에게 고마움을 전한다.

저자들은 본서의 저술을 위해 토론하는 과정에서 하나님의 은혜가 있었음을 고백한다. 서로를 독려하며 함께 저술하는 과정에 함께하신 하나님께 감사를 드리며, 그분의 나라가 무궁하며 그분의 교회가 바로 세워지기를 간절히 소망한다.

2018년 1월 24일
저자 일동

들어가는 글

하나님 나라의 핵심은 하나님의 통치이다. 그리고 교회는 하나님 나라에 속한 백성들의 공동체이다. 따라서 교회는 그 자체로 하나님 나라는 아니지만, 그 나라를 현실화하고 선포하도록 부름받은 공동체이다. 또한 공동체 내에서만이 아니라 그 너머의 세상에서도 삶을 통해 그 역할을 수행하도록 부름받았다.

이런 특성을 가지는 교회 공동체를 분석하기 위해 본서에서는 경영학적 분석틀을 활용하였다. 여기에서 '과연 경영학적 분석틀로 교회를 다룰 수 있는가?'라는 근본적인 질문이 대두된다. 어떤 경영학자는 교회도 조직이므로 충분히 경영학의 분석틀로 진단하고 처방할 수 있다고 주장한다. 그러나 교회의 본질적 요소 모두를 경영학의 틀로 분석할 수 있는 것은 아니다. 그렇다면 경영학의 틀로 교회를 분석할 수 없다는 것인가? 우리는 '한계가 있지만 가능하다'는 입장을 견지한다. 왜 가능한가? 교회가 조직체의 성격과 형태를 지니고 사회적 제도의 특성을 나타내기 때문에, 그것을 경영학적 분석틀로 기술하고 설명하고 진단하고 평가하고 해석하는 것은 얼마든지 가능하다. 교회 정치, 교회 행정 등의 용어를 사용할 때는 정치학과 행정학이 뒷받침된다. 마찬가지로 교회 경영에는 경영학이라는 학문적 토대가 개입된다.

그러나 분명 한계도 있다. 학문이 가지는 일반적 한계도 있고, 경영학이 가지는 특수한 한계도 있다. 일반적 한계는, 모든 학문은 그 자체가 가치 중립성에 기반할 수 없으므로 종교적 가치의 역할이 모든 이론의 기저에서 작동한다는 점이다.[1] 이론의 기저에서 작동하는 종교적 가치에 대한 진지한 고찰 없이 경영학 이론과 관점을 교회에 적용하면 부적절할 뿐만 아니라 위험할 수도 있다. 경영학의 특수한 한계는, 경영학이 기본적으로 기업 경영에 바탕을 두고 시장 제도와 기업이라는 사회적 제도의 틀 속에서 발전해 왔기 때문에 교회의 본질적 실재를 다 드러내거나 설명할 수 없다는 점이다. 경영학의 틀을 가지고 교회를 분석할 때 유용하게 적용되는 부분이 많은 것은 사실이나, 신앙적·도덕적·법적·사회적·문화적·심리적 측면을 포함하는 존재의 모든 양상을 충분히 설명하지는 못한다. 무리하게 비유적으로 설명하려는 시도는 환원주의에 빠질 우려가 있다. 우리는 이런 한계를 인식하는 가운데 경영학적 관점을 적용할 것이다.

본서는 건강한 교회를 세우고 회복하고 유지하는 데 실질적 도움을 주는 책이 될 것이다. 단순히 건강한 교회에 대한 신학적 논의를 하는 것도 아니요, 그렇다고 단순히 경영학적 혹은 조직론적 관점에서 교회를 해부하여 교회의 본질과 상관없는 기계적 혹은 방법론적 교회 변화에 대한 지침을 제공하려는 것도 아니다. 일반적으로 수용되는 교회의 건강성에 대한 성경적·신학적 관점을 간략하게 설명한 후 한국적 상황에서 우리 정서에 맞는 교회 회복의 방안에 대한 구체적 내용을 제시하고자 한다. 더 구체적으로 본서의 목적을 기술한다면 다음 두 가지로 요약할 수 있다. 첫째, 교회 건강성 점검을 위한 여덟 가지 속성을 제시하되, 그것들을 공동체적 관점과 조직체적 관점으로 구분하여 제시한다. 둘째, 그런 속성에 기반한 교회의 건강성 점검 방법을 구체적으로 소개하고 항목별로 교회가 스스로 성찰하고 점검하며 회복하려는 의욕을 가지도록 돕는다.

이런 맥락에서 본서에서 사용할 핵심 주제와 용어는 다음과 같다.

- **공동체로서의 교회**: 하나님의 가족, 그리스도의 몸, 성령의 전(殿) 등으로 표현되는 교회의 공동체 측면으로서 머리-지체-자람-섬김으로 이어지는 내용이 그 특징이다.
- **조직체로서의 교회**: 공동체로서의 교회를 실제적이며 구체적으로 세우고 회복하고 유지하는 데 필요한 조직체 측면으로서 목적-리더-직분-운영으로 연결된 제도화된 교회를 나타낸다.
- **교회 건강성**: 성경에서 도출한 교회 공동체와 교회 조직체를 위한 핵심 원리가 제대로 적용될 때 교회 건강성이 구축될 수 있다고 본다. 따라서 어떤 원리와 속성이 교회의 건강성을 담보하는지에 대해 논의한다. 즉, 교회 건강성을 담보하는 핵심 원리와 그 원리에서 도출된 건강한 교회의 속성을 제시한다.
- **핵심 원리**: 성경에서 도출한 건강한 교회를 형성하는 원리로서, (1) 성령 하나님에 대한 민감함, (2) 핵심 목적의 성취, (3) 권위와

자율의 균형, (4) 상호적 섬김과 공동체성, (5) 유기적 연계성과 공유, (6) 보편적 교회, (7) 영적 성장과 '세상 속의 그리스도인'이다.
- **건강한 교회의 속성**: 공동체로서의 교회와 조직체로서의 교회 영역에서 핵심 원리를 적용하여 도출한 속성들이다. 공동체로서의 속성은 (1) 참된 예배, (2) 연합된 지체, (3) 건강한 자람, (4) 섬김의 실천이고, 조직체로서의 속성은 (1) 목적 충실성, (2) 세움의 리더십, (3) 직분의 회복, (4) 핵심 원리에 기반한 운영이다.
- **진단과 처방**: 설문 조사와 심층 분석을 통해 이루어지는 교회의 건강성 진단과 처방에 대한 내용이다.

본서의 독자로는 처음부터 교회를 건강하게 세우려는 이들, 건강하지 못한 교회를 새롭게 회복시키려는 이들, 교회의 건강성에 관심을 가지고 노력하는 모든 이들이 포함될 것이다. 특히 교회에서 목회를 하는 목사, 미래의 목회자가 될 신학생, 교회에서 직분을 맡고 있는 직분자, 그리고 미래에 교회의 주역이 될 청년들이 될 것이다. 본서를 저자들의 이전 책 『건강한 교회, 이렇게 세운다』(한국 IVP)와 함께 사용해도 좋을 것이다. 특히 저자들이 개발한 교회 건강성 진단 설문지 CHEQ(Church Health Evaluation Questionnaire)는 이전 책에서 제시한 CHEQ I에 더하여 이번 책에서 CHEQ II를 제시하였다. 교회에 따라서는 이 두 개의 설문지를 보완적으로 활용할 수 있다.

본서의 내용은 저자들의 이전 책의 내용과 연속성을 가지는 동시에 차별성을 가진다. 우선 다음의 몇 가지 측면에서 연속성을 가진다. 첫째, 우리는 여전히 교회의 건강성에 초점을 두고 있다. 교회다운 교회를 세우고, 주님이 가르쳐 주신 교회의 본질적 모습을 회복해야 한다는 큰 기조에는 변함이 없다. 둘째, 이전 책에서 사용한 건강한 교회의 일곱 가지 핵심 원리를 이 책에서도 그대로 활용한다. 저자들은 이 일곱 가지 핵심 원리가 교회 공동체와 교회 조직체 모두에 적용될 수 있다고 생각하며, 이를 적용하는 방식에 대해 논의할 것이다. 셋째, 이전 책과 같이 본서에서도 교회의 조직체 부분을 강조할 것이다. 교회의 조직체 측면이 공동체 측면을 이끌고 가지는 않겠지만, 조직체가 건강하지 않으면 살아 있는 공동체가 지속될 수 없다는 것이 우리의 판단이다. 교회가 시스템을 제대로 구축하지 않은 채 담임 목회자에게 너무 의존하는 경우 해당 담임 목회자가 목회할 동안에만 교회가 원활하게 운영되고 이후에는 공동체의 건강성이 금방 와해된 다양한 사례들이 이를 잘 반영한다고 생각한다.

그러나 본서는 이전의 책과 몇 가지 차별성을 가진다. 첫째, 가장 큰 차이는 조직체로서의 교회에만 초점을 맞춘 이전 책과는 달리 공동체로서의 교회에 대한 내용을 충분히 고려하고 그 관점을 기반으로 건강한 교회를 다루었다. 둘째, 개념서 수준을 넘어 실제적 측면을 강조한다. 이를 위해 건강한 교회를 세우기 위해 노력하는 또 다른 여덟 개의 사례 교회를 조사하여 책 내용에 포함시켰다. 이 사례 교회들은 지역적 다양성(수도권과 지방 소재 여부), 규모의 다양성, 건강한 교회를 세우기 위해 몸부림치며 애쓰는 노력 등을 고려하여 선정하였다. 또한 본서를 위해 특별히 준비한 CHEQ II를 활용하여 전국에 걸쳐 180개 교회를 대상으로 설문 조사를 실시한 후 이것을 분석한 내용을 추가하였다. 셋째, 개별 교회가 교회 건강성에 대한 진단과 조직의 변화를 스스로 시작할 수 있도록 교회의 개혁과 변화에 적용 가능한 제안 내용을 담았다. 특히, 규모가 작은 교회에서도 쉽게 건강성을 진단하고 처방할 수 있도록 하였다.

저자들은 이전 책 『건강한 교회, 이렇게 세운다』를 출간한 후 여러 신학교와 교회, 단체에서 정규 강의, 특강, 혹은 세미나를 통해 그 내용을 공유할 수 있는 기회를 가졌다. 대상도 교회 목사, 신학생, 일반 성도, 청년·대학생 등 매우 다양하다. 그 책을 교재로 사용하는 신학교도 있다. 이런 과정을 통해 많은 이들의 따뜻한 격려를 받았다. 경영학자들이 쓴 교회에 관한 책이지만 교회를 개혁하고 건강하게 세우는 데 실질적으로 도움이 되는 의미 있는 책이라는 평가도 있었고, 또 책 속에서 교회를 사랑하는 마음을 읽을 수 있었다는 평가도 받았다.

그런가 하면 다양한 질문과 도전도 받았다. 질문들 중에서 몇 가지만 소개하면 다음과 같다. 첫 번째 질문은 건강한 교회 사례로 소개된 교회가 정말 건강한 교회인지에 대한 것이었다. 이전 책을 쓸 당시뿐만 아니라 그 이후에도 사례 교회들이 다양한 변화와 도전을 경험하며 더 건강해지려고 노력한 경우도 있었지만, 외부에서 보았을 때 사례 교회가 건강성을 상실하는 경우도 있었다. 특히 사례 교회에 출석하면서 사역에 깊이 동참하고 있는 일부 직분자들은 자신들의 교회가 건강한 교회 사례로 소개되는 것에 이런저런 문제들을 제기하기도 하였다. 저자들도 이 책에 소개된 사례 교회들이 책에서 제시한 일곱 가지 핵심 원리들을 충분히 적용하고 있다고 생각하지는 않는다. 그러나 이 사례 교회들은 최소한 건강한 교회를 세우려는 의지를 가지고, 이를 위해 다양한 실험들을 하고 있었다. 그리고 저자들이 책에 사례 교회를 포함한 이유는 그 내용이 이론과 개념적 설명을 넘어 구체성과 현실성을 담아내는 중요한 역할을 한다고 생각했기 때문이다.

이전의 책에 대한 두 번째 질문은 책에서 제시한 건강한 교회 조직체에 대한 논의들이 규모가 제법 크고 재정이 어느 정도 뒷받침되는 교회에만 적용될 수 있지 않겠는가 하는 것이다. 저자들은 분명히 교회의 양적 성장이 아닌 교회의 건강성에 초점을 두려고 의도했던 것이 사실이다. 그리고 교회의 성도 수에 상관없이 건강성을 높이려는 노력을 기울여야 함을 염두에 두었다. 또한 큰 교회뿐만 아니라 작은 교회도 나름대로 조직체로서의 모습이 있기 때문에 모든 교회에 적용 가능할 것이라고 여겼다. 그럼에도 불구하고 의도와는 다르게 일부 논의들(예. 조직 모형에서의 조직 구조나 운영 시스템)은 성도 수가 적은 교회에 적용하는 데 어려움이 있겠다는 생각을 하게 되었다. 더군다나 최근에 일고 있는 '메가처치'(megachurch)에 대한 다양한 도전과 교회 개혁 운동 차원의 작은교회운동 등을 고려하면 그 질문은 저자들이 더 고민해야 하는 도전임에 틀림없다.

또 다른 질문은 이전 책이 교회 조직체에 집중되어 있고 교회 공동체를 강조하지 않았다는 것이다. 그러나 이 부분은 사실 이전 책의 의도이기도 했다. 신학자나 목회자가 아니라 경영학자인 저자들이 건강한 조직론적 지식을 가지고 교회의 건강성 회복에 도움이 되고자 하는 의도에서 이전 책을 저술했기 때문이다. 저자들은 이전 책 한 권으로 교회의 모든 문제를 풀어 낼 수 있다고 생각하지 않았다. 그보다는 기존의 다양한 책들과 보완적으로 사용될 수 있을 것이라고 생각했다. 즉 그동안 등한시했던 부분에 대해 새로운 각도에서 기여할 수 있으면 족하다는 생각이었다. 그럼에도 불구하고 교회 조직체의 존재는 교회 공동체의 본질을 살려 내지 못하면 의미가 없기에 균형 있는 논의가 필요하겠다는 생각을 하게 되었다.

이상의 질문과 도전은 하나하나가 중요한 메시지를 담고 있다. 그런 질문과 도전들이 본서를 준비하게 만들었다. 아무쪼록 본서가 한국 교회의 건강성 회복에 관심을 가지고 기도하며 노력하는 이들에게 조그마한 도움이 될 수 있기를 바란다.

1부

건강한 교회를 위한 진단 및 처방

1장
건강한 교회 공동체

근본적 변화가 필요하다

역사상 최악의 회계 부정 사건을 들라고 하면 2001년에 드러난 미국의 엔론(Enron) 사건을 들 것이다. 이 회계 부정 사건으로 이 회사는 사회적으로 큰 물의를 일으켰다. 외부 회계 감사 시스템조차 작동하지 않았던 것이다. 이로 인해 CEO였던 제프리 스킬링(Jeffrey Skilling)은 텍사스 휴스턴 지방법원에서 24년 4개월이라는 중형을 선고받았다. 이 사건 이후로 기업에서는 회계 투명성이 매우 강조되었고, 경영학과에서는 기업 윤리 과목이 많이 강조되었다.

『CEO와 성직자』(The CEO and the Monk, 한스컨텐츠)라는 책에는 브루클린유니온(Brooklyn Union)이라는 회사의 변화에 대한 이야기가 나온다. 이 회사는 엔론과 같이 에너지 산업에 속해 있었지만, 엔론과는 완전히 다른 경영 방식을 택했다. 이 기업의 CEO였던 로버트 카텔(Robert Catell)은 미국 에너지 산업의 변화를 감지하고 위기 의식을 느꼈다.

그는 이 위기에 대처하기 위해 회사를 새롭게 변화시키고자 하였다. 이와 관련한 재미있는 이야기 중 하나는 한 사람의 채용에 관한 것이다. 로버트 카텔은 15년 동안 가톨릭 수사로 있던 케니 무어(Kenny Moore)라는 사람을 옴부즈맨으로 고용하여 그에게 회사 구석구석을 돌아다니며 직원들의 이야기를 듣고 무엇이 필요한지 찾아내는 역할을 맡겼다. 기업의 변화를 위해서 두 사람은 긴밀하게 대화하면서 회사가 어떤 방향으로 나아가야 할지 고민하다가 새로운 전환점이 필요하다는 판단 하에 큰 이벤트 하나를 계획하였다. 그래서 임직원들에게 누가 사망했는지 밝히지 않은 채 부고 소식을 알렸고 중간 관리자급 이상 경영자 400명 정도가 회사의 강당에 모였다. 모두가 모였을 때 로버트 카텔은 "오늘로서 브루클린유니온 사는 죽었다"고 선언하고 모든 사람들로 하여금 지금까지 회사 생활을 하다가 없어졌으면 좋겠다고 생각한 항목들을 모두 적어서 미리 마련한 납골단지에 넣도록 한 후 장례식을 치렀다. 회사의 과거 관행과 부정적 요소들을 모두 정리하고 새로운 회사로 거듭나는 상징적 행사를 치른 것이다. 이런 과정을 통해 이 회사는 위기를 극복하고 같은 업계에 있었던 엔론과는 전혀 다른 길을 가게 되었다. 그리고 새로운 기업의 영혼을 불러일으키는 역사를 이루어 냈다.

윌로우크릭 교회(Willow Creek Community Church)는 2003년 7,200석 규모의 예배당을 지은 후 '이제는 무엇을 해야 하는가?'라는 문제 제기를 시작하였다.¹ 이러한 질문에 대한 구체적인 답을 제시하기 위하여 목회 사역 팀은 다음의 세 가지 차원에서 전략적 기획을 시도하였다. (1) 우리는 지금 어디에 있는가?(상황 분석) (2) 우리는 지금 무엇을 바라보는가?(비전 설정) (3) 그 비전을 어떻게 이룰 것인가?(실행 계획) 그리고 교인들을 대상으로 설문 조사를 실시하였다. 목회 사역에서 일반적으로 가지는 전제는 교회 활동에 열심히 참석하는 사람이 영적으로도 성장한다는 것이지만 설문 조사 결과는 그와 다르게 나타났다. 설문에 참여한 사람들 중 25퍼센트는 그들의 영적 상태에 대해 '침체 상태' 또는 '불만족 상태'에 있다고 응답하였다. 이들 대부분은 교회에서 지도 그룹에 속하는 사람들이었다. 구도자 단계를 지나 성장 단계와 성숙 단계에 이른 많은 성도들은 침체 상태에 머물러 있었고, 그리스도 중심 단계에 있는 많은 성도들은 불만족 상태에 머물러 있었다. 침체 상태에 있는 사람들의 특징은 자신들이 여전히 강한 믿음을 가지고 있다고 말하지만, 실제로는 개인적 기도 생활, 성경 공부와 묵상 훈련을 게을리하고 있었다. 이 상태에 있는 사람들 중 25퍼센트는 교회를 떠날 생각을 하고 있었다. 영적 성장의 가장 큰 걸림돌은 과소비, 도박, 음주, 포르노그라피, 과식 등에 중독됨(27퍼센트), 부적절한 관계(16퍼센트), 우울증 등의 정서 문제(48퍼센트), TV, 인터넷, 이메일, 영화 등에 우선 시간을 할애하는 영적 생활의 우선순위 왜곡(89퍼센트)이었다.

예인교회는 구약 시대 광야 교회와 신약 시대 초대교회를 이상적 모델로 삼아 '비전은 하나님으로부터, 운영은 민주적으로, 소유는 최소한, 나눔은 최대한'이라는 모토하에 2002년 7월 21일에 창립한 교회이다. 예인교회는 목회자 중심주의가 한국 교회의 병폐 중 하나이며 만인제사장의 성경적 원리에 배치된다는 점을 인식하고 목회 사역과 행정 사역을 분리하여 행정을 포함한 교회 운영 전반을 성도들의 의견 수렴과 참여를 통해 꾸려 나가는 성도 중심의 민주적 운영 구조를 갖추었다. 목회자는 말씀 사역과 목양 사역에 집중하도록 하고, 여덟 명(위임 목사

포함. 단 위임 목사는 의결권이 없다)으로 구성된 운영 위원회가 교회 총회의 위임을 받아 1년씩 교회의 전반적 운영에 대한 책임을 맡는다. 또한 한국 교회가 안고 있는 문제의 상당 부분이 성장주의 혹은 성공주의에서 기인하며 교회의 규모가 커질수록 그로 인해 교회의 본질 중 하나인 공동체성이 훼손될 수 있다는 인식하에 등록 교인이 250명을 초과한 때부터 교회 분립을 추진할 분립 추진 위원회를 구성하도록 정관에 못박고 있다. 뿐만 아니라, 최소한의 소유 원칙에 따라 자체 예배당 건물을 소유하지 않고 지역 내 유휴 시설을 활용하여 예배를 드리고 있으며, 최대한의 나눔 원칙에 따라 가능한 한 재정 지출의 많은 부분을 지역 공동체와 나누려고 애쓰고 있다. 요즈음에는 구조적 측면의 개혁이 건강한 교회 공동체를 이루기 위한 필요조건이기는 하지만 충분조건은 아니라는 것을 실제로 경험하면서 건강한 교회 공동체를 어떻게 구현할 것인지 지속적으로 고민하고 있다.

앞의 세 사례에는 한 가지 공통점이 있다. 그것은 근본적 변화가 필요하다는 점을 인식하고 과감하게 변화를 시도하고 있다는 점이다. 이 세 사례가 바람직한 방향으로 변화를 이루어 냈는지 여부는 좀더 시간을 두고 평가해야 하겠지만, 한 가지 분명한 것은 근본적 변화를 이루기 위해 많은 노력을 기울이고 있다는 점이다. 한국 교회는 그동안 위기의식을 공유해 왔다. 그러나 근본적 변화는 부족했다. 이제 한국 교회는 교회의 본질을 회복하고 유지하기 위해 방법적 시도가 아니라 근본적 변화를 이루어 내야 한다.

"저거 진짜 교회 맞아?" "저 사람 진짜 목사일까?" "저 사람이 그리스도인이야?" 등은 사회 구성원들이 한국 교회를 향해 던지는 질문이다. 도무지 교회라고, 목사라고, 교인이라고 믿기 어려운 일들이 자주 일어나고 있다. 교회의 성장은 고사하고 생존마저 위협받고 있는 것이 오늘날 한국 교회의 현실이다. 이러다가 빠르게 성장한 한국 교회가 빠르게 쇠퇴할 수도 있겠다는 생각이 든다. 일곱 교회에 주신 주님의 말씀(계 1:4-3:22)에서 배울 수 있듯이, 본질적 교회의 모습으로 회복되기를 바라시는 주님의 간절함에 한국 교회가 응답해야 한다. 그러지 못할 때 촛대를 옮겨서 교회의 생명이 끝나게 하신다는 경고의 말씀에 귀 기울일 때이다.

한국 교회의 위기와 건강성 회복에 관심을 가진 단체와 저서들이 제법 있다. 교회 운동이나 단체로는 건강한작은교회연합, 교회2.0목회자운동, 교회개혁실천연대, 바른교회아카데미 등이 있는데, 이 단체들은 '건강한' '바른' 혹은 '교회다운' 모습의 회복 운동에 관심을 기울인다. 저서들을 중심으로 본다면 교회의 세속화에 대한 다양한 비판적 시각을 제시한 일련의 책들이 있다. 세속화에 도전받고 있는 교회의 실상을 파헤친 데이빗 웰스(David F. Wells)의 4부작 시리즈,[2] 소비자 지상주의에 매몰된 교회를 집요하게 파고든 스카이 제서니(Skye Jethani)의 『하나님을 팝니다』(*The Divine Commodity*, 조이선교회), 한국 교회 문제를 교회관의 부족과 설교의 문제로 설명하고 고뇌 가운데 신랄한 비판을 균형 있게 제시한 박영돈 교수의 『일그러진 한국 교회의 얼굴』(한국IVP), 세속 학문에 물든 교회를 비판한 옥성호의 『부족한 기독교』 시리즈,[3] 한국 교회의 현주소를 사실에 기반하여 분석한 양희송의 『다시 프로테스탄트』(복있는사람)가 모두 현대 교회에 대한 비판적 시각을 가지고 교회의 회복을 촉구하고 있다. 본서는 성경이 가르치는 교회의 본질을 담은 교회다운 교회로의 회복에 대한 기대와 열망을 담고 있다는 점에서는 이 저서들과 맥을 같이한다. 더 나아가 본서는 문제의 지적과 비판을 넘어 성경적 관점과 조직론적 관점에서 '그러면 어떻게'에 대한 해결책을 제시하려고 노력하였다.

본서를 저술하게 된 동기는 건강한 교회를 이해하고 세우고 유지하고 회복하고자 하는 열망이다. '어떤 교회가 건강한 교회이고, 어떤 교회가 병든 교회인가?' 그리고 '건강한 교회가 왜 병들게 되고, 병든 교회가 어떻게 건강해질 수 있는가?' 이에 대한 최종 진단과 판단은 주님이 하실 것이지만, 우리는 정직한 마음으로 주님 앞에 선 청지기로서 우리가 속한 교회 공동체의 건강 상태를 진단하고 개선 방안을 찾고자 몸부림쳐야 한다.

무엇이 문제인가?

한국 교회가 안고 있는 대부분의 문제는 교회의 대형화 흐름 속에 응축되어 있다. 문제의 핵심은 대형 교회가 공동체 측면과 조직체 측면에서 건강성을 상실했다는 점이다. 이에 대한 비판 수위가 매우 높아졌다. 이것은 교계 내에서도 그렇고 교회 밖에서도 그렇다. 그렇게 된 배경에는 목회자들의 개인적 부도덕, 성적 타락, 논문 표절 문제 등 다양한 이유가 있겠지만 가장 비중이 큰 것 중 하나는 교회 재정 관리 및 지출의 투명성 문제이다. 이전까지는 목회자의 재량으로 교회 재정을 사용하는 것이 관행이었다. 성도들이 목회자를 신뢰하는 동안에는 목회자가 선교나 하나님 나라를 위해 꼭 필요한 곳에 재정을 사용한다는 믿음이 있으므로 딱히 문제가 발생하지 않았다. 그러나 돈의 사용처가 불분명해

지기 시작하고 그 돈이 진짜 하나님 나라를 위해 사용되는 것이 맞을까 하는 의문이 생기면서 문제가 생기기 시작하였다. 성도들 사이에 목회자에 대한 불신이 싹튼 것이다.

더 큰 문제는 목회자가 교회를 개척하여 대형 교회로 성장시킨 몇몇 교회에서 그 목회자가 교회와 헌금을 사유 재산처럼 취급한다는 점이다. 자기 공력과 투자가 있었으니 이제 마음대로 해도 된다는 권리 의식이 생긴 것이다. 이것은 매우 위험한 발상이다. 게다가 1997년 경제 위기를 경험한 이후 사회적으로 경영과 회계의 투명성에 대한 요구가 강해졌다. 이에 따라 일반 성도들의 의식은 매우 높아진 반면 교회와 목회자의 관행은 그대로 유지되었다. 그 결과 교회가 세상의 규범에 뒤쳐진 상황이 된 것이다. 결국에는 교회 재정의 불투명한 사용과 예방 시스템의 부재, 교회 재정 관리의 책임 소재에 대한 불명확성과 모범적 기준에서 벗어난 교회 운영, 목회자의 지나친 재정 관여가 어우러져 발생하는 문제들로 인해 교회가 비판의 대상이 되고 있다. 이러한 재정 문제는 규모가 큰 대형 교회에서 주로 일어난다. 목회 세습 문제도 결국 돈과 영향력을 가진 대형 교회와 연계된 문제이다.

대형 교회 안에 응축된 문제들을 개선하기 위한 자구 노력이 없었던 것은 아니다. 이미 커진 교회 규모는 되돌릴 수 없으므로 있는 그대로 수용하고, 대신 건강한 대형 교회가 되기 위해 다각도로 개혁적 노력을 기울인 사례들이 있다. 일부 대형 교회들은 최근 '메가처치'에 대한 비판과 관련해서 교회 정관을 정비하고, 재정 투명성 제고를 위한 복식부기 절차를 제도화하며, 평신도 운영 위원회를 도입하여 평신도의 참여와 비판 기능의 활성화를 꾀하는 등의 노력을 기울였다. 그러한 움직임의 전제는 교회의 규모가 교회의 건강성과 관련이 있긴 하지만 교회의 본질적 모습을 드러낼 수 없도록 하지는 않는다는 것이다. 미국 교회의 경우를 보면 윌로우크릭 교회는 다각적 교회 진단을 통해 새로운 변화를 추구하였다.[4]

또 다른 개혁적 자구책은 교회를 분립하여 새로운 교회를 개척하는 것이다. 예를 들면, 1976년에 창립된 서울영동교회는 일찍이 교회 분립을 시작하였다. 1990년에는 한영교회를 분립하여 개척했고 1998년에는 박은조 담임 목사가 직접 분립 개척에 참여하여 샘물교회를 시작하였다. 대형 교회들도 분립을 추진하였다. 높은뜻숭의교회는 높은뜻광성교회, 높은뜻정의교회, 높은뜻푸른교회, 높은뜻하늘교회로 동시에 분립하였고, 분당우리교회는 담임 목사의 설교를 통해 교회를 분립하겠다고 선언하였다.

그러나 앞의 두 가지 접근 방식은 교회의 규모로 인해 발생하는 문제를 극복하는 데 한계가 있다. 높은뜻숭의교회처럼 완전히 분리하는 경우를 제외하면, 새로운 교회를 개척하는 경우 일부 교인들이 개척에 동참한다고 해도 기존 교회의 규모는 큰 영향을 받지 않는다. 그래서 일어난 운동이 작은교회운동과 교회2.0목회자운동이다. 그 운동 안에서도 대형 교회로는 교회의 본질을 결코 살리지 못한다는 입장과 교회의 본질을 살리는 것이 완전히 불가능하지는 않을지라도 그만큼 어렵다는 입장, 교회의 규모와 본질은 상관이 없지만 한국적 상황에서 대형 교회의 폐해가 매우 크다는 입장 등 다양한 입장이 존재한다. 하지만 작은교회운동에 참여하는 교회와 목회자들은 여러 작은 교회들이 연합하고 네트워크를 형성하여 교회의 공동체성을 살려 내고 교회의 본질을 회복해야 한다는 공감대를 가지고 있다.

교회2.0목회자운동(창립일: 2011년 6월 30일)

창립 목적

우리 목회자들은 그동안의 한국 교회의 퇴행과 일탈에 동조하고 침묵하였던 죄악을 애통하는 마음으로 회개하며, 사랑하는 한국 교회가 성경적 원리와 종교개혁의 정신으로 다시 서도록 하기 위해 교회2.0목회자운동을 시작합니다. 우리는 세속적 가치를 지향하지 않는 목회, 비움·나눔·작음을 지향하는 목회, 복음적 분업과 민주적 운영을 시행하는 목회, 교회개혁 운동에 동참하는 목회, 약자를 향한 사회적 책임을 지향하는 목회를 실천하기로 다짐하며, 건강한 교회, 새로운 목회를 지향하는 교회2.0목회자운동을 창립하는 바입니다.

핵심 가치

- 성경적 가치: 우리는 세속적 가치를 지향하는 목회를 거부하고, 비움과 나눔, 낮아짐과 작음의 성경적 신앙을 회복하기 위한 목회를 하겠습니다.
- 은사적 직제: 우리는 사제주의를 배격하고, 각 직분의 권위를 존중하고 은사에 따라 봉사하는 복음적 분업을 시행하는 목회를 하겠습니다.
- 민주적 운영: 우리는 권위주의를 극복하고, 목회와 운영을 분리하여 모든 교우들이 참여하는 민주적인 교회 운영을 시행하는 목회를 하겠습니다.

- 교회 개혁: 우리는 개교회 이기주의를 극복하고, 한국 교회의 건강과 회복을 위해 일하는 단체들을 지원하며 교회 개혁 운동에 동참하는 목회를 하겠습니다.
- 사회적 책임: 우리는 약자를 향한 기독교인의 사회적 책임을 실천하는 목회를 하겠습니다.

본서의 저자들은 교회 규모에 대해 몇 명까지가 건강한 교회라는 입장을 가지고 있지는 않다. 다만 교회의 대형화가 교회의 본질을 살리기 어렵게 만들고, 특별히 한국적 상황에서는 더욱 그러하다고 생각한다. 또한 저자들은 교회 규모가 어떠하든지 교회의 건강성을 확보하려면 본서에서 제시하는 공동체 속성과 조직체 속성을 반드시 회복해야 한다는 입장을 취한다. 그러한 입장에서 보더라도 교회의 대형화는 교회의 건강성을 회복하기에 매우 어려운 조건을 형성한다.

건강성을 담보하는 데 장애가 될 수 있는 교회의 규모에 대해서는 교회의 본질과 초대교회의 원형을 살리는 것이 무엇인지에 대한 이해에 따라서 입장이 나뉠 수 있다. 한쪽 입장은 대형 교회라도 건강성 확보가 가능하다고 주장하면서, 큰 교회를 작은 공동체(예. 교구, 소그룹 등)로 나누어 부교역자들로 하여금 목양하게 하는 형태를 해결책으로 제시한다. 그와 반대의 입장은 교회의 규모가 작아야 교회의 본질을 살릴 수 있다고 주장하면서, 작은 교회들이 연합하여 네트워크를 형성하면 큰 사역도 이룰 수 있다고 주장한다. 저자들은 앞의 첫 번째 주장이 터무니없다고 생각하지는 않는다. 그리고 두 번째 주장이 말하는 연합 운동이 얼마나 어려운지도 안다. 그럼에도 불구하고 저자들은 교회가 대형화되면 건강성을 상실할 수 있는 여러 가지 조건이 형성된다고 생각한다.

첫째, 대형화는 담임 목사에게 힘과 권한이 집중될 가능성을 크게 높인다. 힘과 권한이 한 사람에게 집중될 경우 그로 인해 죄를 범할 위험성이 높아진다는 것은 최근 한국 교회에서 자주 목격되는 사실이다. 둘째, 담임 목사가 부교역자와 목양 사역을 나눈다고 해도 교회가 대형화될수록 부교역자의 자립적 사역이 곤란해진다. 셋째, 교인 수가 많아지면 목회자가 성도들을 집단으로 보게 되고 성도 한 사람 한 사람을 하나의 인격체로 보기 어려워진다. 그 결과 한 영혼을 귀중히 여기는 마음도 약해진다. 마지막으로 공동체 논리보다 조직체 논리가 우위를 갖게 될 가능성이 커지며, 교회를 일사분란하게 관리하려는 조직 논리의 위력이 발휘될 가능성이 높아진다. 그 결과 투명성이나 절차의 정당성이 약해지기 쉽다.

교회의 건강성이 담보되고 공동체성이 유지되고 있는지를 규모 측면에서 평가할 수 있는 몇 가지 기준이 있다.[5] 첫 번째 기준은 목회자의 목양 범위와 관련된 것이다. 담임 목회자가 주일 공예배에서 설교를 하는 것을 넘어서 성도 개개인을 잘 알고 그들의 신앙을 돌보며 그들을 위해 기도할 수 있는 정도의 범위여야 한다. 이것을 좀더 확대한다면 장로들이 교회의 영적 상태를 살피는 일과 교인들이 설교대로 신앙 생활을 하는지 살피는 일을 할 수 있는 범위까지가 적정 규모라고 본다. 둘째, 교회의 표지 중 하나로 제시되는 권징의 실행 가능성이다. 권징이 이루어지려면 우선 서로 권면할 수 있어야 하고, 권면을 하려면 성도들이 교제하면서 서로에 대해 알아야 한다. 그 성도에 대해 모르는 상태에서는 권면할 수 없기 때문이다. 그러나 오늘날 많은 교회에서 권징이 상실되었다. 셋째, 직분 선출을 통해서도 교회 규모가 적정한지를 확인할 수 있다. 성도들 사이에 교제도 없고 서로 어떻게 신앙 생활을 하는지 알지 못해서 누구를 직분자로 세워야 할지 모르는 규모라면 교회의 건강성을 해칠 위험성이 높다.

저자들은 앞에서 언급한 다양한 교회 개혁의 시도들이 진정성과 한국 교회를 사랑하는 마음으로 진행되어 열매 맺기를 기대한다. 그러한 노력을 뒷받침하기 위해, 본서에서 저자들은 건강한 교회를 구축하고 회복하고 유지하는 데 필요한 교회의 공동체적 속성들과 조직체적 속성들 그리고 그것들 간의 유기적 조화에 집중하려고 한다.

언약, 교회, 하나님 나라

본론으로 들어가기에 앞서 본서에서 견지하는 교회론에 대해 간략하게 소개한다.[6] 교회는 "새 언약에 속한 메시아 공동체"이고[7] 하나님의 백성들로 구성된 단체이다. 교회는 하나님의 나라에 속한 공동체이지만 하나님의 나라 자체는 아니다. 교회가 아닌 곳에서도 하나님의 통치는 얼마든지 가능하다. 창조의 범위가 만물이므로 타락의 범위와 회복의 범위도 그와 동일하다. 교회는 하나님의 나라를 현실화하고 선포하도록 부름받은 하나님의 백성이며, 하나님의 나라는 제도적 교회 너머에 있는 삶의 영역에서 하나님의 백성들이 보이는 의로운 행동을 통해 구현된다. 그런 면에서 교회는 하나님의 나라를 위한 수단이다.[8] 예수님의 제자들은 교회가 아니라 하나님의 나라를 선포했다(행 8:12; 19:8; 20:25; 28:23).

그럼에도 불구하고 교회는 하나님 나라의 중심이며, 세상 안에 있는 예수님이다. 하나님의 나라는 교회에 한정되지 않지만, 교회는 하나님이 자기 나라를 위해 초점을 맞추시는 공동체이다. 교회는 그리스도의 몸이므로 예수님을 대신해서 행동하고, 예수님의 통치와 사랑을 대변하며, 하나님의 나라를 증언한다. 하나님의 나라에 대한 증인으로서 교회가 맡은 역할은 복음을 선포하고 사도적인 모습을 보이는 것이다. 결국 교회는 하나님의 나라를 지키는 관리인이다. 그 나라를 위해 교회는 성경의 메시지를 경청하고 연구하고 이해하고 선포하는 사역을 충실히 감당해야 한다. 그리고 교회의 이러한 사명은 성도들이 담당하는 "월요일 아침의 강단"을 통해 실천되어야 한다.[9] 교회는 단순히 하나님의 나라를 선포하기 위해서가 아니라, 하나님 나라의 존재를 삶으로 전하기 위해 보냄을 받는다.[10]

구약과 신약은 선교의 성격이 다르다.[11] 구약은 구심적 선교를 추구했다. 즉, 가나안 땅에서 하나님의 통치에 대한 살아 있는 증거가 되기 위한 전략을 취한 것이다. 그러나 신약은 원심적 선교를 추구한다. 신약은 복음을 들고 모든 민족에게로 나아가는 원심적 선교 전략을 취하면서 동시에 교회를 통해서 구심적 측면의 사명을 이루게 한다. 선교의 목적은 하나님 나라의 실현, 곧 하나님의 통치를 사람들에게 가져오는 것이며, 삶의 모든 영역에서 하나님의 뜻을 의식하며 살도록 하는 것이다.

하나님의 나라를 위한 교회의 사명에서 한 가지 기억할 것은 종말론적 관점에서의 사명이다. 교회는 하나님의 나라가 미래에 회복될 것을 가리킨다. 교회는 종말론적 실재를 미리 보여 주며 하나님의 나라를 가리킨다. 하나님의 나라는 교회에만 집중되지 않고 만물의 회복과 연계된 것이므로,[12] 이미 도래하였지만 아직 완성되지 않은 하나님 나라의 확장을 위해 교회의 구성원들은 세상의 각 영역이 하나님의 통치 안에서 회복되도록 하는 데 집중해야 한다. 우리의 구원은 몸의 부활도 포함하기 때문에 부활된 몸은 현재의 몸과 구별되는 영화로운 상태인 동시에 물질적·현세적 요소들을 가진다. 이런 맥락에서 교회 구성원들은 예배당 중심의 교회 사역에 매몰되지 않고, 세상의 제사장으로서 성도들과 교회가 감당해야 할 사명에도 눈을 돌려 균형 있는 하나님 나라의 확장을 위한 노력을 기울여야 한다. 이상의 내용이 본서의 토대가 되는 교회론의 개요이다.

본서의 특징

본서의 첫 번째 특징은 건강한 교회의 주요 속성을 도출하여 제시한다는 점이다. 저자들의 이전 책 『건강한 교회, 이렇게 세운다』에서 제시한 일곱 가지 핵심 원리를 공동체를 위한 원리와 조직체를 위한 원리로 재정리하였다.[13] 한편, 이런 건강성을 논의하면서 한국 교회의 상황을 반영하고자 한다. 한국 교회의 독특한 특징으로는 규모의 양극화(즉, 소수의 초대형 교회와 절대 다수의 소형 교회), 목회자 중심성, 은사 중심보다는 유교적 전통에 따른 권위적 질서가 있다. 이런 특징들로 인해 만인제사장 교리가 실현되지 않고 성도들이 지나치게 목회자에게 의존하며 양적 성장을 목회의 성공으로 평가하는 경향이 강하게 나타났다. 따라서 우리는 핵심 원리가 한국적 상황에서 어떻게 적용되어야 하는지, 그리고 그것들이 적용될 때 어떤 속성으로 나타날지를 정리한다.

본서의 두 번째 특징은 공동체로서의 교회와 조직체로서의 교회가 서로 조화를 이루어야 한다는 관점에서 접근한다는 점이다. 우리는 교회를 공동체와 조직체로 구분하고, 이들 간의 상호 유기적 연계성에 대해 통합된 방식으로 접근한다. 공동체로서의 교회는 하나님의 백성, 그리스도의 몸, 성령의 전으로서의 정체성을 가진다. 따라서 이 개념은 구별된 거룩한 백성, 주님의 소유된 성도, 그 성도들의 연합에 초점을 맞춘다. 교회의 본질은 이 공동체적 속성에서 잘 드러나야 한다. 한편, 공동체로서의 교회는 조직체라는 옷을 입지 않을 수 없다. 교회 공동체가 지속 가능한 하나님의 백성으로 건강하게 유지되기 위해서는 이 공동체의 본질이 가장 잘 구현되도록 뒷받침해 주는 조직체가 필수적이다. 그러나 조직체로서의 모습을 강조하다 보면, 체계화된 제도와 기능적 활동만 남고 정작 공동체의 모습을 상실할 가능성이 늘 존재한다. 따라서 저자들은 공동체로서의 교회를 가장 잘 뒷받침해 주면서 교회다움의 본질을 훼손하지 않을 조직체의 설계와 구축 방안을 소개한다. 그리고 이 두 가지 교회의 모습이 유기적으로 통합되어 작동하도록 하는 데까지 나아간다.

마지막으로 교회 건강성에 대한 이해와 분석, 진단과 처방을 체계적으로 제시한다. 그리고 개별 교회의 건강성을 실질적으로 회복시킬 방안을 제시한다. 이를 위해 우선 설문 조사를 통해 기존 교회들의 공동체 속성과 조직체 속성이 어떤 상태인지 분석하였고, 사례 연구를 통해 어떻게 교회를 개혁하고 회복시킬 수 있는지 들여다보았다. 설문 조사는 지역으로는 수도권과 지방으로 나누고, 규모로는 100명 미만 그룹, 100-500명 미만 그룹, 500명 이상 그룹 등으로 구분하여 180개 교회를 선정한 후 실시하였다. 그리고 여덟 개의 사례 교회를 선별하여 심층 인터뷰를 진행해서 앞에서 제시한 건강성의 속성이 실제로 어떻게 나타나는지 비교·분석하였다. 사례 교회는 비교적 건강한 교회로 알려진 교회들 중에서 규모, 지역, 교회 운영 방식 등을 고려하여 선별하였다. 이런 과정을 거쳐서 개별 교회가 교회의 건강성 회복을 위한 변화 과정을 어떻게 진행해야 할지에 대해 구체적 방안을 제시하였다.

대개 기존의 책들이 교회의 본질에 대한 개념을 이해하는 데는 도움을 주지만 개별 교회가 실제로 어떻게 변화를 추진할 수 있는지에 대해 분명한 지침을 제시하지는 못한 점을 보완하기 위해 본서는 실천으로 나아갈 수 있도록 구체적 방안을 제안하였다. 즉, 단순한 개념적 정리나 신학적 논의를 넘어서 현실적 접근을 할 수 있는 방법론을 제시하였다. 본서에서 제시한 방법론은 공동체로서의 교회라는 본질을 기반으로 하기 때문에 단순한 방법 지향적 접근과는 구별된다. 또한 본서는 그 내용을 대형 교회에 한정하지 않고, 작은 교회가 어떻게 건강한 교회가 될 수 있는지 그리고 교회 규모가 커질 때 어떻게 건강성을 계속 유지할 수 있는지에 대해서도 다룬다.

교회 건강성 분석틀

교회에 대한 이런 이해 속에서 본서에서 사용할 교회 건강성 분석틀은 다음 면의 그림 1.1과 같다. 이 분석틀은 크게 세 가지 구성 요소를 가지는데, 그것은 핵심 원리, 건강한 교회의 속성, 그리고 열매이다.

첫 번째 구성 요소는 핵심 원리이다. 건강한 교회를 세우기 위해 지켜야 할 일곱 가지 핵심 원리는 저자들의 이전 책『건강한 교회, 이렇게 세운다』에서 이미 제시한 바 있으며, 본서 304-306면에 요약되어 있다. 그 핵심 원리들은 공동체로서의 교회에 적용될 핵심 원리와 조직체로서의 교회에 적용될 핵심 원리로 구분할 수 있다. 우선 공동체로서의 교회를 지배하는 원리는 성령 하나님에 대한 민감함, 상호적 섬김과 공동체성, 영적 성장과 '세상 속의 그리스도인', 보편적 교회이다. 그리고 조직체로서의 교회를 지배하는 원리는 핵심 목적의 성취, 권위와 자율의 균형, 유기적 연계성과 공유이다. 이상의 핵심 원리가 공동체로서의 교회와 조직체로서의 교회에 영향을 미치게 된다.

두 번째 구성 요소는 건강한 교회의 공동체 속성과 조직체 속성이다. 공동체로서의 교회는 그리스도를 머리로 하는 연합된 지체들의 모임으로서, 영과 진리로 예배 드리고 말씀 안에서 지체들이 자라며 형제와 이웃을 섬긴다. 즉, 건강한 교회 공동체에서는 하나님과의 관계(예배), 공동체 내의 관계(교제와 교육), 그리고 세상과의 관계(이웃 사랑, 선교와 봉사)가 건강하게 유지되고, 머리-지체-자람-섬김으로 이어지는 유기체적 생명 활동이 활발하게 이루어진다. 따라서 건강한 교회가 갖추어야 할 공동체 속성으로는 (1) 참된 예배, (2) 연합된 지체, (3) 건강한 자람, (4) 섬

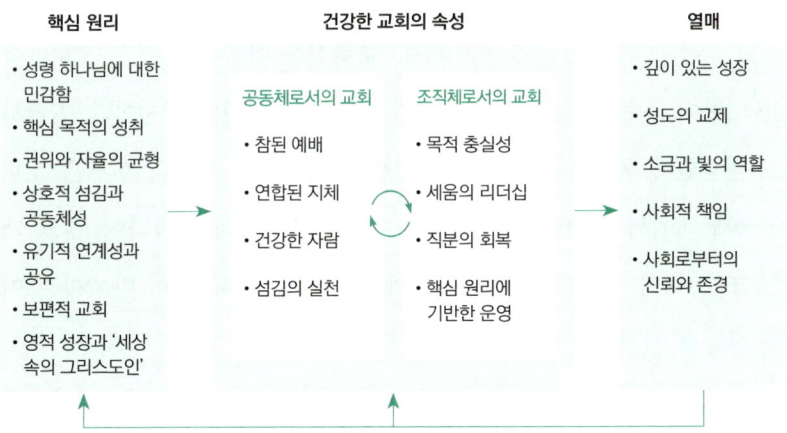

[그림 1.1] 교회 건강성 분석틀

김의 실천을 들 수 있다.

첫 번째 속성인 참된 예배는 성령 하나님에 대한 민감함 그리고 그리스도의 주 되심과 밀접하게 연계된 개념이다. 교회가 교회 되기 위해서는 최우선적으로 예수 그리스도의 머리 되심을 인정해야 한다. 참된 예배는 예수 그리스도의 머리 되심을 인정하는 데 있어서 필요조건이다. 여기서 말하는 예배는 공예배뿐만 아니라 생활 예배(혹은 일상 예배)도 포함한다. 두 번째 속성인 연합된 지체는 성도들이 지체 의식을 가지고 호혜성을 지닌 연합된 공동체를 이루는 것을 말한다. 각 지체들은 그리스도를 머리로 해서 서로 연결되어 건강한 몸을 이루고 그 안에서 상호 작용하면서 서로를 섬긴다. 연합의 범위는 교회 내 소그룹에서 출발하여 교회 간 연합으로 확장되어 보편적 교회를 형성하는 데까지 나아간다. 세 번째 속성은 건강한 자람이다. 건강한 자람이 의미하는 바는 개인 수준에서는 바른 제자상(弟子像)을 이루는 것이고, 교회 수준에서는 바람직한 교회상(敎會像)을 이루는 것이다. 제자상을 이룬다는 것은 훈련을 통해 성령의 열매를 맺고 복음의 기쁨 안에서 생명력을 가지고 삶을 영위하는 것을 의미하며, 교회상을 이룬다는 것은 교회다움을 이루어 가는 것을 말한다. 네 번째 속성은 섬김의 실천이다. 연합하고 성장한 공동체는 자연스럽게 섬김을 실천한다. 섬김의 실천은 교회 공동체 내에서 지체들이 서로를 돌아보는 데서부터 시작하여, 성도 개인 또는 교회 공동체 차원에서 구제와 봉사를 통해 교회 바깥까지 이웃 사랑을 실천하는 단계로 나아간다.

조직체로서의 교회는 목적-리더-직분-운영으로 이어지는 개념인데, 이것들이 상호 유기적으로 작동하여 공동체로서의 교회의 모습을 더 잘 드러낼 뿐만 아니라 교회의 본질을 촉진시킨다. 공동체로서의 교회와 조직체로서의 교회가 건강하게 유지될 때 교회는 열매를 맺게 된다. 건강한 교회가 갖추어야 할 조직체 속성으로는 (1) 목적 충실성, (2) 세움의 리더십, (3) 직분의 회복, (4) 핵심 원리에 기반한 운영을 들 수 있다.

첫 번째 속성인 목적 충실성은 핵심 목적의 성취와 관련된 속성인데, 교회가 이 땅에서 이루어야 할 사명과 본질적 존재 이유에 부합한 활동을 해야 한다는 의미다. 두 번째 속성은 세움의 리더십이다. 리더십은 목회자 리더십과 일반 성도 리더십으로 나눌 수 있다. 목회자 리더십에서 중요한 것은 올바른 목회관, 균형 있는 목회, 섬기는 리더십이고, 일반 성도들의 리더십에서 중요한 것은 교회의 비전 추구, 교회 조직체의 건강성, 성도의 성숙을 이끌면서 다양한 세움의 역할을 감당하는 것이다. 세 번째 속성은 직분의 회복이다. 직분 제도의 왜곡이 심한 한국 교회 상황에서 누가 직분자가 되어야 하는지, 직분자의 역할과 마땅히 갖추어야 할 역량은 무엇인지, 직분자의 평가와 재훈련은 어떻게 이루어져야 하는지, 특히 목회자와 직분자 간의 역할 분담은 어떻게 해야 하는지를 올바르게 정립하는 일이 절실하게 필요하다. 네 번째 조직체 속성은 핵심 원리에 기반한 운영이다. 이는 앞에서 제시한 일곱 가지 핵심 원리에 기반해서 교회 조직이 운영되어야 한다는 뜻이다. 이상의 내용을 다음 면의 표 1.1에 정리하여 제시하였다.

본서의 구성

마지막으로 본서의 전체 구성을 살펴보자면, 본서는 크게 세 부분으로 이루어져 있다. 1부는 서론(1장), 건강한 교회 사례(2장), 교회 건강성 진

교회	핵심 주제	건강한 교회의 속성	내용
공동체로서의 교회	머리	참된 예배	• 교회는 본질상 그리스도를 머리로 하는 몸이므로 그리스도의 주 되심의 인정과 성령 하나님에 대한 민감함이 교회 건강성의 출발임 • 이 관점이 교회 공동체와 세상에서 실제로 어떻게 드러나야 하는지를 공예배와 일상 예배로 구분하여 설명함
	지체	연합된 지체	• 교회는 공동체의 원형으로 하나님 백성으로서 가족 공동체, 그리스도의 몸으로서 연합 공동체, 성령의 전으로서 사랑 공동체임 • 진정한 '코이노니아'는 삼위 하나님을 함께 공유하는 '공동 유산', 함께 나누는 '공동 봉사', 서로 나누는 '상호 책임'으로 서로가 연합됨을 확인함
	자람	건강한 자람	• 성도들이 지속적으로 성장하여 자립 신앙을 가지고, 목회자에 의존하지 않으며, 다양한 차원에서 균형적 신앙을 가지는 것 • 자람은 (1) 개인 지체의 자람(훈련되고 자립적 신앙을 가진 성도)과 (2) 공동체의 자람(전도를 통한 양적 자람과 서로 사랑하고 섬기는 모습의 질적 성숙)을 포함함
	섬김	섬김의 실천	• 이웃 섬김은 건강한 교회 공동체의 본질적인 사명이며 전도의 도구가 아닌 자비와 긍휼의 마음으로 접근해야 함 • 섬김의 영역은 하나님 나라 관점에서 성도, 이웃, 사회, 환경까지를 포함하며 섬김의 생태계를 만들어 가야 함
조직체로서의 교회	목적	목적 충실성	• 교회가 본래의 사명을 염두에 두고 그 본질적 목적에 집중할 수 있도록 사역들이 정렬되어야 함 • 핵심 목적의 성취는 특정 목표 지향과는 다르며, 리더와 성도가 비전과 핵심 가치를 공유하는 것이 전제되어야 함
	리더	세움의 리더십	• 건강한 교회의 리더십은 목적과 가치 기반 리더십, 은사로 이끄는 리더십, 섬김과 참여의 리더십을 기반으로 함 • 교회에서 성숙한 리더 그룹이 형성되고 이들이 성도를 세우고 사역을 함께 감당하도록 해야 함
	직분	직분의 회복	• 직분 제도의 핵심 원리를 권위와 자율의 균형, 직분의 평등과 사역의 차등 및 호혜성으로 제시하고 실질적 회복 방안을 제시함 • 특히 장로단의 제도 구축과 성도 개발과 그에 따른 직분자 역할의 재조정이 필요함
	운영	핵심 원리에 기반한 운영	• 교회 운영 전반(부서 운영, 구조, 재정 및 예산, 사역 실행 등)이 핵심 원리에 기반하여 관리되도록 해야 함 • 세상적 가치에 따른 교회 운영이 되지 않도록 경계해야 함 • 자기 정화 기능이 작동하면서 스스로 개혁해 가는 체계를 갖추어야 함

[표 1.1] 건강한 교회의 속성

단(3장), 진단에 따른 처방과 변화 관리(4장)로 구성되어 있다. 2부에는 '공동체로서의 교회 건강성'의 네 가지 속성을 담은 장들이 포함되어 있는데, 참된 예배(5장), 연합된 지체(6장), 건강한 자람(7장), 섬김의 실천(8장)이 그것이다. 3부에는 '조직체로서의 교회 건강성'의 네 가지 속성을 담은 장들이 포함되어 있는데, 목적 충실성(9장), 세움의 리더십(10장), 직분의 회복(11장), 핵심 원리에 기반한 운영(12장)이 그것이다. 그리고 책 전체에 대한 결론을 맺는다.

2장
건강한 교회를 추구하는 사례 교회들

사례 교회를 선정하며

우리는 '건강한 공동체를 지향하는 교회는 어떤 모습일까?'를 생각하면서, 한국 교회 중 함께 나누고 싶은 사례 교회를 찾아보기로 했다. 우선 건강한 교회라고 언론에서 소개되었거나, 한국 교회에 관심을 가진 이들이 추천한 교회들에 주목하였다. 많은 교회들을 추천받았지만 본서에 모두 소개하기는 어려워서 지역, 규모, 설립 연도 등을 기준으로 여덟 개 교회를 선정했다. 이전 저서 『건강한 교회, 이렇게 세운다』에 대해, 성도 수가 적고 설립한 지 오래되지 않은 교회에는 적용이 쉽지 않다는 지적이 있어서 본서에는 가능한 한 다양한 유형의 교회들을 포함하려고 노력했다.

여덟 개 교회에 대해서는 본서에서 소개하는 건강한 공동체로서의 속성인 참된 예배, 연합된 지체, 건강한 자람, 섬김의 실천 그리고 건강한 조직체로서의 속성인 목적 충실성, 세움의 리더십, 직분의 회복, 핵심 원리에 기반한 운영에 대해 조사하였다. 조사를 위해 교회를 직접 방문하여 담임 목사와 교회 지도자를 인터뷰하고 필요한 경우 별도로 교회 자료를 수집하였다. 표 2.1은 사례 교회의 간략한 개요를 보여 준다.

교회명	담임 목사	지역	규모	설립 연도
성암교회	조주희 목사	서울	500-1000명 미만	1977년
고척교회	조재호 목사	서울	1000명 이상	1954년
예인교회	정성규 목사	부천	200-500명 미만	2002년
더함공동체교회	권요셉 목사	인천	200명 미만	2011년
국수교회	김일현 목사	양평	500-1000명 미만	1952년
더불어숲동산교회	이도영 목사	화성	200-500명 미만	2010년
청주주님의교회	최현석 목사	청주	1000명 이상	2002년
순천 강남중앙교회	최경학 목사	순천	1000명 이상	1983년

[표 2.1] 8개 사례 교회 개요

* 교회 규모는 편의상 등록 교인(어린이 포함) 기준 200명 미만, 200-500명 미만, 500-1,000명 미만, 1,000명 이상으로 구분하였다.

신앙 공동체 생태계를 꿈꾸는 성암교회

"우리 성암교회는 예수 그리스도를 진정으로 따르며 목회자와 평신도가 은사와 기능대로 함께 사역하며 성령의 공급해 주시는 능력을 힘입어 헌신하고 다른 교훈을 따르지 아니하고 오직 하나님 말씀의 인도하심을 따르며 영감 있는 예배와 거룩한 개인이 삶을 통하여 하나님께 영광을 돌리고 서로를 돌아보아 섬기며 서로를 무장시켜 주고 우리가 경험한 하나님의 사랑을 지역 공동체와 이 세계에 전하려고 합니다." 성암교회(담임: 조주희 목사) 홈페이지에 있는 사명 선언문이다.

서울시 은평구 녹번동에 위치한 성암교회는 사명 선언문을 구체적으로 실천하기 위해 애쓰는 교회이다. 홈페이지 메뉴는 '마을과 함께' '다음 세대와 함께' '성장하며' '세워져 갑니다'이다. 정적인 명사가 아닌 역동적인 동사형으로 교회를 소개한다.

15년 넘게 섬기고 있는 조주희 목사가 2002년 부임할 당시 성암교회는 예배와 전도, 교회 봉사, 주일 학교, 구역 모임 등 매우 전통적이고 보수적인 모습의 교회였다. 그럼에도 불구하고 성도들은 지쳐 있었다. 어떤 권사는 "그동안 교회 봉사와 믿음 생활 하느라 힘이 빠져 있으니 더 이상 일을 만들지 않았으면 좋겠어요"라고 말할 정도였다. 조 목사는 3년 동안 새로운 일을 만들지 않았다. 대신 설교를 포함하여 모든 목회 역량을 성도들이 복음의 역동성을 경험하는 데 쏟아부었다.

변화의 계기는 3년 후에 자연스럽게 찾아왔다. 주차장으로 사용하던 공간에 건물을 신축하자는 교인들의 자발적 요구에 당회는 기왕이면 지역 사회를 위한 공간으로 개발하자고 제안했다. 지역 주민들이 예식장이나 회의 공간으로 활용하게 하자는 것이었다. 건축 위원회는 장로들의 아이디어를 더 발전시켜 지역 사회를 돕는 외부 전문 그룹의 컨설팅을 받아 '마을과 함께' 할 수 있는 비전 센터를 건립하였다.

비전 센터에는 '다섯 콩 도서관'과 '바오밥 카페'가 있다. '다섯 콩 도서관'은 초기에는 성도들이 폐지를 팔아서 마련한 돈으로 도서를 마련하였는데, 지금은 장서가 1만 권이 넘는다. 전문 사서가 운영하는 이 도서관은 어린이 회원이 1천 명이고, 전국 작은 도서관 콘테스트에서 12위권 안에 들 정도로 지역의 자랑거리가 되었다. '바오밥 카페'는 지역 주민들이 동네 사랑방으로 생각하면서 마음 편하게 이용하고 있다.

비전 센터가 지역 주민에게 좋은 반응을 얻으면서 성도들은 지역 사회와 함께하는 교회 공동체에 대한 자부심을 느끼고 '안부 사역' '좋은 학교 만들기 네트워크' '지역 어린이 1박 2일 캠프' 등 다양한 섬김 사역을 시작하였다. '안부 사역'은 혼자 사는 마을 어른들을 매주 찾아가서 반찬을 전달하는 섬김 사역이다. 하지만 이 사역은 단순히 먹을거리를 전하는 데 그치지 않는다. 모든 봉사자들은 노인들과 대화하는 법, 우울증을 진단하고 돕는 방법에 대한 교육을 받은 후 사역에 참여한다. '좋은 학교 만들기 네트워크'는 주민 인문학 아카데미, 마을 정서 지원 프로그램, 교사 힐링 캠프, 학부모 교육 등 지역 사회, 학교, 교회가 협력하여 다음 세대를 지원하는 프로그램이다. 2016년부터는 여름 성경 학교를 대신하여 지역 어린이들과 함께하는 '1박 2일 캠프'를 운영하고 있다. 지역 특성상 문화 체험과 교육 기회가 열악한 점을 보완하고자 (성경 학교 대신) 자기 개발, 문화 체험, 공감 프로그램을 지역 어린이 100여 명에게 제공하였는데, 학부모와 어린이들의 반응이 매우 좋았다. 이를 계기로 부모와 어린이들이 교회에 등록하는 부수적 효과도 있었다.

성암교회는 2017년 40주년을 맞아 특별한 이웃 섬김을 시작했다. 기아대책과 연대하여 캄보디아 쩜벙 마을 전체를 섬기기로 한 것이다. 성도들은 이 마을 어린이 130명에 대한 일대일 후원을 기쁨으로 시작했고 조만간 방문할 계획도 가지고 있다. 성암교회는 사명 선언문에 나온 "우리가 경험한 하나님의 사랑을 지역 공동체와 이 세계에 전하려고 합니다"라는 문장을 그대로 실천하고 있다. 교회 내부 일에 지쳐 있던 성도들이 복음의 역동성을 경험하게 되면서 지역 사회와 세계에 하나님의 사랑을 전하는 신앙 공동체로 성장하고 있다. 성도들의 경제적 형편이 넉넉하지 않다는 점을 고려한다면 이 모든 것들은 놀라운 섬김이고 공동체의 확장이다.

　성암교회는 성도들의 신앙 성장을 어린이부터 노인까지 가족과 구역이 모두 함께하는 공동체 개념으로 접근한다. 홈페이지의 '성장하며' 코너 중 '이해 시리즈'가 좋은 사례이다. '이해 시리즈'는 성경적 지식이 앎에서 그치는 것이 아니라 삶의 실천으로 이어지도록 공동체 모두가 참여하는 시간이다. 이는 1년에 6주간 특정한 주제를 가지고 진행하는 실천 운동으로서 모든 성도들이 특별히 신경을 써서 참여한다. 처음에는 신앙 생활의 기초인 예배, 성경, 교리, QT 등을 각각 6주씩 다루었다. 지금은 감사, 소통, 배려 등 구체적인 생활 문제를 다룬다. 감사를 예로 들면, 6주 동안 어른 예배부터 주일 학교 예배의 설교, 성경 공부 모두가 감사라는 동일한 메시지를 전한다. 가정에서는 자연스럽게 부모와 아이들이 주일에 들었던 말씀을 나누며 스스로 실천할 일을 찾는다. 구역 예배에서도 감사를 주제로 다루고 구역과 가정에서 그 내용을 실천한다. 평소에는 성도의 50퍼센트 정도만 구역 예배에 참석하지만 이 기간에는 훨씬 더 많은 성도들이 참석한다. 이를 통해 온 교회가 하나되고 가정 안에서 즐거운 변화가 일어나는 경험을 함께 나누고 있다. 사명 선언문의 "오직 하나님 말씀의 인도하심을 따르며 영감 있는 예배와 거룩한 개인이 삶을 통하여 하나님께 영광을 돌리고 서로를 돌아보아 섬기며 서로를 무장시켜 주고"라는 내용을 구체적으로 실천하는 것이다.

　성암교회 홈페이지에는 일반적인 교회 홈페이지에서 볼 수 있는 교회 조직도가 없다. 그렇다고 조직이 없는 것은 아니다. 연말이면 교회 마당에 부스를 만들어 팀 사역 박람회를 열고 부서의 팀원을 모집한다.

팀이 구성되면 그중에서 팀장을 선정한다. 재정부 등 몇 개 부서를 제외하고는 당회가 부서장을 임명하는 일반적 절차가 없다. 성도들 스스로 은사를 따라 섬기는 일에 참여하라는 취지이다. 처음에는 교회에서 부서를 정했지만 지금은 부서들이 스스로 발전해서 세분화되기도 한다. 매년 예산의 경우, 전 교인을 대상으로 1년 살림살이를 설명한다. 그리고 위원회별로 대략 예산을 짜면 각 팀별로 사역 계획을 세워 위원회 예산을 가져다 쓰는 구조이다. 이러한 교회 조직 운영은 "목회자와 평신도가 은사와 기능대로 함께 사역하며 성령의 공급해 주시는 능력을 힘입어 헌신하고"라는 사명 선언문의 의미를 잘 보여 준다.

조주희 목사는 이제는 혼자 힘으로 목회하는 시대가 아니라고 생각한다. 너무나 다양하고 복합적인 요소가 많은 성도들의 삶을 목사 혼자서 책임질 수도 없다. 그는 성도들이 함께 참여하고 이웃 교회, 전문 사역 단체, 지자체가 협력해서 '신앙 공동체 생태계'를 만들어야 한다고 강조한다. 성암교회는 복음의 역동성을 갖고 어린이부터 어른까지 온 성도가 함께하고 성장하는 교회 공동체, 나아가 지역 어린이, 주민, 해외의 캄보디아 마을까지 섬기는 신앙 공동체 생태계를 만드는 중이다.

안으로는 사랑을 나누고 밖으로는 선교를 실천하는 고척교회

1954년 10월에 창립 예배를 드린 이후 2014년에 60주년이 되기까지 위임 목사가 단 두 명인 교회, 부교역자 훈련이나 당회를 이끈 경험이 없는 39세의 젊은 목사를 위임 목사로 추대한 교회, 열악한 지역 사회의 환경 가운데서도 역동적으로 성장하며 지역 사회를 사랑하고 섬김으로써 지역 사회로부터 인정받는 교회, 이 교회가 구로구 고척2동에 위치한 고척교회(담임: 조재호 목사)이다. 현재 장년 성도 약 3,000명, 청년을 포함한 주일 학교 학생 약 1,000명이 매주 출석한다. 전임 김제건 목사가 1960년에 부임하여 1967년에 위임을 받은 후 1993년까지 시무하였고, 후임 조재호 목사는 1993년에 2대 위임 목사가 되어 지금까지 담임 목사직을 맡고 있다. 조재호 목사는 공학박사 학위 취득을 위해 청운의 꿈을 안고 유학을 떠났으나 유학 중 목회자로 부르심을 받았다. 그는 목사 안수를 받은 직후 갑자기 고척교회로 부임했기 때문에 목회 철학을 제대로 갖추지 못한 상태에서 목회를 시작했다고 한다. 그 후로 사역을 감당하면서 형성된 조재호 목사의 목회 철학은 첫째, '하나님께 믿음을', 둘째, '교회에 충성을', 셋째, '교인에게 사랑을', 이렇게 세 가지로 요약된다. 고척교회의 목적을 한마디로 정리한다면, '예수님의 명령을 따라 안으로는 사랑을 나누고 밖으로는 선교를 실천하는 좋은 교회'이다. 그래서 안으로 좋은 공동체가 되어 밖으로 봉사하고 선교하는 교회의 모습을 지향한다.

고척교회는 전형적인 지역 기반 교회이다. 고척교회가 위치한 지역은 아파트들도 많지만 환경이 열악한 지역도 많다. 서울의 변두리이며, 인근에 서울남부교도소가 있고, 문화 수준도 상대적으로 뒤쳐져 있다. 이런 환경에서 고척교회는 담이 없는 교회를 추구하며, 주민들이 교회를 자유롭게 드나들도록 이런저런 사역과 봉사를 실천해 왔다. 또한 지역 기관들, 교도소, 동사무소와 좋은 관계를 유지하고 있다. 그래서 지역 사회에서 고척교회를 인정해 주고 소중히 여긴다.

고척교회의 공동체로서의 모습은 어떠한가? 우선 참된 예배의 중요성을 항상 강조하고 교인들도 이를 잘 알고 있다. 예배의 특징은 말씀을 굉장히 강조한다는 점이다. 예배 시간이 특별히 길지는 않지만 말씀, 특히 도전적 설교를 강조한다. 그리고 성도의 교제를 위해 소그룹을 운영한다. 남성 소그룹, 여성 소그룹, 부부 소그룹이 구성되어 있는데 형편에 따라서 주중에 혹은 주일에 모임을 가진다. 소그룹에는 리더와 헬퍼(리더를 돕는 역할)가 있다. 모임은 주로 나눔을 중심으로 진행된다. 고척교회는 제법 규모가 크지만, 이런 소그룹을 통해서 성도들이 서로 교제하는 동시에 교회 전체가 주어진 은사를 통해 사역을 수행함으로써 균형을 유지한다. 고척교회는 성도들의 건강한 자람을 위해 양육 과정을 체계화하여 단계별 성경 공부를 실시한다. 4주간의 새가족 교육을 받아야 고척교회의 정식 회원이 된다. 그 후로 2단계, 3단계, 리더 양육반, 리더반 과정이 있다. 리더가 된 후에도 일주일에 한 번씩 모여서 교육을 진행한다.

고척교회는 섬김의 실천이 매우 강하다. 지역 사회를 섬기기 위해 희망의복지재단이라는 복지 재단을 따로 두고 있다. 이 재단에는 국장과 40여 명의 직원이 있다. 그리고 재단 안에 센터 다섯 개와 데이케어 센터 두 개가 있다. 어린이들을 위해 방과후 교실을 운영하는데, 약 40명의 학생들이 참여한다. 어려운 가정의 자녀들 위주로 등록을 받아서 학습 지도와 교육 지도를 수행한다. 또 어린이집을 운영하는데, 15명의 교사가 약 90명의 어린이들을 섬기고 있다. 그 외에 교회 헌금과 후원금으로 일반적 봉사들, 이를테면 독거노인을 대상으로 하는 봉사 활동을 수행한다.

현재 가장 활발하게 진행되는 사역은 '희망 푸드 뱅크'이다. 구로 디지털 단지에는 대형 요식 업체들이 많이 있다. 점심 시간에 이 요식 업체들을 찾는 인원 수는 1만 명 정도인데, 그 사람들이 남긴 음식이 많이 생긴다. 그러면 교회가 냉동 차량을 가지고 화, 목, 금요일에 방문해서 그 음식들을 기부받는다. 자원 봉사자들이 이 음식을 위생적으로 재조리한 후 진공 포장을 한다. 이를 20-30개의 작은 지역 교회에 전달하면, 각 교회 목회자들은 어려운 가정, 주로 독거노인들을 방문해 반찬을 전달하면서 기도와 전도를 행한다. 음식을 기부하는 업체들에게는 교회가 감사패와 감사 편지를 전달한다. 작은 교회 목회자들은 지역사회 전도를 할 수 있고, 끼니를 거르는 독거노인들은 맛있는 반찬을 먹을 수 있다. 이런 방식으로 일주일에 약 600-700개의 반찬을 만들어 공급하고 있으며 아직까지 위생 사고가 한번도 난 적이 없다.

고척교회의 조직체 측면은 어떠한가? 우선 직분자 선출 제도를 살펴보자. 교회 내의 선거 제도 연구 위원회에서 직분자 선출과 관련한 열 가지 조항과 별도의 내규를 제정하여 직분자 선출 제도의 틀을 마련하였다. 여기에 후보가 되기 위한 조건이 자세하게 설명되어 있으므로 후보 자격에 대해서는 누구도 이의를 제기하지 못한다. 그 기준에 의해서 정확하게 권사 후보, 안수 집사 후보를 선정한다. 안수 집사나 권사 후보가 정해지면 기준에 따라 검증하고 본인의 의사를 타진한 후 교인들이 택하도록 한다. 1차 투표를 실시해서 선출할 인원 수만큼 뽑고, 큰 문제가 없으면 이들을 대상으로 인준 투표를 실시한다.

제직회는 필요에 의해 개최하는데, 많으면 1년에 네 차례 정도 열린다. 반면 당회는 매주 개최한다. 고척교회는 목회자 리더십을 상당히 중요시한다. 그래서 구성원들의 의견을 합리적으로 수렴하지만, 목회자가 리더십을 발휘할 수 있도록 지원한다. 목회와 관련된 사안에서는 목회자가 권위를 발휘하게 하고, 교회 운영과 관련해서는 부서에 자율성을 부여한다. 재정은 본연의 목적에 쓰이도록 신경을 쓰며, 간식이나 식사나 선물에 재정을 쓰지 않으려고 노력한다. 홈페이지에 헌금자 명단을 올리고 재정 보고도 하는 등 공개 원칙을 지킨다.

건강한 교회를 유지하기 위해 담임 목사가 강조하는 것은 기도와 실천, 교회와 사회 사이의 균형에 힘쓰는 것이다. 교회에서 열정을 가지고 봉사하는 동시에 각자의 삶의 현장에서도 열심히 살아가는 균형 잡힌 그리스도인이 건강하다고 보고 이를 이루려고 노력한다. 조재호 목사는 목양 10원칙을 가지고 있다. 그중 몇 가지만 살펴보자면 첫 번째가 '하나님께 믿음을 드리고, 교회에 충성하고, 교인들을 사랑한다'이다. 아홉 번째 원칙은 '언제나 주일 예배와 말씀 준비에 최선을 다한다'이고, 열 번째 원칙은 '고척교회에 뼈를 파묻는 심정으로 목회를 한다'이다. 강하고 담대한 하나님의 종의 결단을 보여 주는 원칙들이다. 고척교회는 열악한 지역 사회 안에 설립된 역사가 오래된 교회임에도 불구하고 영적 역동성을 가지고 변화하며 성장할 수 있음을 보여 주는 대표적 사례라고 할 수 있다.

구조 개혁에서 유기체적 공동체를 향해 나아가는 예인교회

예인교회(담임: 정성규 목사)는 2001년 12월 말 부천 지역에서 교회의 부조리한 현실을 함께 경험한 60-70명의 성도들이 기도회로 모이기 시작하여 2002년 7월 21일에 창립한 교회이다. 구약 시대 광야 교회와 신약 시대 초대교회를 이상적 모델로 삼아 '비전은 하나님으로부터, 운영은 민주적으로, 소유는 최소한, 나눔은 최대한'이라는 모토 아래 모였다.

2017년 말을 기준으로 어린이를 포함하여 350명의 성도들이 출석하고 있다. 교회가 추구하는 모토에서 알 수 있듯이 예인교회는 한국 교회 안에 널리 퍼진 부조리가 교회 공동체 안에 뿌리내리지 못하도록 구조적·제도적으로 예방하고 건강한 교회 공동체를 이루려는 의지를 실어 설립 초기부터 몇 가지 원칙을 정관에 담아 실천하고 있다.

우선 목회자 중심주의가 한국 교회의 병폐 중 하나이며 만인제사장의 성경적 원리에 배치된다는 점을 인식하고 목회 사역과 행정 사역을 분리하였다. 그리고 행정을 포함한 교회 운영 전반을 성도들의 의견 수렴과 참여를 통해 꾸려 나가는 성도 중심의 민주적 운영 구조를 갖추었다. 목회자는 말씀 사역과 목양 사역에 집중하고, 교회의 전반적 운영은 여덟 명으로 구성된 운영 위원회(위임 목사 포함. 단 위임 목사는 의결권이 없다)가 교회 총회의 위임을 받아 1년씩 책임을 맡는다. 목회자 임기제를 시행하고 있는데, 담임 목사의 임기는 6년으로 하되 재신임으로 연임할 수 있고, 부목회자의 임기는 3년으로 하되 담임 목사의 추천과 운영 위원회의 결의에 따라 연임할 수 있다. 뿐만 아니라, 만인제사장 원리를 실현하는 차원에서 교회 핵심 사역 중 독자적 활동이 가능한 분야를 독립 사역으로 세우고, 각 사역에 적합한 성도를 사역자로 임명함으로써 성도들이 은사에 따라 쓰임받도록 한다. 나눔(구제와 봉사), 대외 협력(교회 개혁을 위한 단체들 및 교회들과의 연합 활동), 선교(국내와 해외), 도시 공동체 아둘람, 교육 등이 이러한 독립 사역 부문이다.

예인교회는 공동체성을 유지하기 위해 규모가 커지는 것을 지양한다. 한국 교회가 안고 있는 문제의 상당 부분이 성장주의 혹은 성공주의에서 기인하며 교회의 규모가 커질수록 그로 인해 교회의 본질 중 하나인 공동체성이 훼손될 수 있다는 인식하에 등록 교인이 250명을 초과한 때부터 교회 분립을 추진하는 분립 추진 위원회를 운영하도록 정관에 못박고 있다. 그 일환으로 2013년 7월 21일 교회 설립 11주년에 맞추어 더작은교회(청장년 60명, 중고등 이하 23명)를 형제 교회로 분립하였다. 더 나아가 작은 도시 공동체를 지향하는 취지에서 아둘람이라는 모임을 두고 있는데, 현재는 각각 10-30명 정도로 구성된 18개의 아둘람(장년 14개, 청년 4개)이 주 1회씩 가정에서 모여 교제와 나눔을 실천한다. 궁극적으로는 개별 아둘람이 '지역 속 작은 교회'로 자리매김하도록 한다는 계획을 가지고 있기에, 현재는 1년에 전·후반기 각 1회씩 아둘람별로 예배를 드리고 있으며 점차 그 횟수를 늘릴 계획이다.

또한 예인교회는 최소한의 소유 원칙에 따라 자체 예배당 건물을 소유하지 않고 지역 내 유휴 시설을 활용하여 예배를 드린다. 현재는 부천시 원미구 상동 복사골문화센터 5층을 주일에만 임대하여 예배를 드리고, 인근 상가 건물 일부를 임대하여 사무실과 기도실, 주중 모임 장소로 사용한다. 그런가 하면 최대한의 나눔 원칙에 따라 교회 유지비를 최소화해서 가능한 한 재정 지출의 많은 부분을 지역 공동체와 나누려고 노력한다. 2017년 말 기준으로 교회 재정 지출의 30퍼센트 정도를 교회 밖 지역 공동체와 나누고 있다.

뿐만 아니라, 불투명한 재정 지출 구조를 투명하게 바꾸고, 교회 홈페이지 게시판을 통해 월 단위로 교회 재정 상태를 공개한다. 또한 아둘람 모임에서 드리는 헌금은 회계 관리 측면에서 교회의 헌금 수입에 편입하되 아둘람별 구좌로 구분하여 관리함으로써 각 아둘람이 구제와 봉사로 그 지역 공동체를 섬기는 데 사용할 수 있도록 한다. 한국 교회 건강성 회복을 위한 연합 활동에도 적극적이어서 건강한작은교회연합에 참여하고, 교회개혁실천연대, 기독교윤리실천운동(기윤실), 성서한국 등 교회 갱신을 위해 노력하는 단체들을 지원한다.

예인교회는 교인의 수평 이동을 지양하고, 민주적 운영 과정에 참여하는 교인들이 예인교회의 정신을 공유하도록 신경을 쓰고 있다. 따라서 교인으로 등록하기를 희망하는 이는 예인교회의 목회와 교회 정신, 역사와 사역, 정관에 초점을 맞춘 3주간의 교육 과정을 이수하도록 하고, 등록 교인들 중에서 정회원이 되고자 하는 이는 성경적 신앙 패러다임에 초점을 맞춘 11주간의 교육 과정을 추가로 수강하도록 한다.

예인교회의 공식적 예배와 모임으로는 주일 공예배와 금요 기도회, 주중 아둘람 모임이 있다. 정성규 담임 목사는 공예배가 일주일 동안의 생활 속 예배의 연장으로서 자리매김되어야 한다는 점을 강조하고, 특별히 예배의 초점이 하나님께 맞춰지도록 신경을 쓴다. 무엇보다도 예배 참석자들의 기호에 맞추어 공예배의 분위기를 가볍게 하거나 예배 중에 인위적으로 참석자들의 감성을 자극하려는 오늘날의 경향에 대해 깊이 우려한다. 오히려 예배의 본질을 담아 내는 예전을 제대로 갖추고 삶에 적용되는 성경 말씀을 설교를 통해 선포함으로써 교인들의 삶을 변화시키는 예배를 드려야 한다고 생각한다.

예인교회는 설립 초기부터 구조적·제도적 측면의 개혁을 구체화하고 실천하기 위해 애써 왔다. 그리고 그 점에서는 초기 7-8년 정도 집중적으로 노력한 결과 상당한 긍정적 열매를 맺은 것도 사실이다. 그러나 요즈음에는 구조적 개혁이 건강한 교회 공동체를 이루기 위한 필요조건이기는 하지만 충분조건은 아니라는 것을 실제로 경험하면서 어떻게 건강한 교회 공동체를 구현할 것인지 계속 고민하고 있다. 예인교회가 지향하는 교회 모형에 대한 초기 멤버들과 신입 교인들 간의 생각 차이와 그로 인한 잠재적 갈등, 교인들의 자립적 신앙에 기반한 성도 중심의 공동체를 지향함에도 불구하고 성도들 사이에 여전히 잠복되어 있는 목사에 대한 의존성, 인간의 근본적 죄성과 자기 중심성 등 건강한 공동체 안에서 극복되어야 할 도전들이 종종 표면에 드러나곤 했다. 인간 공동체의 내재적 한계를 감안할 때 이러한 현상은 유기체적 공동체 안에서 일어날 수밖에 없는 자연스러운 현상이다. 예인교회는 어떻게 이러한 한계를 극복하고 건강한 유기체적 공동체를 이룰지 고민하고 있다. 예인교회의 사례는 건강한 교회 공동체 구현을 위한 개혁이란 완성할 과업이라기보다는 바람직한 방향으로 나아가기 위해 지속적으로 노력하는 과정임을 확인시켜 준다. 하나님은 그 결과가 아니라 바로 그 과정을 보고 기뻐하지 않으실까?

더불어 함께하는 건강한 작은 교회, 더함공동체교회

더함공동체교회(담임: 권요셉 목사)를 개척한 이진오 목사는 동안교회, 언덕교회, 예인교회에서의 신앙 생활과 기윤실 간사를 거치면서 목회에 대한 관점을 정리한 후 목회를 시작하였다. 2011년 1월에 기도 모임으로 시작한 이후 그해 10월 30일 종교개혁 주일에 열 가정이 주축이 되어 정식으로 교회를 설립하였고, 2017년 현재 50여 명이 주일 예배에 참석한다. 2016년 이진오 목사의 사임 이후 2017년 권요셉 목사가 새로 청빙되어 담임 목사로 사역 중이다. 그리고 이 교회는 (사)한국독립교회및선교단체연합회와 건강한작은교회연합에 소속되어 있다.

더함공동체교회의 사명은 "더불어 함께하는 신앙과 삶의 공동체를 이루고, 지역과 시대를 위한 하나님 나라의 일꾼을 세우며, 한국 교회 건강 회복을 위해 협력하는 것"이다. 3대 핵심 가치는 '단순함' '작음' 그리고 '더불어 함께'이다. '단순함'은 단순하게 믿고 실천하며, 단순한 삶을 살고, 단순한 교회를 이루어 가는 것을 의미한다. '작음'은 비움, 내려놓음, 나눔의 십자가 정신을 의미하고, 더 크게 키우기보다는 더 넓게 분립하는 것을 추구한다. '더불어 함께'는 성도들과 더불어 진실한 공동체를 이루고, 이웃과 지역 사회를 더불어 섬기며, 건강한 작은 교회들과 더불어 한국 교회 건강 회복을 위해 협력하겠다는 것을 의미한다. 교회의 5대 비전은 '하나님의 나라 영성을 겸비한 공동체' '다음 세대를 교육/지원하는 공동체' '지역 사회와 함께하는 공동체' '기독교인의 사회적 책임에 동참하는 공동체' '한국 교회 건강 회복을 위해 동역하는 공동체'이다.

더함공동체교회가 생각하는 건강한 교회란 앞의 핵심 가치 세 가지가 온전히 실현되어 교회에 구체적인 현상으로 드러나는 것이다. 세 가지 가치는 결국 단순한 작은 공동체를 지향하는 것이다. 그러므로 성장과 성공을 지향하지 않는다. 또한 열등감과 비교 의식, 체면에서 벗어나는 것을 말한다. 작은 교회는 건강한 작은 교회와 크지 못한 작은 교회가 있다. 전자는 작은 교회를 지향하지만, 후자는 큰 교회를 동경하고 기회가 주어지면 언제든지 큰 교회를 추구한다는 점에서 차이가 있다. 더함공동체교회는 작음을 지향하기 때문에 교회의 규모가 최대 150명으로 제한되어 있으며, 등록 교인 90명이 되면 분립 개척 준비 위원회가 구성되고, 150명이 넘어도 분립하지 못하면 담임 목사가 분립하도록 되어 있다. 작은 교회도 자립을 해야 하는데, 이진오 목사는 장년 교인 50명이면 자립이 가능하다고 보았다.¹ 참고로, 작은교회운동을 하는 경우 보통 300명 정도의 규모를 주장한다. 이 규모가 아름다움을 유지하고, 비전, 소통, 가치가 훼손되지 않고 유지된다고 보는 것이다.

　더함공동체교회의 공동체로서의 교회의 모습은 어떠한가? 한마디로 앞에서 설명한 사명과 핵심 가치가 충실히 반영된 공동체의 모습을 보이고 있다. 교회의 예배를 보면, 우선 순서상 특징은 애찬식을 매주 시행한다는 점이다. 1인 집례에서 벗어나 모든 성도가 소통하며 스스로 기획하고 준비하여 참여한다. 애찬식은 누구나 참여할 수 있다. 떡과 잔을 서로 나누고 권하며 서로의 안부를 묻는다. 애찬식을 통해 성도의 교제에 새로운 의미를 부여하는 것이다. 성찬식은 1년에 네 번 따로 시행한다. 또한 '아론의 축복'을 사용한 "다 함께 드리는 축도"를 인도자와 회중이 함께 한다. 다양한 예배를 추구하기 위해 1년에 2번 정도 소그룹인 사랑방 모임별로 예배를 드린다. 주일 낮 예배 없이 성도들이 스스로 예배를 드리는 것이다. 이를 통해 추구하는 목적은 (1) 작은 교회가 가능하다는 것과 작은 교회에 은혜가 있다는 것을 확인하고, (2) 목사가 반드시 예배를 집례해야 하는 것은 아님을 일깨우기 위함이다. 또한 1년에 한두 번 흩어지는 예배를 시행하는데, 이는 날을 정해서 다른 교회에 가서 예배를 드리는 것이다. 이 예배의 목적은 (1) 우리 교회만 교회가 아니라는 점을 인식하고 우주적 교회를 경험하는 것과, (2) 다른 교회의 장·단점을 배울 수 있는 기회를 가지는 것이다. 그리고 일반 성도가 1년에 두세 번 설교를 맡는다. 목사만이 설교를 해야 한다는 당위에서 어느 정도 자유로운 것이다.

또한 지체들의 연합을 위해 사랑방 모임을 가진다. 모임을 돕는 섬김이들이 있는데 이들을 위한 별도의 교육은 하지 않는다. 모임의 내용은 보통 질문 세 가지가 기본적인 틀이 되는데, 그것은 (1) 지난 주 설교가 한 주간 삶에 어떤 의미를 가졌는가? (2) 이번 주 설교를 통해 무엇을 깨닫고 적용할 수 있는가? (3) 현재 삶과 기도 제목 나누기, 교회 기도 제목 나누기, 행정 관련 대화와 의견 나누기이다. 주말에 가끔 전 교인이 1박 2일 MT를 가기도 한다. 이것은 작은 교회만이 누릴 수 있는 장점이다. 결혼식이나 장례식이 있으면 전 교인이 함께 참여한다. 그리고 자체 동아리 모임이 다수 존재한다.

성도들의 건강한 자람을 위해 매주 예배 전후에 목사가 가르치는 성경 공부가 있다. 궁극적 목표는 성경을 스스로 해석할 수 있는 자족과 자율을 겸비한 성도로 서도록 하는 것이다. 교육 과정의 경우 '더불어 함께하는 신앙인'이 되는 것을 목표로 '더삶 제자도'(더불어 함께하는 삶의 제자도) 4단계 과정이 있다. (1) 새 신자와 새 가족을 대상으로 하는 '더삶 초대'(1 & 2), (2) 세례 과정인 '더삶 약속', (3) 정회원과 직분자들을 위한 '더삶 시작', (4) 모든 성도들을 대상으로 하는 '더삶 양식'이 그것이다. 마지막 단계인 '더삶 양식'에는 1년 1독 성경 읽기, 권별 성경 공부, 권장 도서(구원, 교회, 성경, 영성과 기도, 사회적 책임, 하나님 나라) 읽기가 포함된다.

앞에서 설명한 건강한 교회를 담보하는 가치는 조직체로서의 교회에 잘 드러난다. 먼저 직분 제도를 살펴보자면, 정회원이면 누구나 직분자가 될 자격이 있으며(장로는 50세 이상), 당사자에게 의견을 묻는 과정을 거치고, 투표를 통해 교인들의 2/3 이상 득표로 결정한다. 모든 직분에 임기제와 재신임제를 적용하고, 안식년은 본인이 선택한다. 목사는 5년 임기 후 총회에서 재신임을 묻고 참석자 2/3 이상의 찬성을 얻으면 연임이 가능하다. 연임 횟수에 제한은 없으나 65세가 정년이다.[2] 장로와 집사는 3년마다 재신임을 묻고 네 번 연임이 가능하다.

교회 운영 측면에서 보면 당회가 없는 대신 운영 위원회가 그 역할을 한다. 장로는 당연직으로 여기에 포함된다. 운영 위원장은 목사를 제외하고 호선하며, 총회 의장과 운영 위원장은 겸임할 수 없다. 총회 의장은 운영 위원장이 아닌 장로나 목사 중에서 선택한다. 운영 위원회의 역할은 총회가 위임한 사항의 진행, 목회 보고, 사역 보고, 부서 보고 그리고 교회 사역과 활동이 사명과 가치에 부합하는지 여부의 점검 등이다. 그리고 감사 2명이 재정 감사와 직무 감사를 해서 운영 위원회나 직원회에서 사명과 가치에 위배되는 사항을 발견하면 수정을 요구할 수 있다. 감사의 기능이 실질적으로 작동하고 있는 것이다. 재정 사용에 있어서는 홈페이지에 재정 원칙에 대한 글을 올려놓았고 일체의 내용이 문서화되어 있다. 수입의 경우 (1) 당사자만 내역을 볼 수 있고(감사와 회계 제외), (2) 헌금 봉투는 한 종류만 있으며(일반 헌금과 목적 헌금으로만 구분한다), (3) 절기 헌금은 전액 외부로 나간다. 기본적 원칙이 있지만 필요와 요구에 따라 직원회와 총회의 결정으로 융통성을 발휘한다는 것을 전제로 한다. 재정 투명성 제고를 위해 재정 수입 및 지출 현황을 인터넷에 올리고, 매월 첫 주에 프린트물로 전 교인에게 제공한다. 성도 개인들은 재정 시스템에서 자기 헌금 내역과 전체 헌금을 확인할 수 있다. 차입은 자제하고 교육, 구제, 선교 등 여러 분야의 균형을 유지하려고 노력한다. 기계적 균형을 추구하지는 않지만 특정한 곳에 재정이 집중되지 않도록 한다. 집행에 있어서는, 500만 원 이하는 운영 위원회에서 전결로 집행하고 그 이상은 전체가 결정한다.

2016년 11월 말 더함공동체교회에 리더십 교체가 있었다. 이진오 목사는 교회를 설립한지 약 5년 만에 담임 목사직을 사임하게 된다. 이후 초빙 절차를 거쳐 담임 목사를 선출해서 권요셉 목사가 2017년 1월부터 임기를 시작하였다. 원래 이 교회에서는 전임 목사 임기를 5년으로 정하고 재신임을 할 수 있다. 하지만 2016년 11월로 5년 임기를 마치게 된 이진오 목사는 재신임을 받지 않기로 결정하였다. 오랜 기도와 고민 끝에 사임을 결심한 첫 번째 이유는 더함공동체교회에 다른 목회자가 필요하다고 생각했기 때문이다. 자신은 이 교회가 설립되어 유지되도록 씨를 뿌렸으니, 지역 교회로 잘 자라도록 물을 줄 수 있는 목회자가 와서 섬기는 것이 좋겠다고 생각하게 된 것이다. 두 번째 이유는 새로운 사역, 즉 탈북민 청소년 사역과 탈북민 인권 사역을 위한 부르심이 있다는 확신 때문이었다.

리더십 교체 절차를 보면, 우선 2016년 8월에 이진오 목사가 3개월 휴직을 요청했다. 이는 성도들의 자율성과 자발성과 책임성을 확보하기 위한 기간이었다. 그 후 1개월이 지나 혼란이 가라앉고 운영 위원회를 중심으로 교회가 안정되자 이진오 목사는 9월 초에 운영 위원회에 재신임을 받지 않겠다고 통보하였다. 그리고 교인들이 자체적으로 초빙 위원회를 구성해 후임 목회자를 선출했다. 초빙 절차는 다음과 같다. (1) 서류 접수(이력서 1장, 자기 소개서 5장 이내, 공통 질문 열 가지에 대해 각 질문마다 열 줄 이내 답변)를 받은 후 2-3명의 후보를 선정, (2) 후보자 설교, (3) 전 교인 공청회, (4) 전 교인 투표. 투표에서 2/3 이상을 획득한 후보가 2명 이상일 때는 표를 많이 얻은 후보로 결정한다. 이런 과정을 통해 권요셉 목사가 2대 담임 목사로 부임하였다.

이진오 목사는 교인이 일정 수를 넘으면 담임 목사가 주도해서 분립한다는 규정을 실행하지 못한 점을 못내 아쉬워하였다. 하지만 리더십 교체가 가지는 의미는 여러 각도에서 찾을 수 있다. 첫째, 교회를 개척한 목사의 역할로 인해 더함공동체교회가 곧 이진오 목사라는 등식이 형성될 소지를 없앤다. 둘째, 신자들의 목회자 의존도가 높아지는 현상을 막는다. 셋째, 표면적으로는 민주적 운영과 성도 중심의 운영을 주장하지만 실상은 목회자 중심성이 커질 가능성을 차단한다. 담임 목사가 교체되면서 더함공동체교회는 목사 개인에 의존하지 않고 지역의 평범한 교회로 존재해 왔고 앞으로도 그렇게 존재할 수 있음을 어느 정도 증명하게 되었다. 이 교회가 지향하는 '건강한 작은 교회'란 특별한 목회자나 개인이 대표하는 교회가 아니라 지역의 평범한 보통 교회이고 상식적인 교회라는 점을 보여 주었다는 데 중요한 의미가 있다.

더함공동체교회는 건강한 작은 공동체의 전형으로 알려지기를 원하지 않는다. 다만 건강함을 추구하는 그 지향만은 잃지 않으려고 한다. 최근 대형 교회에 대한 문제 제기와 논란이 많은데, 이 교회는 건강성은 작은 것에 있다는 신념하에 건강한 작은 교회를 만들기 위해 여러 가지 시도를 하고 있다. 이런 측면에서 더함공동체교회는 한국 교회의 새로운 이정표가 될 수 있을 것이다.

농촌 교회의 패러다임을 바꾼 국수교회

양평군 국수역 인근에 자리 잡은 국수교회(담임: 김일현 목사)의 원형 예배당은 아름다운 연주회장이다. 실제로 국수교회는 매월 3-4회 수요 연주회를 연다. 지역 주민들을 위한 연주회로 작게 시작했지만, 지금은 높은 수준의 연주를 감상하기 위해 서울을 비롯한 타지에서도 사람들이 찾아온다. 그렇게 국수교회는 '교회가 지역을 섬기기 위해 존재한다'는 교회의 본래 목적에 충실한 선교적 교회의 모델로 자리 잡았다.

그러나 김일현 담임 목사는 국수교회가 선교적 교회같이 특정한 개념의 교회로 불리는 것을 부담스러워한다. 왜냐하면 현상적으로 드러난 교회의 모습이 국수교회의 본질을 제대로 드러낸다고 보기 어렵고, 특정한 개념의 교회로 알려지면 운신의 폭이 제한될 수 있다고 생각하기 때문이다. 국수교회가 지역 사회를 섬기는 대표적 교회로 알려져 있지만, 그것은 교회의 본질을 회복하는 과정에서 현시점에 표면으로 드러난 열매일 뿐이다. 그렇기에 우리는 그것을 가능하게 한 더 근본적인 뿌리에 주목해야 한다.

첫 번째 뿌리는 자유로움 위에서 본질을 회복해야 한다는 김일현 목사의 목회 철학이다. 김일현 목사는 1987년에 전형적인 농촌 교회였던 국수교회에 부임했다. 부임 초기부터 그는 기성 교회의 전통이나 관행이라는 벽에 부딪히면 언제든지 그 교회를 떠날 수 있다는 마음가짐으로 목회에 임했다. 하나님의 종으로 부름을 받아 교회를 섬기는 사역은 하나님이 주신 참된 자유로부터 출발해야 한다는 평소 지론 때문이었다. 진리 안에서 누리는 참된 자유를 상실한 채 전통이나 관행에 얽매여 율법적 자세로 사역을 감당하는 것은 하나님이 기뻐하시는 올바른 사역이 아니라는 것이 김일현 목사의 일관된 생각이었다.

그는 국수교회에 부임한 후 여느 교회에서 볼 수 있듯이 성도들이 복음 안에서 누려야 할 참된 자유를 누리지 못한 채 의무감으로 교회 일을 짊어지고 있음을 확인하였다. 그래서 성도들에게 맡은 일이 버겁게 느껴진다면 부담없이 내려놓아도 좋다고 선언했다. 먼저 복음 안에서 참된 자유를 누리고 그런 바탕 위에서 자발적으로 섬기려는 마음이 생길 때 교회 사역에 참여하도록 성도들을 권면했다. 섬김과 사역에 참여하는 근본 동기를 바꿔 놓은 것이다. 그러한 목회 철학은 당회 운영에서도 드러난다. 당회원들은 매주 모임을 가지고 교회의 제반 사항에 대해 공유하고 의논한다. 그러한 과정을 거쳐 당회원들 사이에 충분한 공감대가 형성되면 그 사항에 대한 결정을 내린다. 아무리 좋은 취지의 사역이라고 해도 당회원들의 공감대 형성 없이 결정을 서두르지 않는다.

성도들이 하나님을 깊이 알고 그분을 신뢰해야 복음 안에서 참된 자유를 누릴 수 있다. 그래서 김일현목사는 하나님의 임재를 경험할 수 있는 예배의 회복에 집중했다. 참된 예배의 회복을 위해 일차적으로 목사의 설교가 갱신되어야 한다고 생각했다. 그는 한 편의 예배 설교를 준비하기 위해 말씀에 대한 깊은 탐구와 묵상에 많은 시간을 투입하기 시작했다. 그러던 중 그는 설교의 질이 설교의 횟수와 반비례한다는 점을 절감하고, 교회 중직자들에게 "질적인 면을 고려할 때 일주일에 주일 예배를 위한 설교 한 편 이외의 설교를 준비하는 것은 불가능하다"는 자신의 고민을 털어놓았다. 그의 진술한 고민에 대한 공감대가 형성되어 현재 국수교회는 주일에만 예배를 드린다. 물론 평일 새벽과 수요일에도 모임이 있지만, 그것은 예배가 아닌 기도회로 드려진다.

그리고 김일현 목사는 참된 예배를 드리려면 성도들이 예배의 수동적 참여자나 서비스를 받는 고객이 아니라 주도적 참여자가 되어야 한다고 생각했다. 국수교회 공동체가 드리는 예배는 소수가 이끄는 예배가 아니라, 아이들까지 전 교인들이 주도적 참여자가 되는 예배로 정착되었다. 예배마다 모든 성도들이 예배의 순서를 맡는 것은 아니지만, 자신들이 주도적으로 이끄는 주일 예배를 위해 평소 기도하며 준비하기 때문에 모든 성도들이 적극적 참여자의 마음으로 예배에 임한다. 일례로 국수교회에서는 아이들까지도 주일 공예배를 함께 드리며, 아이들이 주요한 순서를 맡아 진행하기도 한다.

두 번째 뿌리는 교회와 목회자의 존재 목적에 대한 올바른 방향성 정립에 있다. 성경대로라면 교회 공동체는 지역 사회를 위해 존재하고 목회자는 성도들을 섬기기 위해 존재해야 하는데, 그동안 한국 교회는 성경이 제시한 것과 반대의 길을 걸어왔다는 것이 김일현 목사의 목회자로서의 반성이다. 교회의 성장을 위해 지역 사회를 전도의 대상으로 취급하고, 목회자의 욕망이나 교회의 양적 성장을 위해 성도들로 하여금 교회 일에 몰두하게 했다는 것이다. 그러다 보니 교회는 지역 사회로부터 신뢰를 얻지 못하고, 성도들은 참된 자유를 누리지 못한 채 신앙의 본질에서 멀어진 신앙 생활을 해 왔다. 그래서 김일현 목사는 부임 초기부터 교회는 지역 사회를 섬기기 위해 존재하고 목사는 성도를 섬기기 위해 존재한다는 방향성을 가지고 목회 사역을 시작했다. 김일현 목사는 교회의 개혁과 변화가 특정한 방법론에 있지 않고, 앞에서 말한 올바른 방향성을 회복하는 데 있다고 믿었다.

국수교회가 위치한 지역은 어린아이들이 많지 않았고 대학 진학율도 낮은 전형적인 농촌 지역이었다. 그래서 김일현 목사는 부임 초기 지역 사회를 섬기려는 마음으로 공부방을 열었다. 본인이 대학 시절 산업 현장에서 일하던 청소년들을 대상으로 야학을 운영한 경험이 사역을 위한 자산이 되었다. 이듬해 공부방을 통해 대학에 진학하는 학생이 나오게 되고, 해를 거듭할수록 대학 진학자가 늘어났다. 지역 사회가 점차 교회의 공부방을 인정하기 시작했다. 1995년부터는 대학에서 성악을 전공한 자신의 달란트를 살려 주민들과 학생들을 대상으로 악기 교실을 열었다. 악기 교실은 자그마한 오케스트라로 발전하여 예배당에서 연주회를 열게 되었고 양평군 오케스트라의 모태가 되었다. 점차 젊은 연령층의 유입이 늘어나고, 아이들 교육 면에서도 관심을 받는 지역으로 탈바꿈하기 시작했다. 국수교회가 전통적 농촌 교회와 달리 고른 연령층으로 구성된 이유가 바로 여기에 있다. 교회가 지역 사회의 필요에 부응하면 지역 사회의 흐름이 달라진다는 사실을 확인할 수 있다.

김일현 목사에게 교회는 건물이 아니라 하나님의 뜻을 실천하는 성도들이다. 국수교회는 교회 밖의 사람들을 데려다가 교회의 자리를 채우는 접근법 대신, 지역 사회와 주민의 필요를 찾아내고 교인들이 지역 사회 안으로 들어가 그들과 함께함으로써 지역이 교회가 되게 하는 접근법을 택했다. 지역 전체를 하나님의 선교 현장으로 인식하여서 교회 주변의 6개 리 지역을 국수교회로 선포했다. 이후 교회의 모든 정책은 교인을 위한 것이 아니라 이 지역의 주민을 위한 것에 초점을 두기 시작했다. 그러자 교회의 사역 영역이 점점 확대되었다.[3] 사회 봉사단을 통해 전철역과 거리 청소, 학교 급식 지원, 빨래방 프로그램으로 지역을 섬기고 있으며, 2015년부터는 양평군청으로부터 노인 일자리 사업을 위탁받아 노인들에게 일자리를 제공한다. 또한 국수교회는 선교 지원단 주관으로 필리핀에 선교 센터를 세워 현지 학생들의 교육을 담당한다.

국수교회는 지역 사회를 넘어 세계를 품는 교회가 되고 있다.

마을 만들기를 꿈꾸는 더불어숲동산교회

더불어숲동산교회(담임: 이도영 목사)는 2010년 1월에 경기도 화성시 봉담읍 이원타워빌딩 3층에서 시작한 교회이다. 2013년에 같은 건물 10층으로 이전하여 지금까지 사역하고 있다. 교회를 개척하면서, 마을 사람들을 모두 전도하겠다는 것이 아니라 교회가 지역을 떠나려 해도 '마을 사람들이 붙드는 교회'가 되는 것을 목표로 삼았다. 교회가 마을 주민들이 함께 사용하는 공공재가 되고 이를 통해 마을을 살리자는 취지였다. 교회의 비전은 '하나님 나라 신학과 십자가의 영성과 성령의 능력을 갖춘 급진적 제자 공동체를 통해 공교회성과 공동체성과 공공성을 회복하는 선교적 교회'이다. 선교적 교회의 비전은 공동체성이라는 구심력과 공공성이라는 원심력의 균형을 핵심적 비전으로 붙들고 있는데 교회 공간에서부터 그 정체성이 드러난다. 개척 때부터 교회 공간을 예배당과 지역을 위한 공간인 페어라이프센터(fair life center)로 나눈 것이다.

더불어숲동산교회의 예배 공간은 일체의 다른 행사를 배제하고 순수 예배만을 고집하는 공간인데 이는 성도들이 예배에 제대로 몰입하도록 하기 위함이다. 예배에서 하나님을 경험하지 못하면 교회는 그냥 모임이나 조직일 뿐 영적 공동체가 될 수 없다는 신념으로 성령의 기름 부으심과 하나님의 임재하심에 목숨을 걸고 있다. 예배와 더불어 성도들이 공동체를 경험하는 곳은 소그룹 셀 모임이다. 개척 초기부터 셀 모임을 시작하였고 이를 통해 사도행전적 공동체의 삶을 나누고 교제와 섬김, 예배와 훈련, 전도가 이루어진다. 셀 모임에 먼저 참여하다가 교회에 나오는 사람이 상당수일 정도로 셀 모임에서 공동체를 경험하고 있다. 또한 셀 모임이 사도행전적 공동체로서의 역할을 제대로 하기 위해서는 모든 성도들이 가족, 사역자, 제자가 되어야 한다는 목표 아래 체계적 양육 과정을 운영한다. 신앙 기초반(성경 학교, 기도 학교), 4단계 셀 양육 과정(신앙 기초 과정-내적 치유 수양회-신앙 성숙 과정-지도자 훈련 과정), 제자 훈련 과정, 독서 제자 훈련, 90일 성경 통독이 그것이다.

더불어숲동산교회는 공동체성을 유지하기 위해서는 적정한 규모가 중요하다고 여긴다. 성도 수가 많은 대형 교회에서는 초대교회처럼 자기 것을 내놓는 유무상통의 '코이노니아'(koinonia, 친교)를 이루고 삼위일체 하나님의 온전한 사랑과 교제가 드러나는 것이 쉽지 않다. 따라서 더불어숲동산교회는 교회의 본질인 공동체성을 이루기 위해서 의도적으로 대형 교회를 추구하지 않았다. 그렇다고 성장을 부정하지 않는다. 성장과 공동체성을 함께 붙드는 길은 '지속 가능한 분립 개척'임을 분명히 할 뿐이다. 개척 초기부터 절기 헌금의 절반을 분립 개척 헌금으로 적립했고 드디어 2017년 11월 분립 개척을 위한 장소를 마련했다. 장년 성도 수가 150여 명밖에 되지 않지만 20여 명의 개척 멤버가 자원했다. 이는 더불어숲동산교회가 시작할 때의 규모를 넘어서는 일이어서 지금까지 하나님이 이 교회를 통해 하신 일이 분립 개척 교회에서도 동일하게 나타기를 기대하고 있다.

복음의 공공성을 위해 열심을 내고 있는 일은 '마을 만들기 운동'이다. 마을 만들기는 마을에 특정한 복지를 베푸는 것이 아니라 마을 공동체 자체를 회복하는 것이다. 또 마을 만들기를 위해 외부에서 자원을 끌어들이기보다는 마을에 필요한 자원은 마을에 모두 있다는 생각으로 접근한다. 마을 만들기의 구체적 접근은 NGO인 페어라이프센터를 통해서 이루어진다. 페어라이프센터는 교회 공간의 절반을 떼어서 지역 사회를 위한 카페, 마을 서재, 어린이 도서관을 운영한다. 여기에서 주민들이 서로 관계를 맺고 함께 학습하고 소통한다. 또한 이들이 마을에 필요한 자원을 스스로 만들어 낸다.

교회 개척을 하면서 지역의 필요가 무엇인지를 사전에 조사한 결과, 30-40대의 인구 비중이 높고 아이들이 많다는 것을 발견했다. 그래서 어린이를 위한 공간에 초점을 두고 어린이 도서관을 시작했다. 도서관도 아마추어 수준이 아니라 화성시에 정식 등록할 만큼 제대로 운영한다. 자발적 기부로 만든 마을 서재는 마을의 공유 공간으로 어른들이 와서 편안하게 책도 읽고 담소를 즐긴다. 때로는 마을을 위한 회의 공간, 인문학 아카데미가 열리는 학습 공간으로도 활용된다.

카페는 지역 주민들이 소통하는 공간을 넘어 다양한 활동을 하는 곳이다. 이곳에서 바자회나 벼룩시장, 크리스마스 마켓을 열어 그 수익금으로 외국의 분쟁 지역에 평화 도서관을 만들고 어려운 지역 이웃을 돕는다. 카페에서는 공정 무역 커피와 먹거리를 팔고 6개월 과정의 공정 무역 교실도 연다. 공정 무역 교실 한 기당 20명 정도씩 3기를 양성했고 그들이 벌써 공정 무역 강사로 활약하기 시작했다. 공정 무역 교실은 단지 커피 생산자와 직접 계약해 판매하는 데 그치는 것이 아니라 지역 주민들의 일상적 소비 등 삶의 패러다임을 바꾸는 효과를 내고 있다. 이를 통해 교회는 지역 주민들에게 하나님 나라의 가치가 구현된 모습을 보여 준다.

더불어숲동산교회는 지역 어린이를 위한 교육 및 문화 사역에도 힘을 쏟고 있다. 지역 인구의 약 30퍼센트가 어린이와 청소년들인데 반해 이들을 위한 교육·문화 공간은 매우 부족하다는 것을 알게 되면서 2013년부터 토요 대안 학교를 시작했다. 토요 대안 학교는 경기문화재단 공모에 당선되어 재단의 지원을 받아 운영하였다. 아이들은 이곳에서 춤, 노래, 글쓰기를 배우고 뮤지컬을 만들어 공연도 한다. 토요 대안 학교는 3년 차인 2015년부터 '꿈의 학교: 화성으로 간 스쿨버스'라는 이름으로 발전했다. "한 아이가 자라기 위해서는 한 마을이 필요하다"는 말에 표현된 마을 교육 공동체를 꿈꾸는 '꿈의 학교'는 스쿨버스를 타고 동네를 돌아다니며 교육을 받는다. '교수가 아니라 고수를 찾아' 동네에 거주하는 디자이너에게서 배우기도 하고, 지역 명소를 찾아 마을의 가치와 소중함을 알고 아이들 스스로 마을 지도를 만들기도 한다.

2014년에는 세월호 참사를 계기로 '타자를 위한 교회'로서의 정체성을 실천하기 위해 사회 선교부를 신설하였다. 교회 앞에 노란 리본을 다는 애도의 공간을 만들고 매주 수요일 합동 분향소에서 세월호 어머니들과 자수 공방을 하고, 그리스도인 유가족들의 목요 기도회에 참여하여 예배를 드리고, 1주기에는 청소년부가 '안전 사회 캠페인'을 진행하였다. 그리고 사회 선교부 주관으로 각종 집회에 참여하였다. 사회 선교부를 통해 각종 사회 이슈에 대해 공부하고 그리스도인으로서 책임 있게 반응하기 위해 다양한 방법을 모색하고 있다.

더불어숲동산교회의 조직 운영의 특징은 정관에서 엿볼 수 있다. 우선 담임 목사의 임기는 6년이고 공동 의회에서 유효 투표수 2/3 이상의 찬성으로 연임하도록 되어 있다. 장로는 시무 장로로 4년간 봉사하며 공동 의회에서 유효 투표수 2/3 이상의 찬성을 얻으면 1회에 한해

중임을 한다. 당회와 제직회 같은 전통적 교회 조직 이외에 운영 위원회를 별도로 운영한다. 운영 위원회는 담임 목사, 남녀 총지역장, 각 국장(부서장)으로 구성되며 매월 교회의 주요 안건을 논의하고 예산을 집행하고 교회 정관의 제정, 개정 및 폐지에 대한 제안과 토론을 한다. 재정 운영의 원칙을 정관에 정하고 투명하게 운영하도록 노력한다. 교회 재정은 선교, 사회 봉사, 교육 및 교회 운영에 균형 있게 배분하고 잉여분이 발생하면 선교 및 구제에 우선 사용한다.

더불어숲동산교회가 지금의 모습이 되기까지는 생존의 고비를 여러 번 겪었다. 전통적 교회와는 너무나 다른 비전과 사역을 공유하기가 쉽지 않아 개척 멤버 대부분과 많은 성도들이 떠나는 아픔을 경험하기도 했다. 하지만 이제는 대부분의 성도들이 비전을 공유하면서 여러 사역에 적극적으로 참여한다. 더불어숲동산교회는 비전 그대로 한국 교회의 나아갈 방향을 제시하는 교회가 되기 위해 오늘도 열심히 도전하고 있다.

하나님의 꿈을 이루기 위해 힘쓰는 청주주님의교회[4]

충북 청주에 소재한 청주주님의교회(담임: 최현석 목사)는 2002년 12월 1일 주서택 목사가 가족을 포함한 7명으로 시작하여 1,000여 명의 교회로 성장하였다. 주서택 목사는 교회를 개척하기 전에는 한국대학생선교회(CCC)에서 25년간 대학 캠퍼스 선교를 위해 간사로 헌신했던 사역자이다. 청주주님의교회 창립 취지는 "하나님의 꿈을 이루고 잃어버린 자들과 한국 교회에 희망을" 주려는 데 있다. 인간의 꿈이 아닌 하나님의 꿈(비전)을 이루려는 교회의 본래적 존재 목적과 함께 한국 교회 안에 광

범위하게 곪아 있는 문제를 제도적·실천적으로 해소함으로써 한국 교회에 희망의 등불이 되겠다는 시대적 사명을 가지고 출범했다.

그러한 개혁적 설립 취지는 정관의 조문에 구체적으로 드러나 있고 실제 사역에서 실천되어 왔다. 우선, 정관 제13조에 담임 목사의 임기를 6년으로 하고 공동 의회 참석자 2/3의 찬성으로 연임할 수 있도록 하되 정년을 65세로 정하고 있다. 목회자 중심주의가 강하게 뿌리내린 한국 교회 현실에서 목회자가 개척부터 장기간 한 교회에 머물 때 여러 가지 폐단들(예. 교회 세습, 담임 목회자의 절대적 권한 행사로 인한 부정 부패)이 나타날 수 있으므로 이를 제도적으로 예방하기 위한 것이다.

또한 정관에서 "담임 목사는 청빙 1주년에 공동 의회의 참석 회원 2/3 이상의 찬성으로 신임 의결을 받아야 하며, 신임 의결이 없으면 담임 목사직을 면한다"고 규정하고 있다. 이는 후임 담임 목회자를 청빙하는 과정에서 특정인의 영향력이나 단기간의 판단 착오에 의해 잘못된 결정이 이루어질 가능성을 어느 정도 차단하기 위한 것이다. 그런가 하면 정관 제14조에 "장로 임기는 6년으로 하고, 당회의 추천을 거쳐 공동 의회 참석자 2/3 찬성을 받아야 하며 2/3 찬성으로 연임할 수 있다"고 규정함과 아울러 장로의 정년도 65세로 정함으로써 권한을 행사하는 위치에 있는 교회 지도자들이 공동 의회의 견제를 받도록 제도화하였다. 특정 개인이나 그룹의 장기적 권한 행사로부터 야기될 수 있는 문제는 비단 담임 목회자에 국한되지 않고 장로에게도 해당되기 때문이다. 특히 교회의 역사가 오래되고 담임 목회자가 중간에 청빙을 받아서 오는 경우, 장로들의 발언권이 큰 상태에서 담임 목회자와 갈등을 빚는 사례를 종종 접하게 된다.

청주주님의교회는 이와 같은 제도적 개혁 외에도 교회 자체의 유지에 드는 비용을 최소화하고 교회 밖을 향한 섬김을 적극적으로 실천한다는 점에서도 좋은 사례가 되어 왔다. 정관 제32조에 "교회 재정은 수입과 지출에 있어서 처음부터 끝까지 성경적, 복음적이어야 한다. 기복적이고 물량 중심적인 교회 재정 운영은 거부해야 한다", "교회의 일반 재정에서 50퍼센트 이상 선교, 구제, 봉사, 내적 치유, 장학금 등으로 지출하여 교회 개척 정신을 살려 간다"라고 규정하고 그 정신을 창립 초기부터 꾸준하게 실천하고 있다. 건물은 지은 지 30년이 넘어 철거 직전 상태였던 예배당을 인수한 후 외부 벽돌만 교체하여 사용하고, 예배당에서 사용하는 긴 의자나 예전 도구나 집기들은 주변 교회들이 처분하거나 버린 것들을 구해 와서 이전 교회의 문구가 새겨진 채로 사용한다. 교회 사무실이나 담임 목사 사무실 가구들도 저렴하고 소박한 것들을 구입해서 사용한다. 예배당 건물 주춧돌에 남은 이전 교회의 이름은 청주주님의교회가 교회의 외형적 모양을 꾸미는 데는 근검절약하고 교회의 본질적 사명을 감당하는 데는 부요한 교회가 되기 위해 애쓰는 모습을 상징적으로 보여 준다.

2007년 4월 교회 옆 선교관에 50평 규모로 개설하여 운영하는 '사랑의 나눔 마켓'은 청주주님의교회가 어떠한 정신으로 교회 밖 이웃들을 섬기는지 잘 보여 준다. '사랑의 나눔 마켓'은 쌀, 된장, 고추장, 세제 등 생활 필수품 60여 종과 기부받은 의류 등을 취급하는데, 도움을 필요로 하는 지역 이웃들에게 실질적 도움이 되도록 창의적 방식으로 운영한다. 이곳에서는 현금을 사용할 수 없고 상품권으로만 물품을 구매할 수 있다. 그리고 교회는 해마다 1억 원 상당의 사랑 나눔 상품권을 발행하여 매달 교인들이나 지자체를 통해 제도권의 도움을 받지 못하는 빈곤층 이웃들에게 배포한다. 일반인들의 이용을 차단한 상태에서 도움이 절실히 필요한 이웃들만 상품권을 사용하여 생필품을 구입할 수 있도록 함으로써 이용자들이 타인의 시선 때문에 불편을 겪지 않도록 배려한 것이다. 물론 거동이 불편한 이웃들을 위해서는 직접 배달도 해 준다. 상품권의 유효 기간은 30일인데, 이는 도움을 필요로 하는 사람들이 매달 자신들의 필요를 곧바로 채우도록 하려는 취지인 동시에 물품을 묵히지 않고 빠르게 회전시키려는 취지이다.

사랑 나눔의 기본 정신은 고통받는 이들이 찾아오게 하는 섬김이 아니라, 교회가 그들의 이웃이 되겠다며 찾아나서는 섬김이다. 2011년부터는 더 적극적으로 이웃을 섬기기 위해 '선한 이웃 봉사단'을 조직하고, 의료, 미용, 건축 분과 등으로 나누어 활동하고 있는데, 시골 교회를 찾아가 교회 수리를 돕고 그 마을에서 의료 봉사와 이미용 봉사를 펼친다. 긴급 도움을 요청할 경우 신속하게 출동할 수 있도록 전용 승합차도 구입하고, 긴급 연락망과 긴급 구호 물품도 구비했다. 이러한 이웃 섬김은 교회로 사람들을 끌어들이기 위한 수단적 접근법이 아니라, 교회가 도움이 필요한 사람들에게 선한 이웃이 되어 다가가겠다는 접근법이다. 실질적 도움이 필요한 이들에게 전적으로 초점을 맞춘 섬김이라고 할 수 있다.

"내 이웃이 누구니이까?"(눅 10:29)라고 묻는 율법사에게 예수님은 "누가 강도 만난 자의 이웃이 되겠느냐?"(눅 10:36)라고 반문하심으로써 율법사로부터 "자비를 베푼 자니이다"(눅 10:37)라는 답을 받아내신다. 교회와 그리스도인들이 '우리가 섬겨야 할 이웃이 누구입니까?'라고 묻는 데 그치지 않고 도움이 필요한 사람들에게 찾아가 '그들의 이웃이 되는 것'이 예수님이 원하시는 이웃 섬김의 접근법이다. 청주주님의교회의 이웃 섬김에서 이와 같은 예수님의 섬김 정신이 느껴진다.

청주주님의교회를 개척한 후 15년 동안 섬긴 주서택 목사는 2017년 11월 19일 열린 은퇴 및 취임 감사 예배에서 후임으로 청빙받은 최현석 목사에게 성의를 입히고 안수함으로써 담임 목사직을 마무리했다. 주서택 목사는 65세에 조기 은퇴하면서 교회에서 제공하는 자동차를 극구 사양했으며, 은퇴에 따른 퇴직 예우금 2억 원도 교회에 전액 헌금했다.

"개교회주의와 교권주의, 인본주의, 세속주의를 거부하고 세상 속 소금으로 빛으로서 사명을 감당키 위해 실천적 복음주의 노선에서 이웃 교회와 지역 사회를 섬기고 전인적인 구원의 역사를 이루는 데 우리의 중심을 드린다"는 비전을 향한 청주주님의교회의 걸음걸음이 한국 교회의 희망으로 자리매김하기를 기대한다.

전통적 교회에서 가정 교회로 전환한 순천 강남중앙교회

1983년 12월 3일에 5명이 모여 첫 예배를 드림으로써 시작된 순천 강남중앙교회(담임: 최경학 목사)는 역사가 34년이 된 교회이다. 이 교회는 10년 전부터 전형적인 형태의 일반 교회에서 가정 교회로 전환함으로써 평신도를 사역자로 세우고 초대교회의 공동체성을 회복하는 교회로 자리매김하고 있다.

순천 강남중앙교회가 가정 교회로 전환하게 된 것은 2007년 말부터이다. 2001년 말 부임한 최경학 담임 목사는 옥한흠 목사가 강남 사랑의교회에서 시작했던 제자 훈련을 벤치마킹하여 본인이 담임을 맡았던 교회들에 적극 적용함으로써 교회의 활력을 회복하고 초대교회의 모습을 구현하기 위해 노력했다. 그의 제자 훈련 중심의 목회 방향은 순천강남중앙교회에 부임한 이후에도 6년 정도 지속되었다. 그 과정에서 교회는 양적으로 성장하기 시작하였으며, 부임 직전에 있었던 교회 내 갈등도 상당 부분 봉합되었다.

그러나 최경학 목사는 대부분의 한국 교회에서 나타나는 현상, 즉 교회 내에서 직분은 점차 명예직화되고, 목사와 장로 사이는 정치권의 여당과 야당 사이처럼 갈등의 가능성이 상존하며, 직분자들이 무언가를 결의하는 데는 적극적이지만 실행하는 일은 목사가 해야 하는 현실을 보면서 안타까워하였다. 초대교회와 같은 교회 공동체 회복을 목회의 비전으로 품고 있었던 최경학 목사의 마음속에는 제자 훈련을 통한 양적 부흥으로는 충족될 수 없는 한 가지 의문이 계속 남아 있었다. '지금과 같은 제자 훈련으로 성도들의 삶의 근본적 변화와 교회의 공동체성 회복이 과연 가능할까?' 그러던 중 가정 교회에 관한 세미나에 참석하게 되었고, 가정 교회에서 평신도가 목양에 참여하여 헌신적으로 섬기는 모습에 도전을 받아 2007년에 가정 교회로의 전환을 결심하게 된다.

최경학 목사는 일반적인 교회에서 가정 교회로의 전환이 쉽게 이루어질 수 없음을 인식하고 있었다. 권위주의 문화에서 형성된 직분 체계에 익숙한 한국 교회의 현실에서 장로를 비롯한 직분자들은 성도들을 전인적으로 섬길 준비가 되어 있지 않았기 때문이다. 이것은 교회의 구조나 형태의 문제 이전에 사람의 문제이기 때문에 그만큼 풀기가 어렵다. 그럼에도 불구하고 제자 훈련을 통해 직분자들과 성도들의 예비 교육이 어느 정도 이루어졌으며 초대교회와 같은 교회 모습을 이루기 위해서는 도전할 만한 가치가 충분하다는 판단하에 당회원들과 함께 가정 교회로 전환하기로 결정했다.

이를 위해 담임 목사부터 가치의 우선순위를 바꾸고 솔선수범함으로써 신뢰를 확보하고 기본 토양을 조성해야 했다. 목사가 먼저 섬김을 받는 자가 아니라 섬기는 자가 되어 장로들을 섬기기로 했다. 그래서 자비를 들여 1박 2일 혹은 2박 3일씩 장로들과 함께 시간을 보내며 섬겼다. 또한 담임 목사가 시범 목장에서 목자로 섬김으로써 가정 교회로의 전환을 위해 팔을 걷어붙였다. 그러나 방법론보다는 본질이 더 중요하다는 점 그리고 토양과 신뢰가 조성되기까지는 시간이 걸린다는 점을 인식하여 서두르지는 않았다.

이렇게 가정 교회로의 전환이 점차 이루어졌다. 초기에는 70퍼센트 수준의 참여율로 시작했지만, 지금은 90퍼센트를 넘는다. 원칙적으로 목원은 목자를 선택할 수 있고 목자는 목원을 선택할 수 있다. 선택권을 교회에 위임할 경우 교회가 목자와 목원을 연결시켜 주되 6개월 정도 지난 후에 자신들이 정식으로 결정하도록 한다. 목자들은 3년을 섬긴 후 3-6개월 동안 안식월을 갖되, 3개월 이상 쉬어야 할 상황이면 목원으로 전환한다. 2017년 말 기준 총 157개의 목장이 가정 교회를 이루고 있으며, 목장은 21개의 초원으로 묶여 있고, 초원은 4개의 평원으로 묶여 있다. 초원지기는 통상 장로들이 맡으며, 3년 단위로 돌아가면서 섬기는 것을 원칙으로 한다. 평원지기는 부교역자들이 맡는다. 고등부와 청년부도 자체 목장 형태로 운영된다. 목원들에 대한 목양은 기본적으로 목자와 초원지기가 담당하며, 목사는 초원지기를 돌보는 데 주력한다.

이 교회가 지향하는 가정 교회는 그 안에서 목원들의 지(知)·정(情)·의(意)가 모두 어우러짐으로써 비신자가 복음을 받아들이고, 기존 신자들이 말씀에 의해 삶이 변화되며, 목자의 실천적 섬김을 통해 목자 후보들의 육성에 좋은 환경을 제공하는 가족 같은 공동체이다. 목장은 목원들이 가족처럼 친밀하게 교제하도록 보통 6-12명으로 구성되고, 매주 한 번 이상 모임을 가진다. 일반 교회의 구역 모임과 가장 두드러지게 다른 점은 예배, 교육, 교제, 전도, 선교 등 교회의 본질적 사역이 모두 목장에서 이루어진다는 점이다. 목장이 교회의 부속 기관이 아니라 교회로서의 기능을 수행하도록 한다는 취지이다. 그리고 교회의 사명이 믿지 않는 영혼을 구원하여 제자로 만들라는 예수님의 명령에 있다는 점을 감안하여, 다른 교회로부터 수평 이동해 오는 신자들을 받지 않고 대신 가정 교회를 통해 믿지 않는 영혼들을 구원하는 데 역점을 둔다. 또한 목장 모임은 목원들 가정을 돌아가면서 방문하여 함께 식사를 한다. 그렇게 함으로써 목자와 목원들 사이에 시혜자와 수혜자라는 벽을 깰 수 있고, 가정을 개방하고 식사를 함께 함으로써 진정한 사귐이 가능하다고 믿기 때문이다.

이러한 가정 교회 체계를 지속적으로 발전시키기 위해 교회 차원에서 가장 중요하게 생각하는 것은 목자들이 겪는 어려움을 이해하고 그들을 격려하고 지지함으로써 세워 주는 것이다. 초원지기와 평원지기와 담임 목사의 중요한 역할 중 하나가 바로 이것이다. 아울러 주일 저녁 시간에 성도들을 위한 성경 공부(연 2회 3개월 기간의 5개 강좌를 개설한다)를 통해 그들이 가정 교회를 이끄는 데 필요한 말씀 훈련을 제공한다. 그리고 전체 성도들이 가정 교회의 지향점과 운영의 중심축이 무엇인지 지속적으로 상기할 수 있도록 매년 1회 정도 주일 설교 주제를 가정 교회에 맞춘다.

순천 강남중앙교회는 2016년 1월에 교회를 분립하였다. 22개 목장 210명이 분립 개척에 참여했다. 목원 수가 늘어나면 분립한다는 정신에 따라 목장이 운영되기 때문에 교회도 교인 수가 늘어남에 따라 예배당을 신축 또는 증축하기보다는 분립하는 것이 올바른 방향이라 믿었기 때문이다.

가정 교회 체계가 초대교회의 모습을 회복하는 유일한 방안도 아니고, 그 체계 자체가 초대교회의 본질 회복을 담보하지는 않지만, 성경으로 돌아가 성경대로 해 보려는 강남중앙교회의 시도는 성령의 인도를 받는 유기체적 교회 공동체의 회복을 향한 아름다운 도전이다.

끊임없는 개혁의 숙제들

지금까지 건강한 공동체와 조직체의 속성을 중심으로 여덟 개의 사례 교회를 소개했다. 하지만 우리가 소개한 교회가 모든 면에서 건강하다고 보기는 어렵다. 실제로 본서에서 제시한 속성 하나하나를 따져 볼 때 부분적으로 아쉬움이 느껴지기도 한다.

어떤 교회는 변화를 시작하였지만 아직 정착되지 못한 상황에서 목회자와 목회 방침이 바뀌어 불안정한 모습을 보인다. 어떤 교회는 비전을 따라 열심히 앞장서는 성도들이 있는 반면 여전히 방관자 내지는 개인적 신앙 생활에만 관심을 두는 성도들이 많아서 안타까워한다. 은사를 따라 열심히 섬기고 모이는 데 힘을 쓰지만, 성도들이 건강하게 자라 그리스도의 제자가 되기 위해서는 삶과 말씀의 훈련이 더 필요해 보이는 교회도 있다. 그런가 하면, 상당수 성도들이 여전히 섬김에 거리를 두고 있어서 어떻게 하면 이들을 섬김의 현장에 참여시킬 수 있을지 고민하는 교회도 있다. 개혁적 교회 운영을 지향하지만, 여전히 건강한 성도와 성숙한 공동체가 되기에는 갈 길이 바쁜 교회도 있다.

모든 교회들이 빠짐없이 공동체성 회복을 원하고 있고, 이를 위한 방법 중 하나로 소그룹 교제에 열심을 내지만 실제로 사도행전에 나타난 신앙 공동체를 이루기에는 해결해야 할 과제들이 많다. 건강한 교회는 건강한 평신도 리더가 많아야 하지만, 여전히 목회자 의존성을 벗어나지 못하는 것도 풀어야 할 숙제이다.

하지만 지상에는 모든 면에서 완벽한 교회란 있을 수 없다. 우리가 원형으로 삼는 초대교회들도 그랬다. 성령의 은사가 많았지만 분열도 많았던 고린도 교회도 있고, 고난을 당하면서도 인내하고 진리의 말씀을 굳게 지켰지만 처음 사랑을 잃어버려 책망을 받은 에베소 교회도 있다. 그렇다고 인간이 모인 교회의 한계에 갇혀서 그 자리에 머물러 있는 것도 옳지 않다. 교회는 하나님이 거하시는 전이며, 예수님을 머리로 하고 그분이 원하시는 데까지 장성한 분량으로 자라야 한다. 예수 그리스도 안에서 "건물마다 서로 연결하여 주 안에서 성전이 되어 가고 너희도 성령 안에서 하나님이 거하실 처소가 되기 위하여 그리스도 예수 안에서 함께 지어져" 가야 하며(엡 2:21-22), "우리가 다 하나님의 아들을 믿는 것과 아는 일에 하나가 되어 온전한 사람을 이루어 그리스도의 장성한 분량이 충만한 데까지 이르[러야]"(엡 4:13) 한다.

지금의 한국 교회들을 보면 아쉬운 점이 많다. 하지만 다른 한편으로는 예수님이 명령하신 교회의 모습을 회복하기 위해 노력하는 교회들이 곳곳에 있다는 것이 참으로 다행이다. 여기에 소개한 교회들도 그러하다. 이 사례 교회들은 온전한 모델이라기보다는 교회의 원형을 찾기 위해 부단히 노력하는 교회들이다. 전반적인 목회 방향과 여러 속성에서 건강한 모습을 갖추고 부족한 부분을 보완하려고 끊임없이 노력하는 모습 속에서 한국 교회의 희망을 본다.

3장

교회의 건강성 진단

조직 진단과 관련해서는 교회 조직보다 기업 조직이 단연 앞서 있다. 기업은 진단을 하지 않더라도 자신이 창출한 제품과 서비스가 시장에서 살아남아야 하므로 늘 시장의 시험대 앞에 서게 된다. 따라서 기업에서는 살아남기 위한 조직 진단은 당연히 실시하는 것으로 정해져 있다. 기업의 진단에 관한 몇 가지 예를 들어 보자.

경제 전문지 「포춘」(Fortune) 지는 매년 신년호에 '포춘 100대 좋은 기업'을 선정하여 발표한다. 이것을 GWP(Great Work Place)라고 부르는데, 훌륭한 기업 문화를 가진 좋은 기업을 말한다. 이것은 미국의 로버트 레버링(Robert Levering) 박사가 탁월한 성과를 내는 기업들의 특성을 연구하여 정립한 개념이다. 이 평가에 포함되는 기준은 세 가지이다. 첫째 기준은 상호 신뢰이다. 신뢰가 형성되려면 인간미, 도덕성과 함께 가치와 원칙에 기반하여 절차적 공정성이 구비되어야 한다. 둘째 기준은 자신의 업무에 대한 자부심이다. 셋째 기준은 자신의 일을 신나게 즐기며 의미 있게 일하는지 여부이다. 이런 조건이 갖추어졌을 때 직원들의 생산성이 높아지고 이익도 창출된다는 것이다.

세계적 인사 컨설팅 회사인 휴잇(Hewitt)은 직원 몰입(employee engagement) 지표를 가지고 전 세계 차원에서 비교 조사를 실시하여 그 결과를 발표한다. 몰입이란 단순히 만족하거나 열심을 내는 차원을 넘어서 자발적 헌신을 통해 조직의 공동선을 이룰 수 있는 정도의 유대관계를 형성하는 것을 말한다. 몰입도가 높은 직원은 직장에서의 일을 단순히 월급을 받기 위한 노동의 제공으로 보지 않는다. 개인의 정체성과 조직의 정체성을 일치시키고 나의 발전과 동료 및 조직의 발전이 같은 방향으로 간다는 확신을 가지고 일에 임한다.

이런 조직 진단에 관해서는 국내 기업들도 예외는 아니다. 삼성은 자체적으로 개발한 SCI(Samsung Culture Index)를 가지고 매년 직원을 대상으로 조사하여 그 결과를 활용한다. 그 조사는 리더십을 포함해서 조직 문화와 관련된 내용을 망라하는 포괄적 내용을 담고 있다. 매년 조사한 결과를 최고 경영자들에게 배포하고 계열사별로 비교도 하고 부서 간 비교도 한다. 이 조사 결과를 토대로 조직을 더 발전시킬 수 있는 방법을 고안하고 지속적으로 개선하려는 노력을 기울인다.

교계에서도 평가하고 진단하는 움직임이 점점 늘어나고 있다. 그 결과를 보면 한국 교회는 사회로부터 그다지 신뢰를 받지 못하고 있다. 기윤실에서 2008년부터 네 번에 걸쳐 실시한 신뢰도 조사 결과를 보면, 기독교에 대해 신뢰한다는 긍정적 응답이 2008년에는 18.4퍼센트, 2009년에는 19.1퍼센트, 2010년에는 17.6퍼센트, 2013년에는 19.4퍼센트, 2017년에는 20.2퍼센트이다.[1] 신뢰하지 않는다는 비율은 각각 48.3퍼센트, 33.5퍼센트, 48.4퍼센트, 44.6퍼센트, 51.2퍼센트이다. 개신교인의 비율을 감안하면 신뢰한다고 응답한 비율이 매우 낮다는 것을 알 수 있다. 2013년 조사에서 우리를 더욱 긴장하게 만든 것은 기독교인 중에서 교회를 신뢰한다고 응답한 비율이 47.5퍼센트로서 절반도 안 된다는 점이다. 이는 3년 전 59퍼센트였던 것에 비해 11.5퍼센트포인트 감소한 수치이다. 2017년에는 교회를 신뢰한다는 기독교인의 긍정 평가가 59.9퍼센트로 상승하였다.

한국기독교목회자협의회(한목협)의 2017년 조사 결과[2]에 의하면, 교회에 출석하지 않는 기독교인의 비율이 23.3퍼센트로서, 1998년 기준 11.7퍼센트에 비해 크게 높아졌다. 기독교인들이 교리에 대한 인식을 묻는 질문에 응답한 결과를 보면, "앞으로 이 세상에 종말이 온다(종말론)"에는 57.0퍼센트가, "이 세상의 신은 오직 하나다(유일신)"에는 67.4퍼센트가 그렇다고 응답했다. 1주일간 성경 읽는 시간은 평균 48.7분(1998년 평균 66분)이었고, 하루 평균 기도 시간은 21.5분(1998년 평균 19분)이었다. 비개신교인에게 비친 한국 교회의 모습은 "물질 중심적이다"(71.6퍼센트), "권위주의적이다"(60.8퍼센트), "이기주의적이다"(69.3퍼센트)와 같은 부정적 이미지의 수치가 높았다. 반면, "세상과 잘 소통한다"는 11.5퍼센트, "도덕적이다"는 11.6퍼센트, "약자 편에 선다"는 11.4퍼센트로 그 수치가 낮았다. 이는 한국 교회와 교인들 사이에 깊이 있는 영적 성장이 부족하다는 점을 보여 준다.

저자들도 자체적으로 교회의 건강성을 진단할 수 있는 설문지(CHEQ II)를 만들어 180개 교회를 대상으로 건강 진단을 실시하였다. 각 교회마다 담임 목사와 교인을 대표할 수 있는 직분자 한두 명으로부터 설문 응답을 받았다. 상세한 분석 결과는 이 장의 뒷부분과 다른 장들 그리고 부록에 소개되지만, 그중에서 '간단한 교회 건강성 진단' 영역에 대한 분석 결과를 여기에 소개한다. 표 3.1은 1번부터 11번까지의 개별 항목에서 한국 교회가 어떤 상태인지를 보여 주며, 전체 평균 점수는 한국 교회의 종합적 상태를 보여 준다. 구체적으로 들여다보면, "성도들의 마음이 부드럽고 따뜻하다"라는 1번 항목에서 한국 교회는 5점 기준 3.95점이고, 응답에 참여한 사람들 중에서 긍정적으로(4점 혹은 5점) 응답한 사람들의 비율은 63.8퍼센트였다. 약 36퍼센트 정도는 이 질문에 대해 긍정적인 응답을 하지 않았다. 이 결과에서 가장 낮은 값을 가진 항목은 "교회를 떠나는 성도들이 거의 없다"라는 6번 항목이었다.

간단한 교회 건강성 진단	평균값*	긍정 응답 비율*
1. 성도들의 마음이 부드럽고 따뜻하다.	3.95	63.8%
2. 교회 분위기가 밝고 활기가 넘친다.	4.02	72.8%
3. 최근 몇 년 동안 교회 내 갈등이 없었다.	3.66	43.8%
4. 교회 지도자들을 신뢰하고 존경한다.	4.27	81.1%
5. 성도들은 교회 오는 것을 즐거워하고 교회 생활에서 비교적 행복감을 느낀다.	4.11	80.0%
6. 교회를 떠나는 성도들이 거의 없다.	3.26	24.4%
7. 성도들은 지역 사회와 이웃에 대한 사랑이 넘친다.	3.53	37.7%
8. 교회가 점점 더 건강해질 것이라는 믿음이 있다.	4.34	88.9%
9. 성도들은 우리 교회를 '교회다운 교회'라고 생각한다.	4.04	73.3%
10. 목회자와 장로(혹은 이에 준하는 교회 리더)의 관계가 만족스럽다.	3.86	60.0%
11. 담임 목사와 부교역자의 관계가 만족스럽다.	3.83	56.7%
전체 평균	3.89	62.0%

[표 3.1] CHEQ II 조사 결과: 간단한 교회 건강성 진단[3] (기준 연도: 2013년)
* 평균값은 5점 만점을 기준으로 하며 긍정 응답 비율은 4.0 이상 응답한 비율(%)이다.

평균이 3.26점이고 긍정 응답을 한 사람들의 비율은 24.4퍼센트에 불과했다. 약 1/4 정도의 교회를 제외한 나머지 교회들은 교회를 떠나는 성도들이 있다는 말이다. 그 다음으로 낮은 것이 7번 항목 "성도들은 지역 사회와 이웃에 대한 사랑이 넘친다"인데 평균은 3.53점, 긍정 응답 비율은 37.7퍼센트였다.

이와 같은 진단 조사 결과는 해당 집단이나 조직의 현재 상태를 잘 드러내 준다. 조사 결과가 모든 것을 말해 주지는 않지만, 그것을 활용하면 속으로 생각만 했던 내용, 불명확하게 이해했던 내용을 구체화하고 진단과 처방에 대한 논의의 출발점을 찾을 수 있다.

사람의 몸은 주기적 건강 검진이 필요하다. 많은 사람들은 건강을 잃기 전까지는 자신의 건강 상태를 제대로 인식하지 못한 채 지낼 때가 많다. 따라서 정기적 건강 진단을 통해 건강 수준을 점검하고 질병이 있으면 치료를 받아야 한다. 필요에 따라서는 대수술을 통해 환부를 치료해야 할 때가 있다. 중요한 것은 개인 건강의 경우 전문적 훈련을 받은 의사가 첨단 기기를 가지고 진단을 하기 전까지는 본인이 자신의 상태를 잘 모른다는 점이다.

교회 공동체의 경우 자신이 다니는 교회에 익숙한 구성원들은 교회의 건강 상태가 어떤지 잘 인식하지 못할 수 있고, 또 건강 진단 받기를 꺼리기 쉽다. 성도들이 교회는 하나님 말씀만으로 판단받는다고 생각해서 진단에 대한 거부감을 가질 수도 있고, 또 진단 결과에 대한 책임 소재를 걱정하여 진단을 꺼릴 수도 있다. 성경적 원리에 근거해서 교회 구성원들이 직접 하든 전문가로부터 종합적·체계적 진단을 받든 교회 건강성을 진단하고 변화의 노력을 기울이는 것은 교회다운 교회를 세우는 데 매우 중요하다. 하나님은 교회를 생각하실 때 큰 기대를 가지고 계신다.

> 자기 앞에 영광스러운 교회로 세우사 티나 주름 잡힌 것이나 이런 것들이 없이 거룩하고 흠이 없게 하려 하심이라. (엡 5:27)

중요한 것은 우리 교회의 현재의 모습이 '영광스러운 교회'와 얼마나 격차가 있는지 알고서 그 격차를 줄이기 위해 노력해야 한다는 점이다. 그리고 진단 및 평가는 제대로 된 기준에 근거하여 이루어져야 한다. 진단 및 평가의 기준이 잘못되면 오히려 잘못된 방향의 행동을 유발하고 갈등을 일으키며 조직의 건강을 해칠 수 있다. 진단과 평가가 사태의 전체를 드러내지 못한 채 일부만을 지나치게 부각시키거나, 각 차원의 균형을 이루지 못하게 하거나, 교회의 미래를 보지 못하고 현재의 운영에만 집중하게 한다면 그런 진단과 평가는 교회에 유익이 될 수 없다. 따라서 진단 및 평가의 기준이 교회다움에 부합하는지를 면밀히 살펴야 한다. 그리고 매년 혹은 2-3년에 한 번씩 주기적으로 그런 평가를 하는 것이 교회 건강성 회복과 유지에 도움이 된다.

진단 절차와 방법

효과적인 교회 건강성 진단을 위해서는 몇 단계 과정을 거쳐야 한다(참고. 그림 3.1). 첫 번째 단계는 진단 팀을 구성하고 진단 필요성과 방법론을 공유하는 단계이다. 개별 교회에서 진단을 실시할 경우에는 5-7명의 내·외부인들로 진단 팀을 구성하고, 그들이 전체 과정을 이끌도록 한

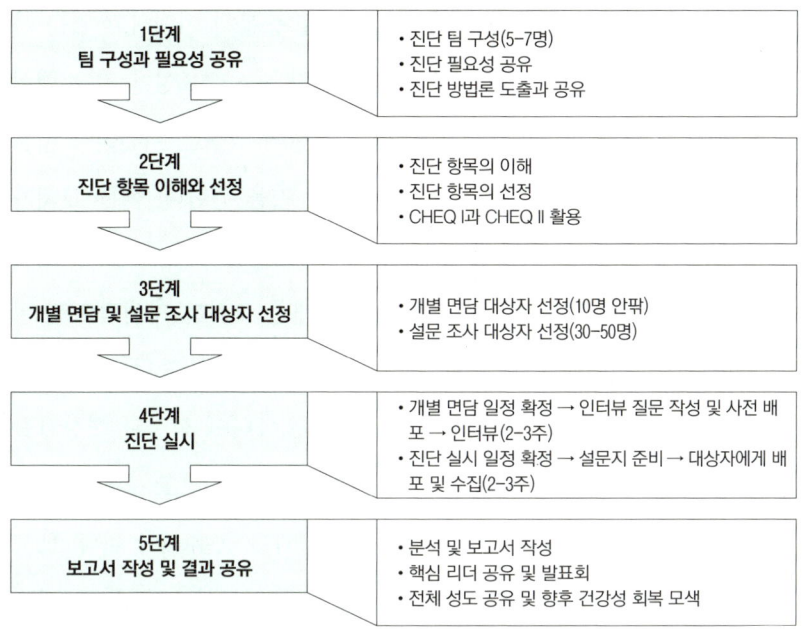

[그림 3.1] 교회 진단 절차

다. 진단 과정에 필요한 예산도 확보하여 준비해야 한다. 그리고 왜 진단이 필요하고, 진단을 하면 어떤 유익이 있으며, 진단하는 방법은 무엇인지에 대해 교회의 리더 그룹과 논의하고 공유하는 과정이 필요하다. 필요하다면 공청회나 개별적 설득 과정을 거쳐야 한다. 두 번째 단계에서는 진단 항목의 이해 및 진단 항목 선정 과정이 필요하다. CHEQ I과 CHEQ II를 면밀히 검토하여 해당 교회에 적합한 항목이 무엇인지, 또 어떤 질문 항목을 추가할지에 대해 논의하고 합의해야 한다.

세 번째 단계는 개별 면담 및 설문 조사 대상자를 선정하는 단계이다. 누구를 대상으로 개별 면담을 진행하고 누구를 대상으로 설문 조사를 실시할 것인지 결정해야 한다. 해당 교회를 오래 다닌 성도로서 교회에 대해 잘 알고 건강성 진단의 필요성을 충분히 이해하고 있는 사람을 선정하는 것이 중요하다. 개별 면담의 경우는 대표성이 있는 핵심 리더 10여 명을 선정하여 진행하고, 설문 조사의 경우는 여건이나 비용을 고려해서 30-50여 명을 선정하여 진행할 것을 권한다. 물론 교회가 필요에 따라 전수 조사를 실시해서 다양한 분석을 하는 것도 의미가 있다. 네 번째 단계는 진단 실시 단계이다. 개별 교회가 자체적으로 설문 조사를 진행할 경우 미리 일정을 정하여 주일 예배 후나 지회별 모임을 활용하여 일제히 실시하는 방법이 있다. 아니면 선정된 대상자들에게 설문지를 배포했다가 일정 기간 내에 수집하는 것도 좋은 방법이다. 마지막 단계에서는 보고서를 작성하고 결과를 공유해야 한다. 보고서는 핵심 주제를 중심으로 작성하고, 공유를 위해서는 예배 후 발표 혹은 직분자 모임에서의 발표 등 다양한 방법을 모색해서 최대한 많은 구성원이 이해하도록 하는 것이 좋다.

진단 시 유의할 점

지금까지 설명한 다섯 단계에 따라 교회의 건강성을 진단할 때 몇 가지 주의할 점이 있다. 첫째, 충분한 대화를 통해 여건이 충분히 조성되었을 때 진단을 실시하는 것이 좋다. 아무리 좋은 일이라도 성도들의 마음이 갈리는 상황에서 무리하게 진행할 필요는 없다. 다만 합의가 이루어지지 않을 경우 점진적으로 교회의 건강성 진단에 대한 인식을 바꾸는 과정이 필요하다. 진단의 목적은 특정 직분자나 부서에게 책임을 묻거나 비판하기 위한 것이 아니다. 이것은 정기 건강 검진을 받는 일처럼 사전 예방적 차원에서 시행하는 것이다. 그리고 혹시 질병이 발견되면 그에 맞는 처방을 실시하여 건강한 상태를 유지하는 것이 진단의 목적이다.

둘째, 같은 맥락에서 진단의 목적이 교회다움의 회복에 있음을 분명히 해야 한다. 진단은 회복에 대한 기대와 열망을 가지고 접근하는 것이 중요하다. 정치적 목적으로 이용하거나 특정 개인이나 부서의 책임을 따져서 문책하기 위한 목적으로 사용하는 것을 지양해야 한다. 목사나 당회 혹은 부서장을 평가하는 도구로 사용하여 그 결과를 인사와 관련된 중요한 의사 결정의 근거로 활용해서는 안 된다. 교회 건강성 진단을 목회에 대한 평가로 오인하거나 그 결과를 목회의 성공 수준과 연계시킨다면 목회자들이 진단을 꺼릴 것이다. 그러므로 올바른 진단 목적에 대한 충분한 이해와 공유가 전제되어야 한다.

셋째, 진단 과정에서 신뢰성 확보를 위해 최대한 노력을 기울여야 한다. 교회관이 분명하고 교회의 형편을 잘 아는 사람이 응답자가 되어야 하며, 응답자는 최대한 객관적인 태도를 지녀야 한다. 또한 면담이나 설문 조사의 장소 및 시간을 매우 조심스럽게 선정해서, 시간에 쫓기지 않는 상태에서 믿을 만한 응답이 나올 수 있도록 신경을 써야 한다.

마지막으로, 진단 결과를 가지고 모두가 협력하여 문제점을 개선할 수 있도록 최선의 노력을 기울여야 한다. 우선, 다양한 관련자(목회자, 당회원, 일반 성도 등)들의 입장에 서서 지혜롭게 결과 보고서를 작성해야 한다. 그리고 긴급성을 요하는 중요한 문제를 발견했을 경우에는 지체 없이 회복 방안을 논의하고 해결하려는 의지를 발휘해야 한다. 교회를 평가하는 것은 '양날의 칼'과 같다. 건강성 진단을 통해 교회다움을 회복하고 개혁의 토대를 마련할 수도 있지만, 만약 그것이 잘못 사용될 경우 교회에 분란을 일으키고 정치적 목적으로 이용될 소지도 있다. 따라서 올바른 진단의 동기가 있어야 하고, 지혜로운 접근이 요구된다. 이런 진단 과정을 통해 교회가 더욱 교회답게 변하는 과정을 경험하게 되면, 다음에는 이런 진단이 훨씬 용이해질 것이고 지속적 교회 개혁이 이루어질 수 있다.

교회 건강 진단 도구(CHEQ II)

교회 진단의 기본적인 틀은 의사의 건강 진단과 거의 비슷한데, 정상적 상태와 현재의 상태를 비교하여 그 격차가 심할 때 문제가 있다고 판단하고, 그 격차를 줄이기 위한 처방에 들어간다. 정상적 상태란 본서에서 제시하는 건강한 교회의 핵심 원리가 제대로 작동되는 상태를 가리키고, 현재의 상태란 진단 도구를 적용하여 조사한 결과를 말한다. 그 두 상태 사이에 격차가 발견되면 그것을 줄이는 방향의 전략적 행동이 나와야 하는데, 그것은 교회의 특성과 사정에 따라 다양할 수 있다.[4] 진단 도구의 목적은 교회의 건강성을 진단함으로써 현재 교회가 주님이 제시하신 교회다운 상태로부터 얼마나 동떨어져 있는지를 파악하고 교회다움을 회복하는 출발점으로 삼으려는 데 있다.

표 3.2에서 보는 바와 같이 교회 건강성 진단 설문지 CHEQ II[5]에 포함된 전체적 질문 구성은 1. 응답자 인적 사항, 2. 간단한 교회 건강성 진단, 3. 건강한 교회의 속성, 4. 교회 건강성 영향 요인, 5. 건강한 교회의 열매, 이렇게 다섯 가지에 대한 질문으로 구성되어 있다.

1. 응답자 인적 사항에 포함된 질문들은 직분, 성별, 연령, 교회 출석 기간에 관한 것이다. 인적 사항은 건강성 지표가 나오면 그것을 해석하

진단 내용	세부 내용	문항 수
1. 응답자 인적 사항	(1) 직분 (2) 성별 (3) 연령 (4) 출석 기간	4개 문항
2. 간단한 교회 건강성 진단	(1) 성도들의 영적 상태 (2) 분위기 (3) 갈등 여부 (4) 지도자 신뢰와 존경 정도 (5) 행복감 (6) 교회를 떠나는 자 (7) 이웃 사랑 (8) 교회 건강에 대한 기대 (9) 교회다움 (10) 당회원 간 관계 (11) 교역자 간 관계	11개 문항
3. 건강한 교회의 속성	(1) 참된 예배 (2) 연합된 지체 (3) 건강한 자람 (4) 섬김의 실천 (5) 목적 충실성 (6) 세움의 리더십 (7) 직분의 회복 (8) 핵심 원리에 기반한 운영	40개 문항 (각 속성별 5개 문항)
4. 교회 건강성 영향 요인	8가지 속성에 대한 (1) 목회 철학 (2) 성도들의 공유 상태 (3) 실행 전략	24개 문항(8가지 속성에 대한 3개 영역)
5. 건강한 교회의 열매	(1) 행복한 성도 (2) 좋은 평판 (3) 새 신자 증가 (4) 목회자와 성도 간 건강한 교류 (5) 본질적 목적의 달성 (6) 예수님의 뜻의 온전한 실현 (7) 교회다움의 유지	7개 문항
전체 문항 수		86개 문항

[표 3.2] 교회 건강성 진단 설문지 CHEQ II의 구성

고 설명하는 데 도움을 줄 수 있다.

2. 간단한 교회 건강성 진단에 포함된 질문은 건강성과 관련된 증상을 보기 위한 초기 진단 문항들이다. 병원에 가면 몸무게, 체온, 혈압 등 처음에 간단한 검사를 해서 어떤 증상이 있는지를 빠르게 파악하는 것과 유사하다. 왜 이런 증상이 나타났는지 그 원인은 정확히 알 수 없으나, 전반적 상태에 대한 개략적 진단에 도움이 될 수 있다. 이 질문들에 진솔하게 답을 하고 그 결과를 공유하면 현재 교회의 상태를 개략적으로 파악할 수 있다. 간단한 교회 건강성 진단을 위한 질문은 다음과 같다.

- 성도들의 마음이 부드럽고 따뜻하다.
- 교회 분위기가 밝고 활기가 넘친다.

- 최근 몇 년 동안 교회 내 갈등이 없었다.
- 교회 지도자들을 신뢰하고 존경한다.
- 성도들은 교회 오는 것을 즐거워하고, 교회 생활에서 비교적 행복감을 느낀다.
- 교회를 떠나는 성도들이 거의 없다.
- 성도들은 지역 사회와 이웃에 대한 사랑이 넘친다.
- 교회가 점점 더 건강해질 것이라는 믿음이 있다.
- 성도들은 우리 교회를 '교회다운 교회'라고 생각한다.
- 목회자와 장로(혹은 이에 준하는 교회 리더)의 관계가 만족스럽다.
- 담임 목사와 부교역자의 관계가 만족스럽다.

3. 건강한 교회의 속성에 관한 질문은 본서가 제시하는 건강한 교회의 여덟 가지 속성에 관한 질문들인데, 이것은 다음 면의 표 3.3에 정리되어 있다. 속성별로 5개 문항씩 총 40개 문항으로 구성되어 있다. 이 문항들이 교회의 본질적 모습에 대한 현 상태를 나타내는 척도가 될 것이다. 속성별 설문 문항들은 각 속성을 가장 잘 드러내는 내용을 중심으로 추렸다. 각 속성의 성격이 잘 드러나도록 가능한 한 중요한 측면을 모두 포괄하도록 구성하였다.

4. 교회 건강성 영향 요인에 관한 질문은 건강한 교회 속성을 드러내는 앞의 40개 문항의 수준에 영향을 미치는 요인들에 대한 질문들이다. 각 속성에 영향을 미치는 중요한 공통 요인 세 가지를 도출하였는데, 그것은 목회 철학과 성도들의 공유 상태와 실행 전략이다. 목회 철학은 목회자가 건강한 교회의 속성들에 대해 올바른 신학적 기반과 분

속성	설문 내용	속성	설문 내용
참된 예배	• 예배의 중심성 • 감동이 있는 예배 • 하나님께 집중된 예배 • 하나님의 하나님 되심이 드러나는 설교 • 생활 속 예배에 대한 강조	목적 충실성	• 존재 목적 공유 여부 • 존재 목적의 순수성 • 존재 목적의 적용 정도 • 존재 목적에 비추어 본 사역/운영 시스템 점검 여부 • 존재 목적의 우선성/중요성
연합된 지체	• 교회 공동체의 본질: 가족과 연합 • 교회 공동체의 본질: 사랑과 나눔 • '코이노니아'의 삶 • 작은 공동체 • 은사 중심의 유기체	세움의 리더십	• 리더의 역할 • 헌신 이끌어 내기 • 은사 개발 및 발현 기회 제공 • 소통 • 갈등 해결
건강한 자람	• 성도의 자람을 위한 준비(목회자와 프로그램) • 성도의 성장을 위한 프로그램 • 지식, 관점, 가치관의 변화(하나님, 교회, 세상에 대한 바른 지식과 관점) • 삶의 변화(개인, 가정, 교회, 직장의 삶) • 열매(각 영역에서의 하나님 통치와 회복)	직분의 회복	• 직분자를 신중히 세우는지 여부 • 직분자 훈련과 교육(신임 직분자 교육과 지속적 교육 훈련) • 직분자의 역할과 기능(교회다움의 회복과 성도의 개발 및 사역 수행) • 직분자의 역할 참여 여부 • 당회의 역할
섬김의 실천	• 섬김의 태도와 동기 • 섬김의 주체 • 섬김의 대상 1(개인 차원) • 섬김의 대상 2(교회 차원) • 섬김의 방법	핵심 원리에 기반한 운영	• 핵심 원리 공유 여부 • 핵심 원리의 적정성 • 핵심 원리 적용 의지 • 핵심 원리의 적용 정도 • 핵심 원리의 우선성/중요성

[표 3.3] 건강한 교회 속성별 진단 질문 구성

명한 목회적 방향을 가지고 있는지에 대한 것이다. 목회자가 이런 방침을 가지고 있지 않다면 그런 속성이 자연스럽게 교회에 나타나기를 기대하기란 불가능하다. 성도들의 공유 상태는 성도들이 각 속성을 얼마나 공유 및 내면화하고 있는지에 대한 것이다. 목회자의 방침에 대한 교인들의 이해나 내면화가 부족하다면 그런 속성이 교회에 형성되기를 기대하기 어렵다. 마지막으로 실행 전략은 속성들을 이루어 가는 방법에 대한 구체적 계획이 있는지에 대한 것이다. 여덟 가지 속성 각각에 대해 이러한 세 가지 차원의 문항을 도출하였으므로, 총 24개의 문항으로 구성되어 있다.

5. 건강한 교회의 열매에 관한 질문은 교회가 어떠한 열매를 맺고 있는지를 점검하기 위한 질문들로 구성되어 있다. 건강한 교회의 열매는 어느 한 가지로 평가하기 어렵다. 그렇기 때문에 다차원성을 가질 것이라고 보고 다양한 지표들을 포함시켰다. 그 내용은 다음과 같이 7개 문항으로 구성되어 있다.

- 교회 내에서 성도 개개인들이 교회의 구성원이 됨을 행복해하고 있다.
- 우리 교회는 지역 사회와 이웃에게 좋은 평판을 받고 있다.
- 전도를 받은 새로운 신자가 꾸준히 늘고 있다.
- 교회의 목회자 및 지도자와 성도들 간에 건강한 교류가 지속되고 있다.
- 하나님 나라 확장이라는 교회의 본질적 목적이 효과적으로 달성되고 있다.
- 우리 교회는 예수님의 뜻이 온전하게 실현되는 교회이다.
- 전반적으로 볼 때 머리 되신 그리스도의 몸으로서의 교회다움을 유지하고 있다.

이상에서 설명한 CHEQ II의 모든 내용은 본서의 부록 2에 실려 있다. 교회의 건강성을 진단할 때에는 CHEQ II만을 사용해도 되지만, 조직체 측면에 대한 상세 진단이 필요할 경우 저자들의 이전 저서 『건강한 교회, 이렇게 세운다』의 부록에 나와 있는 CHEQ I과 병행해서 사용해도 좋을 것이다. 본서에는 공동체로서의 교회와 조직체로서의 교회에 대한 진단 내용이 함께 포함된 반면에, 이전 책은 조직체로서의 교회에 대해 더 포괄적으로 다루었으므로 목적에 따라 상호 보완적으로 활용하면 좋을 것이다.

진단 결과의 활용

끝으로 CHEQ II를 사용하여 교회 건강을 진단한 후 진단 결과를 효과적으로 활용하기 위한 몇 가지 요령을 소개한다. 첫째, 점수를 합산하는 방식에 대한 이해가 필요하다. 각각의 설문 영역에 대해 점수를 내는 방식은 크게 두 가지로 구분할 수 있다. 한 가지 방식은 항목별 점수를 따로 보는 동시에 항목별 점수들을 합산하여 보는 방식이다. 가령 건강한 교회의 여덟 가지 속성이 있으면, 우선 각 속성의 5개 질문 하나하나를 따로 살펴본다. 그리고 속성별로 5개 문항을 합산하여 본다. 그러면 속성 여덟 가지의 값이 나온다. 그다음에는 공동체 속성 네 가지를 묶고 조직체 속성 네 가지를 묶어서 본다. 마지막으로 이 여덟 가지 속성 전체를 합산하여 본다. 이것은 교회의 필요에 따라 얼마든지 다르게 활용할 수 있는 부분이다. 다른 한 가지 방식은 점수 계산 방식의 문제인데, 평균을 보는 방식과 긍정 응답 비율을 보는 방식이다. 평균은 5점 척도이므로 1-5점 사이의 평균값이 나오게 되는데 높을수록 긍정 응답이므로 교회가 건강하다는 것을 나타낸다. 긍정 응답 비율을 보는 방식은 5점 척도에서 긍정 응답으로 간주되는 4점과 5점을 부여한 사람들이 전체 응답자 중 얼마의 비율을 차지하는지 보는 것이다. 이 두 가지 지표를 동시에 살펴보는 것이 중요하다. 왜냐하면 평균 점수는 5점 만점 기준이어서 차이를 드러내기 어려운 데 반해 긍정 응답 비율은 차이를 매우 다양하게 나타낼 수 있기 때문이다. 각각의 설문 영역을 이런 방식으로 진단하며 건강성을 평가할 수 있다.

다음 면의 표 3.4가 보여 주는 2013년도 CHEQ II 조사 결과를 보면, 간단한 교회 건강성 진단에서 평균은 5점 기준으로 볼 때 3.89점으로 낮은 편이며, 5점 척도 중 4점과 5점을 표시한 긍정 응답 비율은 62퍼센트이다. 교회의 공동체 속성 네 가지 중 가장 높은 평가는 '참된 예배'로 평균은 4.02점이고 긍정 응답 비율은 66.3퍼센트이며, 가장 낮은 평가는 '건강한 자람'으로 평균은 3.52점이고 긍정 응답 비율은 41.6퍼센트에 불과하다. 이 결과는 교회가 건강한 자람의 문제를 우선 해결해야 할 필요성을 제기한다. 교회의 조직체 속성 네 가지를 보면 평균 점수는 3.60-3.77점으로 서로 비슷한 수준으로서 그렇게 높은 편은 아니다. 긍정 응답 비율도 '직분의 회복'이 53.1퍼센트로 절반을 약간 넘긴 것을 제외하고는 모두 절반을 넘기지 못했다. 원인 분석에서 목회 철학은 비교적 높게 나타나고, 성도들의 공유 상태가 중간 정도로 나타나며, 실행 전략이 가장 낮게 나타났다. 교회의 열매는 평균이 3.88점이고 긍정 응답 비율은 61.4퍼센트였다.[6]

교회의 열매에 대하여 질문한 7개 문항의 결과를 좀더 구체적으로 살펴보면, "전도를 받은 새로운 신자가 꾸준히 늘고 있다"에 대한 평균이 5점 만점에 3.43점으로 가장 낮다. 그 다음으로 낮은 것이 "교회의 목회자 및 지도자와 성도들 간에 건강한 교류가 지속되고 있다"인데, 평균이 3.72점이다. 이 두 문항에 긍정으로 답한 비율은 각각 32.2퍼센트와 48.9퍼센트이다.

점수를 활용하는 측면에서 두 번째로 고려할 접근은 비교를 통해

진단 차원		평균값	긍정 응답 비율(%)	진단 차원		평균값	긍정 응답 비율(%)
간단한 교회 건강성 진단		3.89	62.0	교회의 조직체 속성	직분의 회복	3.77	53.1
교회의 공동체 속성	참된 예배	4.02	66.3		핵심 원리에 기반한 운영	3.60	44.3
	연합된 지체	3.63	45.4	교회 건강성 영향 요인	목회 철학	3.93	63.0
	건강한 자람	3.52	41.6		성도들의 공유 상태	3.79	53.8
	섬김의 실천	3.63	48.1		실행 전략	3.66	45.6
교회의 조직체 속성	목적 충실성	3.63	44.8	건강한 교회의 열매		3.88	61.4
	세움의 리더십	3.69	48.2				

[표 3.4] CHEQ II를 사용한 전체 조사 결과(기준 연도: 2013년)

상대적 위치를 파악하는 것이다. 비교에는 두 가지 방법이 있는데, 하나는 다른 교회와의 비교를 통해 우리 교회의 상대적 건강 상태를 파악하는 방식이다. 본 장에 제시된 180개 교회의 평균과 비교하는 것도 고려할 만하다. 또 한 가지 방법은 여러 해 평가를 반복해서 연도별로 비교하는 방식이다. 어떤 영역이 더 향상되고 있는지, 아니면 퇴보하고 있는지 그 추이를 확인하는 방식이다.

진단에 따른 처방

진단 결과가 나오면 우선 진단 결과를 성도들과 공유하는 것이 중요하다. 그리고 이어 개선 활동을 진행해야 하는데, 첫 번째 단계로 개선 팀을 구성해야 한다. 진단 팀을 개선 팀으로 전환하여 시행할 수도 있고, 따로 팀을 꾸려 시행해도 좋을 것이다.

둘째, 개선 목표 설정, 과제 도출 및 우선순위 설정의 단계를 거쳐야 한다. 먼저 몇 가지 중요한 목표를 설정한다. 그리고 진단 결과에 따라 과제를 도출하고, 그 과제 중에서 우선 시행해야 할 것이 무엇인지를 결정한다. 예를 들면, 비전 설정, 교회 문화 형성, 교육 체계 구축과 프로그램 개선, 교육 부서의 커리큘럼 변화, 사역의 방향 결정 등의 과제를 도출하여 우선순위를 정할 수 있을 것이다. 이때 고려해야 하는 중요한 점들이 있다. 우선 건강성의 다차원성을 고려해야 한다. 공동체로서의 건강성 네 가지와 조직체로서의 건강성 네 가지가 골고루 확보되어야 한다. 특정 속성 몇 가지가 좋다고 해서 교회가 건강하다고 보기는 어렵다. 또한 이 속성들 간의 균형을 고려해야 한다. 끝으로 '최소치의 원리'(이 원리에 대한 설명은 110면을 보라)에 따라 건강성이 가장 낮은 속성에 집중해서 먼저 개선해야 한다. 개선 팀은 해당 사역을 맡은 부서와 긴밀한 대화를 통해 개선 활동을 진행해야 한다.

셋째, 구체적 개선 방안을 도출해야 한다. 문제의 성격이나 교회의 특성에 따라 개선의 방향도 다양할 수 있다. 일을 감당할 직분자 수가 충분하고 예산도 쉽게 확보할 수 있다면 단기간에 해결할 수 있는 문제도 있고, 인력과 예산이 있어도 성격상 오랜 변화 과정을 필요로 하는 문제도 있다.

마지막으로, 개선 활동을 실행하고 사후 관리를 진행한다. 개선 활동들이 어떤 열매를 맺고 있는지 확인하고, 그 결과에 따른 후속 조치들을 지속적으로 행해야 한다. 구체적 처방은 다음 장에서 다루기로 한다.

교회 건강성 진단을 위한 정책적 제언
- 교회의 건강성을 회복하려면 교회 건강성 진단은 필수이다. 이것에 대

한 진지한 토론을 시작할 필요가 있다. 우리는 몸의 건강 유지를 위해 정기 검진을 받고 심한 병에 걸리면 실력 있는 의사를 찾아가 최대한 빨리 수술을 받는다. 이와 마찬가지로 교회 건강의 진단과 처방에 대한 필요성을 인식하고, 가장 빠르고 효과적인 방법으로 건강성을 회복할 수 있도록 노력을 집중해야 한다.

- 진단의 필요성을 확인한 후 진단의 목적, 내용, 방법에 대해 합의해야 한다. 왜 진단하는지, 어떤 내용으로 할 것인지, 어떤 방법으로 접근할 것인지에 대해 교인들 사이에 합의가 이루어져야 한다. 이 책에서 제시하는 CHEQ II와 『건강한 교회, 이렇게 세운다』의 CHEQ I을 활용할 수도 있다.

- 결과를 공유하고 처방 후 적절한 조처를 취해야 한다. 진단 결과를 보기만 하고 아무런 개혁을 하지 않으면 건강 검진 후 처방대로 행하지 않는 것과 동일하다.

- 교회의 변화는 경영 프로젝트가 아니므로 하나님과 동행하면서 풀어내야 한다. 기업 조직도 그러하지만 교회 조직도 기계적으로 변화시킬 수 있는 대상이 아니다. 성도의 영적 상태와 신앙 의식이 반드시 전제되어야 하고, 하나님의 때에 하나님의 방법으로 진행해야 한다.

4장

교회의 건강성 회복을 위한 처방과 변화 관리

이 땅에 뿌리내리고 있는 교회 중에 문제가 없는 교회는 없다. 건강성 면에서 심각한 문제는 아닐지라도 극복해야 할 도전 과제는 항상 안고 있다. 문제나 도전 과제가 없는 교회는 애써 문제를 회피하는 중이거나 더 나은 성경적 교회 공동체를 실현하려는 열망이 식은 것이다. 교회 공동체의 건강성에서 중요한 것은 그 교회가 현재 특정 문제나 도전 과제를 안고 있는지 여부가 아니라, 그러한 문제나 도전 과제를 스스로 인식하고 개선하려는 의지와 내부 역량을 가지고 있는지 여부이다.

교회 건강성 분석틀

한 교회의 최종 건강 상태는 다음 면의 그림 4.1에서 볼 수 있듯이 해당 교회가 맺고 있는 열매로 나타나며, 그 열매가 건강한 상태인지 아닌지 여부는 앞 장에서 소개한 바 있는 간단한 질문 몇 가지로 진단해 볼 수 있다. 성도 개개인이 교회의 구성원임을 행복해하고 있는가? 교회가 지역 사회와 이웃에게 좋은 평판을 받고 있는가? 전도를 받은 새로운 신자가 꾸준히 늘고 있는가? 목회자 및 평신도 지도자와 성도들 간에 건강한 교류가 지속되고 있는가? 하나님 나라 확장이라는 교회의 본질적 목적이 효과적으로 달성되고 있는가? 예수님의 뜻이 온전하게 실현되고 있는가? 머리 되신 그리스도의 몸으로서 교회다움을 유지하고 있는가?(CHEQ II의 문8 1-7번 문항을 참고하라)

교회가 건강한 열매를 맺을 수 있을지 여부는 아래의 그림 4.1에서 두 기둥의 상태가 어떠한지에 달려 있다. 한 기둥은 공동체로서의 네 가지 속성, 즉 참된 예배, 연합된 지체, 건강한 자람, 섬김의 실천을 나타내고, 다른 한 기둥은 조직체로서의 네 가지 속성, 즉 목적 충실성, 세움의 리더십, 직분의 회복, 핵심 원리에 기반한 운영을 나타낸다. 이 두 기둥의 건강 상태는 상호 밀접한 관계를 가지고 발전한다. 교회 공동체는 그 운영을 위해 조직체의 옷을 입지 않을 수 없으므로 조직체 속성이 건강하지 못하면 공동체 속성이 건강할 수 없고, 공동체 속성이 건강하지 못하면 조직체 속성이 제대로 자리 잡지 못한다. 실제 180개

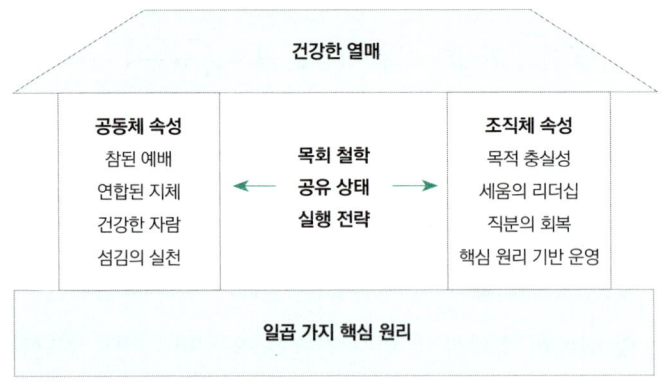

[그림 4.1] 건강한 교회의 구조

교회를 대상으로 실시한 설문 조사의 분석 결과를 보더라도 공동체 속성 네 가지의 건강 상태와 조직체 속성 네 가지의 건강 상태 사이에 매우 높은 상관관계가 존재함을 알 수 있다. 따라서 공동체 속성에 취약점이 발견되면 그 세부 속성을 점검하여 어디에 문제가 있는지 들여다보아야 하지만 동시에 조직체 측면의 건강성을 점검해야 한다. 또한 조직체 속성이 건강하지 못하면 그 세부 속성뿐 아니라 공동체 측면의 건강성도 동시에 점검해야 한다.

교회의 공동체 속성과 조직체 속성의 건강 상태가 모두 좋지 않을 때에는 여덟 가지 속성들과 관련된 목회자의 목회 철학과 그에 대한 교인들의 공유 상태, 개별 속성의 건강성 증진 목표와 실행 전략 추진 여부를 점검할 필요가 있다. 목회자가 교회의 건강성을 나타내는 공동체 속성과 조직체 속성의 중요성에 대해 제대로 인식하지 못하거나 그 중요성을 교인들과 공유하지 못한 상태라면, 더 나아가 그러한 속성들을 개선하기 위한 목표와 실행 계획을 수립하여 추진하지 못한 상태라면 교회의 공동체 속성이나 조직체 속성이 건강하기를 기대할 수 없기 때문이다.

마지막으로 교회 공동체 건강성의 가장 근본적 토대는 교회 공동체 운영과 관련된 성경적 핵심 원리가 교회 공동체 내에서 제대로 작동되고 있는지 여부이다. 건강한 공동체의 네 가지 속성이나 건강한 조직체의 네 가지 속성이 일시적으로 양호한 것처럼 보이더라도 기초 토대인 성경적 핵심 원리가 교회 안에 깊이 뿌리내리지 못하면 그 교회의 건강 상태는 지속되기 어렵다. 여기에서 말하는 교회 공동체 운영의 핵심 원리는 저자들의 이전 저서 『건강한 교회, 이렇게 세운다』에 정리되어 있는데(본서 304-306쪽에 요약된 내용이 실려 있다), 그것은 성령 하나님에 대한 민감함의 원리, 핵심 목적의 성취 원리, 권위와 자율의 균형 원리, 상호적 섬김과 공동체 원리, 유기적 연계성과 공유의 원리, 보편적 교회의 원리, 영적 성장과 '세상 속의 그리스도인'의 원리이다.

교회의 건강 상태 유형

교회 안에 공동체로서의 특성과 조직체로서의 특성이 상존한다는 점을 감안하여 교회의 건강 상태를 분류하면 표 4.1과 같이 네 가지 유형으로 나눌 수 있다. 특정 교회의 건강 상태가 어느 유형에 속하는지에 따라 그에 맞는 처방을 해야 하므로 각 유형에 맞는 처방에 대해 생각해 보자.

유형 1	유형 2
공동체 속성: 건강 조직체 속성: 건강	공동체 속성: 취약 조직체 속성: 건강
유형 3	**유형 4**
공동체 속성: 건강 조직체 속성: 취약	공동체 속성: 취약 조직체 속성: 취약

[표 4.1] 교회의 건강 상태 유형 분류

유형 1은 공동체 속성과 조직체 속성이 모두 건강한 교회를 나타낸다. 이 유형에 속한 교회는 이 땅에 교회를 세우신 하나님의 목적에 충실하면서 교회다운 교회가 되기 위해 꾸준히 노력해 왔다고 볼 수 있다. 목회자와 성도들은 유기체적 공동체로서의 교회 생활에 만족을 누리는 상태이며, 교회 공동체는 지역 사회에서 좋은 평판을 유지하고 있을 가능성이 높다.

유형 2는 공동체 속성은 취약하나 조직체 속성은 건강한 교회를 나타낸다. 이 유형에 속한 교회는 한국 교회들이 안고 있는 조직 차원의 문제점들에 대한 강한 경계심을 가지고 그것들을 척결하거나 예방하기 위한 노력에 심혈을 기울였으나, 교회의 공동체적 본질이라 할 수 있는 유기체적 신앙 공동체 상태에 아직 이르지 못했다고 볼 수 있다. 그러한 상태가 지속될 경우 교회 내에서 발생할 수 있는 문제점에 대한 예방은 잘 이루어지는데, 교회 공동체의 본래적 생명력과 활력이 떨어질 수 있다.

유형 3은 공동체 속성은 건강하나 조직체 속성이 취약한 교회를 나타낸다. 이 유형에 속한 교회에서는 건강한 공동체 속성 때문에 취약한 조직체 속성으로 인해 발생할 수 있는 문제들이 표면 아래에 묻혀 있다고 볼 수 있다. 그러한 문제들은 어떠한 계기가 주어지면 언제라도 표면으로 불거질 가능성이 매우 높다. 특별히 목회자의 역량이 뛰어나고 그로 인해 교회 운영 측면에서 목회자 의존성이 높은 교회일수록 이 유형에 속할 가능성이 높다. 은혜로운 교회라는 평판을 얻고 양적으로 성장하던 교회들 중에서 목회자가 갑자기 떠나거나 목회자의 불투명한 재정 사용 문제가 불거지거나 특정한 갈등이 발생하여 소용돌이 속으로 빠져든 경우를 종종 보는데, 이는 바로 이 유형에 속한 교회들이 잠재적으로 안고 있는 위험성이다.

유형 4는 공동체 속성과 조직체 속성이 모두 취약한 교회로서 건강성 회복을 위한 종합 진단과 처방이 필요하다. 이러한 상태가 지속된다면 교회의 본질적 존재 목적 수행이나 건강한 발전을 기대할 수 없고,

자그마한 계기로도 내부 갈등이 발생하거나 성도들이 교회에서 겉도는 현상이 발생한다.

원인 분석과 처방

진단 결과가 나온 후 처방에 들어갈 때는 우선 가장 취약한 부분부터 찾아 조처를 취하는 것이 좋다. 이것이 슈바르츠(Christian A. Schwarz)가 제안한 '최소치의 원리'이다.[1] 서로 길이가 다른 널판지 여러 개를 엮어 나무 물통을 만든 후 물을 부으면 길이가 가장 짧은 널판지 쪽으로 물이 흘러나온다. 이처럼 교회 공동체 내에 잠복한 문제들도 대개 가장 취약한 부분을 통해 분출된다. 많은 교회들이 은혜롭게 부흥하며 성장하는 듯하다가도 취약한 조직체 속성 때문에 순식간에 분열과 갈등에 빠지고 스스로 해결하지 못해서 세상 법정으로 가는 경우들을 종종 본다. 그런 점을 감안하면 공동체 속성이나 조직체 속성 중 일부만 건강하다고 해서 교회 전체의 건강성이 담보되는 것은 아니다. 네 가지 공동체 속성과 네 가지 조직체 속성 중에서 가장 취약한 부분이 무엇인지 점검하여 하나씩 개선한다면 점진적으로 교회의 건강성을 회복할 수 있을 것이다.

CHEQ II에는 건강한 교회가 갖추어야 할 여덟 가지 속성별로 취약 상태의 원인을 진단하고 개선 방향을 안내하는 문항들(CHEQ II의 문7. 1-24번 문항을 참고하라)이 있다. 그 내용은 여덟 가지 속성별로 다음의 세 가지 질문으로 구성되어 있다. (1) 해당 속성의 중요성에 대해 목회자가 분명한 목회 철학을 가지고 있는가? (2) 해당 속성의 중요성을 목회자와 성도들이 공유하고 있는가? (3) 교회 공동체가 해당 속성을 강화하기 위한 목표와 전략을 가지고 있는가?

취약한 속성을 확인하고 난 후 우선 해당 속성이 교회 공동체의 건강성 유지를 위해 얼마나 중요한지를 목회자가 제대로 인식하고 있는지 점검해야 한다. 교회 공동체 내에서 가장 중요한 위치를 점한 목회자가 해당 속성의 중요성을 제대로 인식하지 못한다면 그 속성이 교회 내에서 건강하게 뿌리내리기 어렵다. 예를 들어, 목회자가 '목적 충실성'의 중요성을 소홀하게 생각한다면 교회가 하나님이 주신 본래의 존재 목적에 따라 움직이지 않고 세속적 목적에 따라 움직일 가능성이 커진다. 따라서 목회자는 본서에서 해당 속성을 다룬 장을 읽으면서 그 속성이 교회 공동체의 건강성 확보 차원에서 왜 중요한지 진지하게 생각을 가다듬을 필요가 있다.

취약한 속성의 중요성에 대한 목회자의 목회 철학이 잘 갖추어졌다 해도 그것을 성도들과 제대로 공유하지 않으면 취약한 속성을 개선하려는 목회자의 노력이 힘을 얻거나 교회 구석구석까지 확산되기 어렵다. 뿐만 아니라, 구성원들이 개선을 주도하는 목회자나 리더들의 의도에 대해 오해하거나 변화 과정에서 발생하는 일부 부작용을 빌미로 그러한 노력을 폄하하려는 사람들의 말에 휘둘릴 가능성이 높다. 특별히 목회자와 성도 사이에 신뢰가 두텁지 않다면 그러한 틈을 비집고 개혁에 대한 반대 움직임이 파고들 수 있다. 따라서 목회자는 특정 속성의 중요성과 개선 노력의 취지 및 진정성에 대해 성도들과 지속적으로 생각을 나누어야 한다. 교회 성도 전체를 대상으로도 생각을 나누어야 하지만, 특별히 다양한 여론 주도 그룹들과 만나 그 중요성을 공유해야 한다. 여론 주도 그룹이 개혁의 주도 그룹이 될 수 있도록 그들이 변화의 필요성을 인식하고 주도적으로 변화에 앞장설 기회를 열어 주어야 한다.

마지막으로 개선 목표와 전략을 수립하고 실행해야 한다. 이를 위해 해당 속성에 대해 깊이 이해하고 주도적으로 변화를 이끌 수 있는 사람들로 개선 팀을 구성하는 것이 바람직하다. 개선 팀은 개선 목표를 세우고, 목표 달성에 필요한 세부 과제들을 도출하며, 과제별 우선순위와 추진 방안 및 일정을 설정한다. 그리고 세부 과제들이 추진되는 경과를 수시로 점검하면서 필요할 경우 추진 방안 및 일정을 조정하며 변화 과정을 관리한다. 이때 중요한 것은 개선 팀이 주요 의사 결정에 참여하는 리더들과 지속적으로 교감하고 그와 동시에 공동체 구성원들이 개선 과정에 대한 의견과 제안을 말할 수 있는 통로를 마련하여 그들의 참여를 이끌어 내야 한다는 점이다. 이처럼 공동체 구성원들이 변화 과정에 주도적으로 참여해야 주인 의식을 가지게 되고, 성도들이 주인 의식을 가져야 교회 공동체가 견고하게 설 수 있기 때문이다. 각 속성별 구체적 개선 방안에 대해서는 여덟 가지 속성을 하나씩 다루는 5장-12장을 참고하기 바란다.

유형별 처방

교회의 건강성을 공동체 속성과 조직체 속성의 상태에 따라 네 가지 유형으로 분류하였다. 공동체 속성은 교회의 유기체적 특성을 드러내는 속성으로서 교회의 본질을 잘 드러낸다. 유기체적 공동체로서 교회가 건강하게 서 있다면 그 안에서 예수 그리스도의 주 되심을 고백하는 참된 예배가 드려지고, 지체들 사이에 연합이 이루어지며, 영적으로 건강하게 자라나고, 구성원들이 대내외적으로 섬김을 실천하게 된다. 그리고 공동체 속성의 건강성 확보는 교회의 규모가 작다고 해서 더 어려운 것도 아니고 교회가 크다고 해서 그 책임을 면할 수 있는 것도 아니다. 교회의 유기체적 본질을 감안할 때 규모의 크고 작음을 떠나서 모든 교회들은 공동체 속성을 건강한 상태로 유지해야 한다.

반면, 조직체 속성은 공동체 속성을 뒷받침하고 교회 안에서 싹틀 수 있는 부조리를 예방하는 기능을 수행한다. 이 조직체 속성은 교회의 규모와 관련이 있다. 일반적으로 교회가 설립된 지 오래되지 않고 규모가 작을 때에는 목회자나 교회 리더들이 공동체 속성에 초점을 맞추어 교회를 운영하고, 조직체 속성의 중요성에 대해서는 제대로 인식하지 못하는 경우가 많다. 그리고 조직체 속성이 잘 갖추어지지 않았다 해도 크게 문제가 되지는 않는다. 그러나 규모가 점차 커지면 조직체 속성의 중요성이 대두되기 시작한다. 교회의 규모가 커진 상태에서는 공동체 속성이 건강하더라도 조직체 속성이 취약하면 교회 공동체 안에 문제들이 싹을 틔우고 조금씩 자라기 시작한다. 일정한 계기가 생기면 누적된 문제들이 표면에 드러나고 그로 인해 교회가 소용돌이에 휩싸이기도 한다. 그렇기 때문에 교회가 이 단계로 접어들기 전에 미리 조직체 속성의 건강성을 점검하고 그 기본 틀을 갖추어야 한다. 이러한 점을 염두에 두고 유형별로 개략적 처방을 정리해 본다.

유형 1은 공동체 속성과 조직체 속성이 모두 건강한 상태에 있기 때문에 이런 교회는 하나님 앞에서 다짐한 초심을 유지하면서 지금까지 해 온 대로 계속 노력하면 된다. 특별히 건강 상태를 계속 유지하고 강화하려면 교회 안에서 제반 사역과 조직 운영이 존재 목적, 즉 존재론적 비전에 맞게 이루어지는지, 일곱 가지 핵심 원리와 핵심 가치가 잘 지켜지는지 수시로 점검하는 것이 중요하다.

유형 2에 속한 교회들은 건강한 조직체의 속성을 확보하고 있기 때문에 그것을 기반으로 공동체 속성을 보완하는 데 신경을 써야 한다. 그동안 조직체 속성을 건강하게 유지해 왔다는 것은 목회자와 성도들이 교회 건강성에 대해 깨어 있다는 뜻이다. 다만 조직체 속성의 건강성이 공동체 속성의 건강성을 확보하기 위한 필요조건이기는 하지만 충분조건은 아니라는 점을 인식하고 공동체 속성의 건강성을 강화하기 위한 목표와 실행 전략을 수립하고 추진해야 한다. 참된 예배 회복의 절박성과 중요성을 일깨우고 구체적 개선 방안을 수립하여 실천하고, 소그룹 모임을 활성화하여 교인들이 말씀 안에서 지체들과 친밀한 교제를 나누고 연합할 수 있도록 뒷받침해야 한다. 또한 성도들이 성경 말씀 안에서 하나님에 대한 이해의 폭을 넓히고 그분의 뜻에 순종하도록 훈련하고, 자그마한 섬김이라도 직접 실천할 수 있는 장(場)을 만들어 줌으로써 섬김의 기쁨과 보람을 느낄 기회를 제공해야 한다. 참된 예배가 회복되고 교인들 간에 인격적 교제가 깊어지며 섬김의 실천이 깊어질수록 교회 공동체는 점차 활력을 찾고 변화의 동력을 얻게 될 것이다.

유형 3에 속한 교회들은 취약한 조직체 속성을 조속히 보강함으로써 인간의 연약함으로 인해 발생할 수 있는 문제점들을 사전에 예방하고 불현듯 다가올 수 있는 큰 변화(예. 교회의 급격한 양적 성장, 담임 목회자의 은퇴와 후임 목회자 청빙)에 대비할 필요가 있다. 교회 공동체가 은혜롭게 유지될수록 교인들은 문제가 발생할 소지에 대해 눈을 감는 경향이 있다. 그러면 내적으로 문제 발생의 소지가 점점 커지다가 어떠한 계기가 주어지면 결국 한순간에 갈등이 폭발하게 된다. 이에 대한 대비가 없을 경우 사전에 합의된 원칙과 절차를 갖추지 못해 우왕좌왕함으로써 올바르고 체계적인 대처를 하지 못할 가능성이 높아진다.

유형 4에 속한 교회는 우선 목회자가 교회의 건강성에 대해 이해하고 그 중요성을 제대로 인식하고 있는지, 그리고 그것을 평신도 리더들과 공유하고 있는지 심층적으로 점검해야 한다. 건강성을 회복하는 일이 시급한데, 그 일을 이끌 리더십이 확보되지 않고 건강성 회복에 대한 의지가 결집되지 않은 상태라면 변화의 계기를 마련하기가 어렵기 때문이다. 그러나 목회자가 그에 대한 필요성과 중요성을 인식하고 있다면 우선 평신도 리더들과 소통하고 신뢰를 쌓아서 자신과 함께 교회 건강성 확보를 이룰 평신도 리더들을 확보하는 것이 필요하다. 그리고 그들과 함께 교회 건강성 회복의 전환점을 마련하기 위한 단계적 목표와 실행 계획을 세워 추진하되, 필요할 경우 외부 목회자나 전문가, 혹은 관련 기관의 도움을 받는 것도 좋을 것이다.

구체적 사례

이제까지 교회의 건강 상태를 기준으로 교회 유형을 분류하고 그에 대한 처방을 제시했다. 다음으로, 설문에 응답한 교회들 중에서 몇몇 사례 교회를 추출하여 진단과 그에 따른 구체적 처방을 예시로 보여 주고자 한다. 다음 면의 표 4.2는 각 사례 교회의 상태를 개략적으로 보여 준다.

사례 교회 1은 현재 담임 목회자가 개척 단계부터 함께 시작한 교회로서 설립한 지 9년 정도 되었다. 성도 수는 200여 명 전후에서 조금씩

		사례 교회 1	사례 교회 2	사례 교회 3	사례 교회 4
담임 목사의 개척 여부		O	O	X	X
성도 수		200여 명	60여 명	800여 명	70여 명
교회 연령		9년	9년	50여 년	31년
성도 수 변화		성장	감소	정체	감소
개략적 진단 결과		4.00	3.26	3.72	2.00
공동체 속성	참된 예배	4.40	3.60	3.80	2.60
	연합된 지체	3.60	3.00	3.80	1.40
	건강한 자람	3.80	2.80	3.40	1.40
	섬김의 실천	3.60	2.40	3.40	2.00
공동체 속성 평균		3.85	2.95	3.60	1.85
조직체 속성	목적 충실성	3.60	3.80	2.80	1.60
	세움의 리더십	3.60	3.60	3.40	1.80
	직분의 회복	3.80	3.80	3.20	2.40
	핵심 원리 기반 운영	3.40	3.60	2.80	2.60
조직체 속성 평균		3.60	3.70	3.05	2.10
원인	목회 철학	3.88	4.25	3.75	2.13
	성도들의 공유 상태	4.25	3.63	3.63	2.38
	실행 전략	3.63	3.25	3.50	2.00

[표 4.2] 사례 교회의 현황(5점 기준)

성장하는 추세이며 경기도 중도시에 소재한다. 개략적 진단 상태는 5점 기준 4.00점으로서 그런대로 건강성을 유지하고 있다. 참된 예배 이외의 공동체 속성과 조직체 속성은 아직 개선할 여지가 많지만 개척 후 9년 동안 꾸준하게 공동체 속성과 조직체 속성을 보강해 왔다고 볼 수 있다. 유형으로 보면 유형 1에 가깝다. 이러한 교회의 건강성을 향상시키기는 상대적으로 수월하다. 우선 참된 예배 영역이 건강한 상태이고, 교회 공동체의 건강성을 구성하는 여덟 가지 주요 속성의 중요성에 대해 목회자와 성도들이 잘 공유한 상태이기 때문이다(해당 진단 점수: 4.25). 뿐만 아니라, 교회도 성장하는 추세에 있어서 목회자와 성도들 사이에 각 속성에 대한 개선책을 마련할 내적 동력을 가지고 있다. 다만 핵심 원리에 기반한 운영이 상대적으로 가장 취약한 수준이며 취약한 속성에 대한 개선 목표와 전략이 없는 상태여서 건강성 개선을 위한 부문별 목표와 전략을 수립하는 것이 급선무로 여겨진다.

사례 교회 2는 첫 번째 교회처럼 현 담임 목회자가 개척 단계부터 함께 시작한 교회로서 설립한 지 9년이 되었다. 성도 수는 60여 명 전후에서 조금씩 감소하는 추세이며, 중도시에 소재한다. 개략적 진단 상태는 5점 기준 3.26점으로서 건강한 상태라고 보기는 어렵다. 조직체 속성에 비해서는 공동체 속성이 상대적으로 안 좋은 상태다. 특별히 공동체 속성 중 건강한 자람과 섬김의 실천이 부족하다. 유형으로는 유형 2에 가깝다고 볼 수 있으나, 조직체 속성도 절대적 기준으로 보았을 때 만족할 만한 상태는 아니다. 성도들의 수가 감소하는 점을 감안하면 문제가 있다고 볼 수 있다.

이 경우에는 개척 이후 9년을 되돌아보고 변화가 절실함을 공유함으로써 전환의 계기를 만들어야 한다. 특별히 목회자가 건강한 목회 철학(4.25점)을 가지고 있기 때문에 성도들과 신뢰를 쌓아 나간다면 전환의 계기를 마련할 수 있을 것으로 보인다. 신뢰는 변화를 위한 초석이다. 목회자는 섬김을 실천하는 데 솔선수범하고, 성도들이 건강한 자람을 경험하도록 그들과 함께 성경을 공부할 필요가 있다. 초기에는 성도들이 수용하기 어려운 구조 변화나 제도 변화를 무리하게 도입하기보다는 성도들보다 한 걸음 정도 앞선 보폭을 유지한 채 솔선수범함으로써 성도들이 동참하고 그에 따른 보람을 느끼도록 하는 것이 바람직하다. 그러한 과정을 통해 신뢰가 형성되고 크고 작은 변화의 열매를 경험하게 될 때 비로소 성도들이 패배 의식을 떨쳐버리고 건강한 교회 공동체 회복에 대한 희망을 가질 수 있다.

사례 교회 3은 담임 목회자가 기존 교회에 부임한 경우로서 설립된 지 50여 년이 된 교회이다. 성도 수는 대략 800명 전후에서 정체 상태에 있으며 대도시에 소재한다. 개략적 진단 상태는 5점 기준 3.72점으로서 건강 상태가 좋은 편은 아니며, 오랜 역사를 거쳐 대형 교회로 성장하였으나 현재는 정체 상태에 머물러 있다. 공동체 속성에 비해서 조직체 속성이 더 취약하며 특별히 목적 충실성과 핵심 원리에 기반한 운영이 매우 취약하다. 유형을 구분하자면 유형 3에 가깝다고 볼 수 있다. 오랜 역사를 가진 교회들이 통상적으로 보이는 건강 상태라고 할 수 있다. 이런 교회에서는 새로운 변화의 힘보다는 현상 유지의 힘이 더 강하게 작용한다. 따라서 해당 교회가 현재 어느 위치에 서 있는지 점검하고 어디로 향해 나아가야 할지 그리고 어떻게 변화해야 할지 의식적으로 고민하지 않으면, 전통과 관습이 지배함으로써 활력을 잃어버리고 성장이 정체되며 젊은이들은 점차 빠져나가게 된다. 그 결과 교인들의 연령 구조가 중장년층과 노년층의 비중이 높은 항아리형이나 역피라미드형으로 바뀔 가능성이 매우 크다.

이런 교회에는 역사와 전통을 중시하고 변화에 대해 소극적인 교회 중직자들이 많을 것이기 때문에 교회 전체적으로 일시에 변화를 일으키기는 쉽지 않을 수 있다. 그러므로 변화를 이끌어야 할 목회자가 교회의 성장과 활력이 멈춰 있는 상태를 탈피해야 할 필요성에 대해서 중직자들과 공유할 필요가 있다. 변화의 필요성에 대한 공감대가 어느 정도 형성되고 나면 교회에 오랫동안 몸담아 왔던 이들의 기여와 헌신을 인정하면서도 교회 내에 새로운 시대의 흐름에 맞는 변화를 실험적으로 시도할 필요가 있다. 예를 들어, 청년부가 그 대상 중 하나가 될 수 있다. 청년 사역에 헌신할 교육 목사를 청빙하여 교회의 전통에 크게 구애받지 않고 청년부로 구성된 '교회 내 교회'를 세우도록 자율성을 부여하고 지원하는 것이다. 그러한 부문에서 건강한 변화가 이루어지면 그것이 교회 각 부문으로 확산되어 교회 전체에 변화의 불을 붙일 수 있다.

마지막으로 사례 교회 4는 담임 목회자가 기존 교회에 부임한 사례로서 설립된 지 30여 년이 된 교회이다. 성도 수는 대략 70명 전후에서 감소 추세이며 대도시에 소재한다. 개략적 진단 상태는 5점 기준 2.00점이고, 공동체 속성과 조직체 속성 모두가 매우 취약한 유형 4에 해당한다. 이 사례 교회는 문제가 자못 심각하다. 교회 공동체의 전반적 상태를 감안하면 아마도 상당 기간 감소 추세가 지속되었을 것으로 추정된다. 개별 속성의 중요성에 대한 목회자의 목회 철학이 정리되어 있지 않고 성도들과 공유도 되어 있지 않기에 문제가 더욱 심각하다.

이런 경우에는 최우선적으로 목회자부터 새롭게 시작하는 마음으로 하나님 앞에서 자신의 목회를 되돌아보고 하나님이 어떤 목회를 원하시는지 깊이 묻고 결단하는 시간이 필요할 것이다. 30년의 역사를 가진 교회이기 때문에 그 안에서 자체적으로 변화의 동력을 살리기가 쉽지 않은 데다가, 목회자조차 교회를 건강하게 회복시키려는 열망과 의지를 가지고 있지 않다면 변화의 계기를 마련하기는 더욱 어려울 것이기 때문이다. 교회 건강성 회복에 대한 목회자의 목회 철학이 확립되면 이를 성도들과 적극적으로 나누고 희생과 솔선수범하는 자세를 보임으로써 성도들로부터 신뢰를 얻는 데 주력해야 한다. 이를 위해서는 우선 담임 목회자의 목회에 변화가 있어야 한다. 그동안 성도들과 목회자 사이에 일정한 유형의 관계가 형성되어서 성도들은 그에 익숙할 것이기 때문에, 지금까지 해 오던 목회에 변화가 없다면 성도들의 교회 생활과 일상 생활에서 변화의 계기를 만들어 내지 못할 것이다.

앞에서 네 사례 교회의 상태를 CHEQ II 결과에 근거하여 진단하고 구체적 처방을 제시하였다. 그러나 설문 결과에 근거한 진단과 처방은 한계가 있다. 해당 교회의 특수한 상황을 심층적으로 파악하지 않은 상태에서의 진단은 문제의 심층 원인을 끌어내기가 어렵고, 그 교회의 특수한 상황을 감안한 올바른 처방을 내리기도 쉽지 않기 때문이다. 올바른 진단과 처방을 위해서는 그 교회의 고유한 역사와 성장 과정, 규모와 교인들의 특성, 교인들 간의 관계, 교회를 둘러싸고 있는 사회 환경과 함께 그 교회 내에 존재하는 미묘한 역학 관계까지 알아야 한다. 따라서 여기에서 제시하는 몇몇 사례 교회에 대한 처방은 교회 건강성을 회복하고자 노력할 때 참고할 내용이지 외형적으로 유사한 상태인 교회 공동체에 그대로 적용할 수 있는 정형화된 해결 방안이 아니다.

한편, 각 사례가 처한 상태가 다르기 때문에 구체적 처방 또한 조금씩 다를 수 있지만, 대부분의 경우 건강성 회복을 위한 변화의 출발점은 목회자의 결단에 있다. 한국 교회의 현실에서 목회자가 차지하는 비중이 크기 때문이기도 하지만, 교회 내에서 목회자를 제외하고는 성도들에게 영향을 미칠 수 있는 수단(예. 설교, 심방, 당회장으로서의 회의 주재)을 가진 사람이 거의 없기 때문이기도 하다. 그렇기 때문에 교회 공동체의 건강성에 대한 책임이 대부분 담임 목회자의 몫으로 돌아간다. 일반 성도들 중에서 공동체 구성원들이 인정하는 권위와 신뢰를 바탕으로 교회 공동체의 구심점 역할을 할 만한 사람도 드물거니와 담임 목회자가 일반 성도들보다 변화 의지가 약해서 떠밀려 가는 상황이 될 경우 목회자와 교인들 사이에 대립각이 형성될 수 있다. 따라서 성도들의 기대와 요구가 큰 상황에서 목회자가 올바른 목회 철학과 성경적 가치관을 가지고 교회 공동체를 건강하게 세우려는 개혁을 앞장서서 이끌지 않으면, 교회가 힘든 갈등의 과정을 겪을 가능성이 높아지고 그 갈등의 골이 깊어지면 교회가 분열되는 상황에 직면할 수도 있다.

목회자가 교회의 건강성을 높이기 위한 변화를 이끌어 가려면 본인의 결단에 이어 성도들로부터 확실한 신뢰를 확보해야 한다. 목회자에 대한 신뢰가 형성될 때 성도들은 비로소 목회자가 이끄는 변화에 동참하게 된다. 특별히 과거에 실패로 끝난 변화 과정을 몇 번 경험했거나 목회자의 신실성에 대한 부정적 경험을 한 교회 공동체 구성원들이라면 더더욱 그렇다. 신뢰는 변화를 이끌어 가는 목회자의 동기의 순수성과 헌신적 자세와 일관된 실천을 통해 얻을 수 있다.

동기의 순수성이란 목회자가 자신의 뜻을 이루려는 동기에서 벗어나 주님의 뜻과 하나님의 통치에 순종하려는 동기에 기반하여 변화를 추진하려는 의지를 가리킨다. 어떻게 하나님의 통치가 교회 공동체 안에서 구현되도록 할 것인가, 어떻게 교회의 머리 되신 예수 그리스도의 뜻이 교회 내 영적 신경망을 통하여 잘 전달되고 그 뜻에 따라 지체들이 유기체적으로 움직이게 할 것인가를 진지하게 고민하는 차원에서 변화를 추진할 때 신뢰가 구축된다. 반면 목회자가 개인적 목회의 성공을 이루기 위한 수단으로서 변화를 추진하려고 하면 성도들은 목회자에게 높은 신뢰를 주지 않는다. 교회 공동체의 건강성을 회복하기 위한 변화의 요체는 자기 중심성을 내려놓고 하나님의 뜻을 좇는 교회 공동체로 탈바꿈하려는 의지에 달려 있다.

물론 우리는 개인 차원에서든 교회 공동체 차원에서든 어떤 사안에 대한 하나님의 뜻을 곧바로 분별하지 못한다. 하지만 그렇다 하더라도, 하나님의 뜻을 알 수 없다고 전제하는 것과 하나님의 뜻을 구하는 자세를 견지하는 것 사이에는 큰 차이가 있다. 전자의 경우에는 결국 사람들의 뜻에 따라 행동하게 되고 그 틈을 타서 세속적 목표와 가치가 부지불식간에 교회 안으로 스며들게 되는 반면 후자의 경우에는 계속 하나님께 귀를 기울인다. 신앙이라는 것이 결국 하나님의 뜻을 구하고 그에 순종하려는 의지적 결단과 선택의 과정이라면 그때그때 명확하게 하나님의 뜻을 분별하지는 못한다 하더라도 그 뜻을 분별하기 위해 성령 하나님께 도움을 구하고 공동체 구성원들과 함께 말씀과 기도 가운데 그 뜻을 확인하는 과정 자체가 소중하다고 볼 수 있다.

하나님의 뜻에 합당한 교회 공동체를 이루기 위해 어떠한 희생이라도 감내하겠다는 목회자의 헌신적 자세가 성도들의 신뢰를 이끌어 낸다. 교회 공동체의 본질을 살리는 데 필요한 믿음과 순종을 성도들에게만 강요하고 목회자 스스로 믿음과 순종의 행보를 보이지 않는다면 성도들은 목회자를 신뢰하지 않으며 변화에 동참하지 않는다. 대신 목회자가 주님의 뜻을 좇아가면서 기꺼이 희생을 감수하는 자세를 한결같이 유지할 때 신뢰는 쌓여 간다. 먼저 하나님의 나라와 의가 교회 공동체 가운데 실현되도록 하기 위하여 목회자가 말씀과 기도 가운데 그분의 뜻을 분별하고 어떠한 불이익을 감내하더라도 믿음으로 그 뜻에 순종하고자 몸부림칠 때 성도들의 신뢰가 뒤따르고 하나님의 통치를 교회 공동체 안에서 경험하게 될 것이다. 비본질적 영역에서 감내해야 할 비용을 기꺼이 지불해야 본질의 회복을 위한 변화가 가능해진다. 양적 성장에서의 일시적 정체라든지 헌금 수입 감소 같은 비본질적 영역에서의 비용 지불을 기피한다면 공동체 구성원들이 본질적 영역에서의 변화에 대한 기대 수준을 낮추고 변화 노력에 동참하지 않을 것이다.

신뢰는 일관성 속에서 자라난다. 변화의 지향점과 핵심 가치를 일관되게 유지하고 적용해야 한다. 교회 공동체의 본질을 회복하려는 변화 과정에서 일관성이 결여된 메시지와 의사 결정과 행동이 수시로 나타날 때 구성원들 안에 혼선이 발생하고 변화의 지향점이나 핵심 가치를 소홀하게 생각한다. 목회자나 교회의 리더들이 여건이 되면 지키고 그렇지 않으면 살짝 제쳐 두는 존재론적 비전과 핵심 가치라면 그것은 변화 노력의 중심축 기능을 상실하게 되고, 성도들 사이에 변화 노력에 대한 신뢰도 형성되지 않는다. 신뢰가 확보되는 결정적 순간은 변화의 지향점과 핵심 가치를 지키기 위해 상당한 희생과 비용을 기꺼이 감수할 때이다. 구성원들이 그러한 결단과 경험을 공유할 때 변화 노력에 대한 신뢰가 깊어지고 그 노력이 탄력을 받게 된다. 그런 차원에서 우선 실행해야 할 일들 중 하나가 교회 공동체의 본질을 훼손하거나 성도들의 신앙 동기와 열정을 잘못된 방향으로 유도할 여지가 큰 조직 구조나 제도, 관습과 관행을 개선하고 떨어내는 것이다. 본질에 충실한 변화를 추구하고자 한다면 믿음을 가지고 그러한 것들을 과감하게 내려놓아야 한다. 그럴 때 비로소 변화의 방향과 질에 대한 일관성과 변화 노력에 대한 신뢰성이 높아질 수 있기 때문이다.

물론 일관성을 유지한다는 것이 방법론에서 경직성을 유발하는 양태로 나타나면 안 된다. 본질은 일관되게 지키되 비본질적 부분에서는 유연해야 한다. 교회 본질 회복의 지향점과 반드시 지켜야 할 성경적 핵심 가치를 지키는 데는 목숨을 걸겠다는 각오로 임해야 하지만, 세부적 방식에서는 유연할 필요가 있다. 통상적으로 변화의 필요성과 지향점에 대해서는 구성원들이 동의하지만 어떻게 변화를 이룰 것인가에 대해서는 백인백색인 경우가 많다. 따라서 변화의 지향점과 성경적 핵심 가치를 왜곡시킬 우려가 있는 방법론에 대해서는 경계해야 하지만, 본질을 훼손하지 않는다면 다양한 방식을 실험해 보는 여유를 가질 필요가 있다. 방법론은 어느 방법이 본질을 더 잘 담아 낼 것인가의 차원에서 토론하고 선택하면 될 일이지 그것 때문에 갈등하고 갈라설 일은 아니다.

변화를 이끌어 가는 목회자들이 유념해야 할 점이 신뢰를 쌓고 변화의 동력을 얻기까지는 시간이 걸리며 인내가 필요하다는 사실이다. 또한 변화를 추진할 때 그에 대한 저항이 있을 수 있음을 예상해야 한다. 우리 그리스도인들은 신분 면에서는 이미 구원을 받은 자이지만 삶에서는 성화를 이루어 가야 할 존재이다. 사망의 법과 생명의 법 사이에서 "오호라, 나는 곤고한 사람이로다"(롬 7:24)라고 외치는 자들이다. 더구나 현재 교회 공동체의 건강성이 취약한 상태라면 그만큼 성령의 법에 따라 살아갈 준비가 덜 되어 있거나 육체적 소욕을 따라 사는 사람들의 비중이 높다고 볼 수 있다. 그렇기 때문에 성도들이 한꺼번에 변화에 동참하지 않는다고 실망할 필요가 없다. 그러한 인간의 연약함을 전제하고, 변화 과정을 통해 성도들이 성령의 법을 따라 한 걸음씩 나아가도록 도와야 하며, 그 믿음의 발걸음을 통해 하나님의 인도를 경험하도록 도와야 한다. 변화의 가장 중요한 열매는 교회 공동체 차원에서의 외형적 변화가 아니라, 공동체 구성원들이 자기 중심성을 벗어나 하나님 나라의 백성답게 그분의 통치 아래 살아가는 삶의 방식의 변화이기 때문이다. 자그마한 변화의 노력에 주목하고 그러한 노력을 격려하며 크고 작은 변화의 열매들을 맺다 보면 그것들이 쌓여 어느 순간 큰 변화의 물결을 일으키게 될 것이다. 그때까지는 인내가 필요하다. 우리가 그 인내의 과정을 거치는 동안 하나님은 우리가 미처 생각하지 못했던 선한 열매들이 맺히게 하실 것이다.

지속적 개선 과정

교회 공동체를 건강하게 하기 위한 개혁은 지속적으로 이어지는 과정이다. 일반 조직체든 교회 공동체든 한 과제를 해결하고 나면 다음 과제가 기다린다. 예인교회는 창립 초기부터 한국 교회가 안고 있는 구조적 문제들을 해결하기 위해 조직 구조와 제도를 개혁하는 데 초점을 맞추고 노력해 왔다. 자체 예배당을 소유하지 않고 거기에 들어갈 예산을 나눔에 쓰기 위해 노력했고, 목회자 중심의 의사 결정 구조를 바꾸기 위해 운영 위원회(담임 목사는 의결권 없는 위원으로 참여한다)를 두고 교회 운영에 관한 실질적 의사 결정이 그곳에서 이루어지도록 했다. 한국 교회의 성장 제일주의의 폐해를 극복하기 위해 교인 수가 250명에 이르면 분립 추진 위원회를 구성하여 분립하도록 제도화하고 그 원칙에 따라 2013년에 교회를 분립하여 개척하였다. 교회 공동체의 건강성을 약화시키는 요인을 예방하기 위해 구조적·제도적 안전장치들을 작동시킴으로써 건강한 교회의 대표 사례로 자리매김하였다. 그러나 예인교회는 새로운 과제를 안고 씨름하고 있다. 어떻게 교회가 유기체적 공동체가 되도록 할 것인가? 어떻게 교회 구성원들이 목회자에 대한 의존성에서 벗어나 자립적 신앙을 가지도록 할 것인가? 어떻게 지역별 목장(아둘람)이 교회의 부속 단위가 아닌 독립적 교회 공동체로 설 수 있도록 할 것인가? 이런 질문들이 바로 그 과제들이다.

그런 점에서 보면 교회 공동체의 건강성을 회복하기 위해서는 어떠한 상태에 도달하겠다는 목표에서 한 걸음 더 나아가 지속적으로 교회 공동체의 건강성을 개선할 수 있는 시스템이 작동되도록 하는 것이 중요하다. 교회 공동체의 건강성은 특정 시점에서의 상태보다는 더 나은 교회 공동체를 향해 계속 나아가고 있는지 여부에 의해 판가름나기 때문이다. 한순간의 스냅 사진으로 보면 건강해 보이는 교회라 하더라도 공동체 내의 신진대사 작용이 원활하지 않다면 어느 순간부터 질병의 증상이 드러날 것이기 때문이다. 항상 문제점을 인식하고 개선 방안을 도출해서 실행할 수 있는 내부 시스템을 갖추는 것이 중요하다.

진단과 처방을 위한 제언

- 개인이든 공동체든 지속적 건강성 유지의 출발점은 주기적 건강 진단과 그 결과에 대한 수용이다. 교회 목회자와 평신도 리더들이 CHEQ II를 사용하여 현재 교회의 공동체 속성과 조직체 속성의 건강 상태가

어떠한지 진단해 보고 건강하지 못한 영역이 있다면 그 원인이 무엇인지 함께 찾아보자.

- 교회 공동체가 침체 상태에서 벗어나 활력 있는 교회로 탈바꿈하는 계기를 만들기 위해서는 교회의 본질을 회복하려는 리더들의 의지와 상호 신뢰가 무엇보다 선행되어야 한다. 목회자와 리더들이 대화를 통해 서로를 이해할 수 있는 자리를 자주 만들고, 대화가 깊어지면 교회의 존재 목적과 성경적 핵심 원리 등 교회의 본질 회복을 위한 방안에 대해 토론할 기회를 만들어 보자(필요할 경우 그 과정을 도와줄 외부 전문가의 도움을 받아도 좋다).

- 교회 공동체의 개혁을 위한 추진력을 얻기 위해서는 '최소치의 원리'에 따라 가장 취약한 영역을 찾아서 작은 일부터 개선을 시작해서 성취의 열매를 맛보는 것이 중요하다. 공동체 속성과 조직체 속성에서 가장 취약한 영역을 찾아보고 비교적 쉽게 고칠 수 있는 부분부터 개선하여 단기간에 열매를 볼 수 있도록 시도하자.

2부

공동체로서의
교회 건강성

5장

참된 예배

김 집사는 서울 소재 대형 교회에 출석하며 신앙 생활을 영위하고 있다. 그는 젊었을 때부터 꾸준하게 신앙 생활을 해 왔기 때문에 교회 분위기에 익숙하고 주일 성수를 잘하는 편이다. 혹시라도 주일 예배에 참석하지 못하면 왠지 하나님 앞에 죄를 짓는 것 같고 마음이 불편하여 불가피한 경우가 아니면 주일 예배에 빠지지 않는다. 그에게 주일 예배는 일주일 동안 세속에 물들어 살면서 알게 모르게 지은 죄를 주님의 보혈로 사함받고 목사님의 말씀을 통해 위로와 힘을 공급받는 통로이며, 그의 신앙 생활의 중심축이다.

김 집사의 통상적 주일 예배 참석은 아침에 아이들을 깨우는 데서부터 삐걱거리기 시작한다. 아이들에게는 교회에 가는 것보다 아침 잠이 더 달콤하기 때문이다. 겨우 아이들을 준비시켜 부랴부랴 교회에 도착하지만 1부 예배를 드리고 빠져나오는 성도들의 차와 2부 예배를 드리기 위해 들어오는 성도들의 차가 뒤엉켜 주차가 여간 어려운 것이 아니다. 마음은 다급해지기 일쑤이고 주차 때문에 예배 시간에 종종 늦는다. 그 과정에서 가끔 상식에 어긋난 행동을 하는 교인들을 만나면 언짢아지기도 하지만 주일 예배에 참석하는 마음을 유지하기 위해 꾹 참는다. 혹 늦더라도 그는 설교 시간 직전까지는 예배실에 들어가려고 애쓴다. 익숙해져서 그런지 모르겠지만 사실 설교에 앞서 진행되는 예배 순서들이 김 집사에게는 크게 중요하게 느껴지지 않는다. 다만 예배 시간에 늦을 경우 앉을 자리를 찾기가 쉽지 않다. 예배 위원의 도움을 받아 겨우 자리를 찾아 앉으면 이름을 알 수 없는 교인들 옆에 앉는 경우가 다반사인데, 먼저 인사하기도 쑥스러워 각자 강단을 향해 앉아서 예배를 드린다.

목사님의 설교는 전달하고자 하는 핵심 요점을 몇 개로 정리하여 예화와 함께 전달하기 때문에 김 집사의 귀에 잘 들어온다. 설교 메시지는 일주일 동안의 생활을 되돌아보게 하는 교훈을 담고 있어서 마치 짧은 자기 계발서 한 권을 요약해서 들은 것과 같다. 김 집사는 설교 메시지에 비추어 자신을 되돌아보기도 하고 때로는 마음의 위로와 격려를 얻기도 한다. 그는 이렇게 설교를 들으며 한 주를 매듭짓고 새로운 주를 시작하는 기분을 느끼는 것을 좋아한다. 그러나 대부분의 주일 설교 메시지는 주 중반쯤 가면 기억에서 가물가물해진다. 그리고 그동안 도전이 되는 설교를 수없이 들었는데도 실천에 옮기지 못했다는 부담감이 남아서 마음 한구석을 계속 짓누른다. 주일 예배가 끝나면 곧바로 교회 내 부서 활동에 참여하고, 오후에는 성경 공부에 참석한다. 그는 주일 저녁 찬양 집회까지 참석하고 집에 돌아오는데, 주일이 안식의 날이라기보다는 피곤한 날이라고 느낄 때가 종종 있다.

이상은 우리 주변에서 흔히 볼 수 있는, 교회 생활에 익숙한 어느 교인의 주일 모습을 가상적으로 기술한 것이다. 앞에 소개된 김 집사는 참된 예배를 드리고 있는가? 교회는 김 집사가 참된 예배를 드릴 수 있도록 제대로 돕고 있는가?

　한국 교회의 예배가 형식은 갈수록 화려해지는 데 반해 그 본질은 많이 훼손되고 있다. 어떠한 의식(儀式)이나 제도가 도입될 때는 나름대로의 목적과 취지가 있게 마련이다. 그리고 처음 얼마 동안은 그 목적과 취지가 비교적 잘 유지된다. 그러나 시간이 흐르면서 구성원들이 그 의식이나 제도에 익숙해짐에 따라 형식주의에 빠지고 본래의 목적과 취지를 잊게 된다. 예배도 예외일 수 없다. 주일마다 드리는 공예배에서 하나님의 임재가 나타나지 않고 복음의 생명력이 전달되지 않는다면, 그러한 예배는 반복될수록 형식화되고 회중도 습관적으로 예배에 참석하게 된다. 예배의 본래 정신은 어디론가 사라지고 형식주의적·자기만족적 의례가 예배의 이름으로 행해지게 된다. 경계심을 가지고 우리가 드리는 예배를 점검해야 할 이유가 바로 여기에 있다.

　교회가 커질수록 예배가 대량 생산 체제에서 상품과 서비스를 표준화된 틀로 찍어 내듯이 치러질 위험성이 높다. 회중의 관심과 주의를 붙들고 있는 것이 하나님이 아니고 인간적 요소라면 그러한 예배에서 어떻게 하나님과의 만남이 이루어질 수 있겠는가? 예배가 의례적 행사로 전락하게 되면 예배에 참석하는 성도들 가운데 하나님에 대한 경외심이 없어지고 예배를 소홀하게 대하는 현상이 나타난다. 교회 내 분열과 갈등이 깊어진 극단적 상황에서는 대립하는 집단 사이에 서로 예배를 방해하는 불미스러운 일까지 벌어지곤 한다.

예배 형식과 의례 자체는 예배가 아니며, 예배자를 예배의 본질로 안내할 때 비로소 그 의미가 살아난다. 그렇기에 공예배를 구성하는 예배 순서와 의례가 본래의 의미를 상실한 채 관습적으로 행해지지 않는지 끊임없이 점검해야 한다. 하나님은 영이시기 때문에 그분의 뜻을 통달하는 영과 그분이 계시하신 진리에 따라 예배 드리는 것이 참된 예배의 본질이다. 예배는 진리이신 예수 그리스도와 성령 안에서 드려져야 한다.[1]

아버지께 참되게 예배하는 자들은 영과 진리로 예배할 때가 오나니 곧 이때라. 아버지께서는 자기에게 이렇게 예배하는 자들을 찾으시느니라. 하나님은 영이시니 예배하는 자가 영과 진리로 예배할지니라. (요 4:23-24)

예배의 현주소

저자들이 180개 교회를 대상으로 실시한 교회 건강성 진단 설문 CHEQ II의 예배 관련 분석 결과에 따르면, "우리 교회는 하나님께 예배 드리는 것을 매우 중요하게 생각한다"가 평균 4.53점, "성도들은 교회에서 드려지는 예배를 통해 하나님의 임재와 감동을 경험한다"가 평균 4.01점, "예배의 순서와 내용은 성도들이 마음을 하나님께 집중하고 하나님 한 분만 높여 드릴 수 있도록 짜여 있다"가 평균 3.86점, "예배 중 설교의 초점은 인간적 교훈보다는 하나님이 어떤 분이시고 어떤 일을 행하셨는지 선포하는 데 맞춰져 있다"가 평균 3.83점, "우리 교회는 공예배뿐 아니라 삶을 하나님께 올려 드리는 생활 예배도 매우 중요하게 여긴다"가 평균 3.85점으로 나타났다.

참된 예배	평균값과 긍정 응답 비율*
1. 우리 교회는 하나님께 예배 드리는 것을 매우 중요하게 생각한다.	4.53 96.6%
2. 성도들은 교회에서 드려지는 예배를 통해 하나님의 임재와 감동을 경험한다.	4.01 68.9%
3. 예배의 순서와 내용은 성도들이 마음을 하나님께 집중하고 하나님 한 분만 높여 드릴 수 있도록 짜여 있다.	3.86 54.9%
4. 예배 중 설교의 초점은 인간적 교훈보다는 하나님이 어떤 분이시고 어떤 일을 행하셨는지 선포하는 데 맞춰져 있다.	3.83 55.1%
5. 우리 교회는 공예배뿐 아니라 삶을 하나님께 올려 드리는 생활 예배도 매우 중요하게 여긴다.	3.85 56.2%

[표 5.1] CHEQ II 조사 결과: 참된 예배(기준 연도: 2013년)
* 평균값(꺾은선그래프)은 5점 만점 기준 평균값이며, 긍정 응답 비율(막대그래프)은 4.0 이상 응답한 비율(%)을 말한다.

이상의 결과가 말하는 바는 목회자와 성도들이 예배의 중요성에 대해서는 높게 인식하는 반면, 공예배의 실질적 내용 구성이나 방향, 그리고 일상 생활 속에서 예배적 삶을 실천하는 면에서는 아직까지 미흡한 수준에 머물러 있다는 점이다. 그런가 하면, 공예배가 하나님만을 높이고 그분께만 집중하도록 돕는 면에서 미흡한데도 불구하고(평균 3.86점) 공예배 중 하나님의 임재와 감동을 경험한다는 설문에 대한 응답이 4.01점에 이른다는 점은 의아한 결과라고 할 수 있다.

참된 예배가 드려지고 있다면 하나님의 통치가 우리의 삶이나 교회 공동체에서 더 광범위하게 구현되고 성령의 열매를 맺어서 우리는 예수 그리스도의 성품을 더 많이 닮게 될 것이다. 그러나 우리의 모습은 그러한 기대치와 거리가 멀다. 오히려 교회 공동체 내에서 부패한 사건들이 심심치 않게 터져 나와서 사회 구성원들의 걱정거리가 되는 상황이다. 이는 무언가 잘못 돌아가고 있다는 반증이다. 한국 교회 안에서 과

연 참된 예배가 드려지고 있는지, 그렇지 못하다면 그 원인과 해결책은 무엇인지 진지하게 되돌아보고 참된 예배를 회복하기 위해 결단하고 실천해야 한다.

교회는 하나님께 경배와 영광을 올려 드리기 위해 존재하는 예배 공동체이다. 존 파이퍼(John Piper)는 교회가 존재하는 궁극적 이유는 영원토록 하나님을 예배하고 즐거워함으로써 그분을 영화롭게 하는 것이라고 말한다.[2] 예수님의 지상 명령으로 알려진 선교의 종착점도 온 열방이 하나님의 주권을 받아들이고 그분 앞에 예배하는 데 있다. 장차 도래할 새 하늘과 새 땅에서도 거룩하신 하나님의 보좌 앞에서 그분을 경배하는 예배가 생활의 가장 중요한 축을 형성할 것이다.

> 이십사 장로들이 보좌에 앉으신 이 앞에 엎드려 세세토록 살아 계시는 이에게 경배하고 자기의 관을 보좌 앞에 드리며 이르되 우리 주 하나님이여 영광과 존귀와 권능을 받으시는 것이 합당하오니 주께서 만물을 지으신지라. 만물이 주의 뜻대로 있었고 또 지으심을 받았나이다 하더라.
>
> (계 4:10-11)

따라서 한 교회의 생명력은 그 교회 공동체에서 참된 예배가 드려지고 있는지 여부에 달려 있으며, 참된 예배의 회복은 교회의 생명력과 건강성 회복의 출발점이자 종착점이라 해도 과언이 아니다. 한국 교회에서 참된 예배의 회복은 특별히 세 가지 차원에서 일어나야 한다. 하나님과의 올바른 관계와 예배의 초점이 회복되어야 하고, 예배 안에서 공동체성이 회복되어야 하며, 삶의 현장에서 생활 예배가 회복되어야 한다.

하나님과의 관계와 예배 초점 회복

예배에서 우선 회복해야 할 것은 하나님과의 올바른 관계이다. 기독교 예배는 예수 그리스도를 통한 구속의 은총을 받아 하나님 나라의 백성이 된 그리스도인들이 그에 대한 응답으로서 왕이신 하나님께 감사와 영광과 경배를 올려 드리는 것이다. 예배하는 행위 자체는 기독교에만 존재하는 것이 아니며, 대부분의 세계 종교나 민속 종교에서 행해진다. 이슬람교나 불교에서 행하는 제반 숭배 의식은 말할 것도 없고, 조상 신에게 제사를 드리는 것이나 우상에게 절하는 것도 일종의 예배 행위라 할 수 있다. 따라서 전통적으로 샤머니즘의 영향을 강하게 받아 온 한국인들에게 예배 행위 자체는 익숙하다. 그래서 행위적 측면에 초점을 맞추면 한국 교회의 예배 행위는 그 정성이나 열심 측면에서 어느 민족의 교회보다 앞서 있다. 예배 형식을 띠는 모임의 횟수만 보아도 주일 낮 예배, 주일 저녁 찬양 예배, 수요 예배, 금요 기도회, 새벽 기도회 등 주 10여 회에 이른다. 그 외에 매주 구역별 모임도 있다.

그러나 하나님과의 올바른 관계가 한국 교회에서 드리는 예배의 튼튼한 기초를 이루고 있는지 여부에 초점을 맞추면 이야기는 달라지지 않을까? 하나님과의 올바른 관계란 그분의 주권과 통치를 삶의 전 영역에서 받아들이고 있는지 여부를 가리키며, 하나님과의 관계가 깊어질수록 그분의 뜻에 순종하는 삶의 모습을 띠게 된다. 하나님과의 관계가 비뚤어진 상태에서 행하는 예배 행위는 그 속에 담긴 정성과 열심이 아무리 특별하다 해도 하나님이 기뻐 받으실 수 없다. 오히려 하나님의 백성답지 못한 생활을 하면서 종교적 의례를 열심히 행하는 것에 대해 하나님은 그것을 무거운 짐으로 여기신다고 말씀하신다.

헛된 제물을 다시 가져오지 말라. 분향은 내가 가증히 여기는 바요 월삭과 안식일과 대회로 모이는 것도 그러하니 성회와 아울러 악을 행하는 것을 내가 견디지 못하겠노라. 내 마음이 너희의 월삭과 정한 절기를 싫어하나니 그것이 내게 무거운 짐이라. 내가 지기에 곤비하였느니라.

(사 1:13-14)

따라서 마음을 세상 나라에 빼앗긴 상태에서 드리는 예배는 결코 참된 예배일 수 없다. 하나님은 그분의 백성이 다른 신이나 우상에게 또는 세상 재물에 마음을 빼앗기는 것을 결코 용납하지 않으신다. 그에 관한 한 '질투하신다'고까지 말씀하신다(신 5:7-9). 세상 나라와 하나님 나라 사이에 양다리 걸치는 것을 결코 용납하지 않으시며, 온전히 하나님만을 의지하고 하나님만으로 기뻐하기를 원하신다. 그렇기에 하나님 나라와 그분의 의를 구하지 않고 세상 나라를 추구하는 마음 상태에서 드리는 예배는 하나님이 결코 받으실 수 없으며, 오히려 그러한 예배는 그분의 이름을 욕되게 하는 행위이다. 세상 나라에서 형통하기를 구하는 마음으로 행하는 수단적·기복적 예배는 하나님 나라에 속하지 않은 이방인들이 행하는 예배이며, 기독교에서 드리는 예배의 본질과는 거리가 멀다.

한 사람이 두 주인을 섬기지 못할 것이니 혹 이를 미워하고 저를 사랑하거나 혹 이를 중히 여기고 저를 경히 여김이라. 너희가 하나님과 재물을 겸하여 섬기지 못하느니라. (마 6:24)

이는 다 이방인들이 구하는 것이라. 너희 하늘 아버지께서 이 모든 것이 너희에게 있어야 할 줄을 아시느니라. 그런즉 너희는 먼저 그의 나라와 그의 의를 구하라. 그리하면 이 모든 것을 너희에게 더하시리라. (마 6:32-33)

예배는 무언가를 얻기 위한 수단이 아니며, 하나님으로부터 은총을 받은 백성이 마땅히 그분께 올려 드려야 할 반응이자 그 자체가 목적이다. 그래서 예배 신학자 폴 훈(Paul W. Hoon)은 예배를 "그리스도이신 예수님 안에서 자신을 보여 주신 하나님의 계시와 그에 대한 인간의 응답"이라고 정의한다.[3] 예수 그리스도를 통한 구원의 은총과 하나님의 자녀가 되는 특권을 받은 자들이 하나님께 올려 드려야 할 마땅한 반응이 예배라는 것이다.

예배의 초점도 변화되어야 한다. 예배의 대상은 오직 하나님 한 분이시다. 예배 가운데 영광을 받으셔야 할 분도 하나님 한 분이시고, 예배 중에 높이 드러나셔야 할 분도 바로 하나님 한 분이시다. 공예배에서 회중 전체와 예배 진행자들의 마음은 하나님 한 분께만 집중되어야 하고, 모두가 예배 참여자가 되어야 한다. 회중이 예배의 관객이 되어서도 안 되고, 진행자가 회중을 관객으로 의식하며 기획된 공연처럼 예배를 진행해서도 안 된다는 의미이다.

그러나 우리 주변에서 하나님 한 분께만 초점을 맞춘 예배를 찾기가 쉽지 않다. 하나님께 집중하고 하나님의 하나님 되심을 되새기며 진정으로 그분을 높여 드리는 예배가 드려져야 하지만 그렇지 못하다. 많은 교회에서 공예배가 사람들에게 초점을 맞춘 행사처럼 치러진다. 설교에서는 인간적 교훈과 설교자의 언변이 주목을 받고, 대표 기도는 하나님께 간구하는 형식을 빌려 예배 참석자들을 훈계하는 내용으로 채워진다. 헌금 순서는 성도들이 헌금의 의미를 살려 하나님께 올려 드리도록 안내하기보다는 헌금을 거두어들이는 방식으로 진행된다. 찬양 인도자들은 성령 하나님으로부터 오는 감동을 기대하며 찬양을 하나님께 올려 드리기보다는 인위적으로 회중의 감정을 고양시키려고 힘쓴다. 공예배 의례 중 하나님께 마음을 집중하는 것을 방해하는 요소들이 너무나 많다. 워렌 위어스비(Warren W. Wiersbe)는 그 위험성을 다음과 같이 지적한다.[4]

> 그리스도인의 사역이 연기(演技)가 될 때에는 성소(聖召)가 공연장으로 변하고 교인들은 관객이 되어 버린다. 그리고 예배는 연회(宴會)가 되어 버리고, 사람의 환호와 갈채는 성공의 척도가 되어 버린다. 그러나 진정으로 하나님의 영광을 위해 사역하는 자는 항상 성소에 거한다.

공동체로서 드리는 예배

두 번째로 예배에서 공동체성이 회복되어야 한다. 특별히 공예배는 공동체로서 하나님께 올려 드리는 예배이다. 교회는 복음을 통해 택함받은 사람들로 구성된 공동체이며, 성령 안에서 하나님이 거하실 처소가 되기 위하여 그리스도 예수 안에서 함께 지어져 간다(엡 2:22). 박영돈 교수에 따르면, "교회는 하나님 나라가 실현되는 공동체라는 관점에서 새롭게 이해하지 않는 한 성경적인 교회관의 핵심을 놓치고 만다."[5] 팀 체스터(Tim Chester)와 스티브 티미스(Steve Timmis)도 "그리스도인들은 복음이라는 핵심 내용과 믿음의 공동체라는 기본 배경에 대한 충성, 즉

'이중의 충성' 가운데로 부름받았다"고 말하면서 교회 공동체 안에서 "서로 삶을 나누지 않으면, 진리는 제대로 적용되어 삶으로 나타날 수 없다"고 강조한다.[6]

신앙은 개인이 실존적으로 하나님과 어떠한 관계를 맺고 어떻게 그 관계를 심화시킬 것인가의 측면도 있지만, 하나님은 아브라함을 부르셨을 때 그 개인 안에서 한 민족을 보셨고, 그 민족을 통해 온 열방에 하나님의 하나님 되심을 드러내고 그들에게 복 주고자 하셨다. 같은 맥락에서 신약 시대의 교회는 이 땅에서 하나님의 통치를 드러내도록 부르심받은 믿는 자들의 공동체이다. 교회는 개인으로서뿐만 아니라 공동체로서 하나님 나라의 모습이 어떠한지를 이 세상 속에서 드러내야 할 사명을 가진다. 그렇기에 우리 그리스도인들은 개인적으로 하나님께 경배를 드리지만, 또한 공예배를 통해 공동체로서 하나님께 예배를 드린다. 김순환도 예배는 "그리스도 안에 있는 하나님의 계시에 대해 성령의 도움을 통해 인간이 응답하는 것"이라고 정의하면서, 그 "응답이라는 표현 속에는 인간이 하나님을 향해 수직적으로 드리는 회개, 감사, 찬미, 영광 등이 포함되지만 거기에는 반드시 온전한 응답의 전제로서 인간 상호 간의 화해와 사랑이 있어야 함을 의미"한다고 말한다.[7]

따라서 공예배에 참여하는 성도들 모두가 하나님의 성전을 구성하는 연결된 지체(고전 3:16)임을 서로 인식하면서 예배에 참여해야 한다. 함께 예배를 드리는 지체들이 서로 누가 누구인지 모른 채 각자가 강단만 바라보면서 예배를 드리는 상황은 공동체로서 하나님께 예배하는 공예배의 본질과는 거리가 멀다. 성도들 사이에 얽히고설킨 것이 있다면 서로의 잘못을 고백하며 서로를 받아들이고 사랑하는 마음을 회복한 상태에서 예배에 참여해야 한다(마 5:23-24). 뿐만 아니라, 심적 부담 없이 자신의 연약함을 지체들과 나누고 서로를 위해 기도하며 예배로 나아갈 수 있어야 한다.

인천 더함공동체교회는 성도의 한몸 됨과 그리스도의 보혈의 피로 구원받았음을 확인하고 서로 축하하며 교제하는 시간으로 매주 애찬식을 가진다. 이 애찬식의 정신은 아래 애찬 교독문과 그 이후 집례 절차에 잘 나타나 있다.

매주 나누는 애찬식: 더함공동체교회[8]

애찬 교독문

인도자: 우리는 서로를 그리스도의 몸 된 교회의 한 형제자매로 고백합니다.

다 함께: 이 고백 안에서 우리는 하나님과 우리의 언약을 새롭게 하며, 당신과 함께 이 언약을 세웁니다.

인도자: 우리는 우리 자신의 일만 돌보지 아니하고, 서로를 돌아보며, 서로의 짐을 져 주고, 서로를 기쁨으로 도와줄 것입니다.

다 함께: 하나님께서 우리에게 베푸신 은사와 물질을 함께 나누며, 예수님이 우리를 용서한 것같이 서로를 용서하고 받아들일 것입니다.

인도자: 기쁠 때나 슬플 때나 그 기쁨과 슬픔을 함께 나누고, 서로를 격려하며, 교회 공동체의 덕을 세우는 모든 일에 함께할 것입니다.

다 함께: 예수님이 우리 안에 함께 계심을 서로를 향한 사랑으로 고백하고 드러냄으로써 우리가 예수님의 제자임을 고백할 것입니다.

인도자: 우리는 또한 우리에게 베푸신 하나님의 풍성한 사랑을 우리의 이웃과 더불어 나눔으로 하나님께 영광을 돌릴 것입니다.

다 함께: 지금 우리 모두는 서로서로 한몸으로 연결되어 우리 주 그리스도와 함께 연합합니다.

예배의 공동체성은 구성원 개개인 사이에서도 확인되어야 하지만, 그룹과 그룹 사이에서도 확인되어야 한다. 이런저런 이유 때문에 성인과 청년과 초·중·고 학생들이 따로 예배 드리는 현실에 대해서도 되돌아보아야 한다. 가능하다면 나이를 불문하고 교회 구성원들이 모두 함께 하나님을 예배할 수 있는 현실적 방안을 찾아볼 필요가 있다. 규모가 작은 교회라면 주일마다 어린이부터 성인까지 모두 함께 예배를 드리는 것도 가능하며, 규모가 큰 교회에서는 한 달에 한 번 온 가족이 함께 예배를 드릴 수도 있을 것이다. 어린아이들이 성인 예배에 잘 적응할지 걱정하는 이들이 많지만, 의외로 어린아이들이 예배 분위기에 잘 적응한다는 것과 이러한 예배가 교회 공동체성의 회복에도 매우 긍정적이라는 것이 그러한 예배를 경험한 교회들의 증언이다.[9]

생활 예배의 회복

세 번째로 생활 예배가 회복되어야 한다. 한국 교회 안에 성속 이원론(聖俗二元論)이 뿌리깊게 자리 잡고 있다. 신앙을 삶과 동떨어진 영적 영역이나 교회와 관련된 영역에 국한된 것으로 이해하는 사람들은 실생활 영역에서 예배적 삶을 살아야 한다는 점을 이해하지 못한다. 이런 사람들은 교회 생활과 일상 생활이 괴리되어 교회에서는 믿음이 좋은 사람처럼 보이지만 가정과 사회에서는 세속적 가치를 따라 살아간다. 이러한 현상은 하나님의 주권적 통치에 대한 무지, 그리고 교회에 대한 충성만을 지나치게 강조하는 한국 교회의 풍토에서 비롯된 결과다. 많은 교회가 강조하는 바는 교회에 충성하는 것이 곧 하나님께 충성하는 것이라는 가르침이다. 생활 예배의 중요성을 부인하는 목회자는 거의 없지만, 교회에 대한 충성과 교회 중심의 생활을 과도하게 강조하면 교인들 마음속에서 생활 예배의 중요성은 반감되게 마련이다. 그러다 보니 교회 내에서 신앙이 깊다는 사람일수록 교회 중심의 생활에 매몰되는 경향을 보이며, 교회에 대한 충성도를 신앙의 척도로 삼는 경우가 잦다.

그러나 기독교 예배는 공동체가 함께 모여 드리는 공예배에 국한되지 않고 생활 현장에서 주님을 따르는 마음으로 행하는 모든 삶을 포괄한다. 사도 바울도 이 점을 강조한다.

너희 몸을 하나님이 기뻐하시는 거룩한 산 제물로 드리라. 이는 너희가 드릴 영적 예배니라. (롬 12:1)

종들아, 모든 일에 육신의 상전들에게 순종하되 사람을 기쁘게 하는 자와 같이 눈가림만 하지 말고 오직 주를 두려워하여 성실한 마음으로 하라. 무슨 일을 하든지 마음을 다하여 주께 하듯 하고 사람에게 하듯 하지 말라. (골 3:22-23)

앞의 말씀에서 우리의 몸을 거룩한 산 제물로 드린다는 것은 우리 생활을 하나님께 올려 드린다는 뜻으로 이해할 수 있다. 하나님이 기뻐하시는 뜻에 합당하게 생활함으로써, 즉 그분의 통치와 인도를 따라 생활함으로써 그분께 우리의 삶을 올려 드린다면 그것이 곧 그분께 드리는 영적 예배이다. 우리가 일상 생활 속에서 행하는 일이 무엇이든 올바른 예배 정신으로 수행한다면 그것이 바로 하나님을 예배하는 것이다.[10] 그런 점에서 생활 예배는 그 양식만 다를 뿐 의미나 비중에서는 공예배 못지않게 중요하다. 공예배가 공동체 구성원들이 함께 모여 짧은 시간 하나님께 올려 드리는 경배라면 생활 속 예배는 우리의 생활 전체에서 매 순간 하나님의 통치를 받으며 살아감으로써 올려 드리는 예배이기 때문이다.

공예배와 생활 예배 사이의 관계에 대해 니콜라스 월터스토프(Nicholas Wolterstorff)는 "세계를 하나님의 성례로 파악하는 사람은 일과 예배가 서로 깊이 관련되어 있다는 것을 쉽게 알 수 있다. 둘 다 감사의 표현이다. 둘 다 하나님께 대한 헌신이 겉으로 드러난 양상이다"라고 말한다.[11] 김순환도 예배와 생활을 통전적으로 이해해야 한다고 강조한다.[12]

생활은 곧 예배에서 경험된 만남을 구체적으로 나타내 보이는 곳이다. 또 예배는 삶의 문제를 안고 나아온 그리스도인들이 전능자 하나님을 만남으로써 그 방향을 제시받는 곳이기도 하다. 예배와 생활, 이 둘은 성숙과 발전을 위해 상호 작용하는 두 축이라고 볼 수 있다. 현실 세계와 그 속에서의 생활은 예배가 비로소 통전적으로 완성되는 현장인 것이다.

그렇기에 생활 예배를 드린 성도들이 주일에 함께 모여 공동체로서 하나님께 예배를 드리고, 공예배를 통해 강화된 영적 민감성을 가지고 생활 예배의 장으로 나아가는 선순환이 이루어질 때 하나님이 기뻐 받으시는 온전한 영적 예배를 드리게 된다.

한편, 둘 사이의 단절에 대해 박영돈 교수는 다음과 같이 지적한다.[13]

성령을 거스르는 육신의 소욕과 세속의 원리를 따라 사는 이들이 아무런 회개와 개혁도 없이 형식적이고 가식적으로 드리는 예배에 거룩하신 하나님의 영이 충만히 거할 턱이 없다. 그런 예배에 익숙해진 교인들은 한 주간 복음에 위배되게 산 것을 예배를 드려 줌으로써 상쇄하려는 율법주의적인 가면이 점점 강화된다.

사회 구성원들이 그리스도인에 대해 낮은 신뢰를 보이는 것은 생활 예배가 상실된 그리스도인들의 현주소를 말해 준다. 생활 예배를 드리지 못하는 그리스도인이라면 하나님의 통치를 받는 하나님 나라 백성으로서 산다고 볼 수 없기 때문에 세상에 보내심받은 자로서의 사명을 결코 감당할 수 없으며, 세상에서의 빛과 소금의 역할도 감당할 수 없다.

둘 사이의 단절을 극복하기 위해서는 공예배가 성도들이 하나님 앞에서 삶의 태도와 가치관의 갱신을 결단하는 장(場)이 되어야 한다. 예배는 하나님이 우리를 변화시키시도록 우리가 그분 앞에 서는 것이며, 거룩한 순종의 결단으로 끝나야 한다.[14] 예배가 습관적으로 행하는 의식에 머물러 우리를 하나님께 대한 더 큰 순종으로 이끌지 못한다면 그것은 진정한 예배라고 할 수 없으며, 하나님께 대한 순종의 결단이 생활 속 실천으로 이어지지 않는다면 예배는 일종의 마취제 혹은 현실 도피처가 될 수 있다.[15] 하나님의 임재와 영광 가운데 드려지는 예배에 참여하면 우리는 육신을 따르지 않고 그 영을 따라 행하는(롬 8:4) 자가 되며, 먼저 하나님의 나라와 의를 구하는(마 6:33) 자가 될 것이다.

설교의 갱신

예배 회복의 계기는 목회자의 영성 회복과 설교의 갱신에서부터 시작되어야 한다. 교인들의 신앙관과 하나님과의 관계의 질은 목회자 설교의 영향을 받아 형성되고 강화되는 측면이 강하며, 특별히 한국 교회는 목회자 중심주의가 강하기 때문에 목회자의 책임이 더욱 크다. 박영돈 교수는 교회와 교인들이 세속화되는 1차 원인은 교회에서 그리스도의 영광을 증거하는 복음이 성령의 조명을 통해 전파되지 않는 데 있으며, 한국 교회에서 하나님의 영광이 떠난 까닭은 강단에서 그 영광을 드러내는 말씀이 사라졌기 때문이라고 지적한다. 이어 그는 올바른 설교에 대해 다음과 같이 강조한다.[16]

> 바른 설교는 말씀과 성령의 조명을 통하여 성도들의 마음에 그리스도의 아름다운 얼굴을 보여 주는 것이다. 교인들이 말씀을 통해 그리스도의 얼굴을 계속 주시할 때 거기서 그들을 그리스도의 형상으로 변형시키는 놀라운 능력이 발산된다. 그래서 바울 사도는 복음의 말씀과 성령의 조명을 통해 주의 영광을 보는 것이 그리스도의 형상으로 화하는 비결이라고 말했다.

이는 누구의 설교가 청중을 사로잡는가의 문제가 아니다. 설교자는 하나님의 얼굴과 영광을 온전히 드러내는 데 집중해야 한다. 설교자는 삼위 하나님이 어떠한 분이신지, 그분이 역사 속에서 혹은 성경의 인물들과의 관련성 속에서 어떻게 주권을 행사하셨는지, 그분이 인간의 구원을 위해 행하신 일과 우리에게 베푸신 은혜의 풍성함이 무엇인지, 그분의 주권적 통치에 우리가 어떻게 반응해야 하는지 선포하는 데 집중해야 한다.

목회자가 말씀 속에서 하나님과의 실존적 만남을 체험함으로써 세상의 영광을 배설물로 여길 수 있어야 하나님의 영광을 제대로 드러낼 수 있다. 하지만 많은 한국 교회 강단은 그렇지 못하다. 오히려 세상에서의 성공과 풍요를 추구하는 세속적 가치관을 교인들의 마음에 심어 주는 설교자들로 강단이 오염되어 있다는 지적이 많다. 그럴 경우 교회가 하나님 나라의 복음과 성령의 능력에 의해 빚어지는 천국의 모형이라기보다는 성공 신화로 가득한 세상과 다를 바가 없다.[17] 데이빗 웰스도 현대 복음주의 교회가 안고 있는 많은 문제점들의 근저에는 신학의 실종이 자리잡고 있다고 한탄하면서 그는 회중이 존귀하신 하나님과 진리의 말씀 앞에 서 있다는 깊은 의식을 불러일으키는 하나님 중심의 설교보다는 사람에게 호소하는 인간 중심의 설교가 주를 이루게 되었다고 지적한다.[18]

'예수 잘 믿고 교회에 충성하면 이 세상에서 복을 누린다'는 기복적 신앙을 확대 재생산하는 설교자는 교인들이 하나님의 통치와 주권을 받아들이고 하나님의 뜻에 순종하도록 도전하기보다는 그들 안에 있는 세속적 욕망에 부응하기 위해 하나님의 능력을 수단화하고 신앙의 본질을 왜곡하기까지 한다. 그로 인해 신앙은 세속적 욕망과 꿈을 실현하는 도구로 전락하며, 왜곡된 신앙에 물든 교인들은 하나님의 얼굴을 구하기보다는 그분의 손에 무엇이 들려 있는지에 관심을 기울인다. 자기중심적·기복적 신앙관에 물든 교인들이 모여 드리는 예배는 그 형식은 예배처럼 보일지 모르지만 예배의 궁극적 대상이 여호와 하나님이라기보다는 맘몬 신이요 인간의 욕망이다.

> **설교 준비에 심혈을 기울이는 국수교회 김일현 목사**
>
> 국수교회를 담임하는 김일현 목사는 하나님의 임재를 경험할 수 있는 예배를 회복하기 위해 무엇보다도 목사의 설교가 갱신되어야 한다는 책임감을 깊이 느꼈다. 그는 한 편의 예배 설교를 준비하기 위해 말씀에 대한 깊은 탐구와 묵상에 많은 시간을 투입한다. 목사가 일주일에 10여 회의 설교를 준비해야 하는 한국 교회의 관행이 설교의 질을 떨어뜨릴 수밖에 없다는 점을 절감한 그는 교회 중직자들에게 '질적인 면을 고려할 때 일주일에 주일 예배를 위한 설교 한 편 외의 설교를 준비하는 것은 불가능하다'는 자신의 고민을 진솔하게 털어놓았다. 그리고 그에 대한 공감대가 형성되어 국수교회에서는 목사가 주일 대예배에서만 설교를 한다. 그 외의 모든 주중 모임은 기도회로 모인다.

예배자의 준비

참된 예배의 회복을 위해서는 예배 참여자의 마음가짐도 중요하다. 교인 한 사람 한 사람이 예배 참석 전에 하나님을 예배할 마음을 갖추도록 준비해야 한다.[19] 예배 의식을 비롯한 예배의 외적 조건이 아무리 완벽하다 해도 예배자가 영과 진리로 하나님 앞에 나아가 그분을 높여 드리려는 마음가짐이 없다면 그것은 결코 참된 예배가 될 수 없기 때문이다. 예배에 참석한 회중이 예배 참여자가 아니라 예배의 소비자 혹은 관객이 되어 수동적으로 예배 순서를 따라간다면 하나님은 결코 그 예배를 기뻐 받지 않으실 것이다.

따라서 예배에 참석하는 성도들이 예배자의 마음가짐을 갖추도록 교회 차원에서 지속적으로 격려하고 교육하며 훈련해야 한다. 예배의 대상이신 하나님을 말씀 속에서 묵상하고 하나님과의 친밀한 교제와 그분의 뜻에 대한 순종을 통해 그분의 인도를 생활 속에서 경험할 때 참된 예배자가 될 수 있다. 그리고 그 연장선상에서 그들이 공예배에 참석할 때 공동체적으로 참된 예배를 하나님께 올려 드릴 수 있다. 이러한 예배자가 되는 것은 하나님과의 친밀한 교제가 전제되어야 한다.[20] 따라서 교회는 성도들이 일주일에 몇 번씩 정기적으로 말씀과 기도를 통해 하나님과 친밀한 교제를 나누고 그분의 임재 가운데 머무는 법을 체득하도록 도와야 한다.

또한 공예배의 순서 담당자들은 예배자로서 바로 설 수 있도록 준비해야 한다. 그들이 하나님 앞에서 예배자로 설 준비가 되지 않으면 회중이 하나님 한 분께만 마음을 집중하도록 인도할 수 없기 때문이다. 예배 진행자들은 공예배 전에 하나님 앞에서 자신의 모습을 되돌아보고 성령의 지배 가운데 들어갈 수 있도록 준비하는 시간을 가져야 한다. 더 나아가 회중이 영과 진리로 예배에 동참할 수 있도록 중보의 시간을 가지는 것도 중요하다. 목회자를 포함하여 예배 진행자들은 예배를 통해 회중의 필요를 채워야 한다는 책임감이나 압박감 때문에 예배 전반에 걸쳐서 하나님께 초점을 맞추기보다는 회중이 보이는 무언의 반응에 촉각을 곤두세우는 경향이 있다. 집중의 대상이 하나님보다 회중인 경우가 많다는 뜻이다. 이러한 압박감에서 벗어나기 위해서라도 온전히 하나님께만 마음을 집중할 수 있도록 기도로 예배를 준비하는 일이 무엇보다 필요하다.

인간적 관점에서 시작한 노력으로는 참된 예배의 본질을 결코 회복할 수 없다. 감격과 감동이 있는 예배는 회복되어야 할 목표지만, 그 감격과 감동이 어디로부터 온 것인지가 중요하다. 하나님의 임재를 경험한 데서 온 감격과 감동, 하나님이 공급하시는 은혜에서 발원한 감사와 감격을 회복해야 한다. 그것은 인위적으로 인간의 감정을 자극하여 얻어진 순간적 감동이나 자아도취적 감정 고조와는 구분되어야 한다.

장을 마치며

한국 교회 안에 참된 예배의 회복이 절실하다. 참된 예배의 회복 없이는 하나님의 임재와 통치를 결코 경험할 수 없으며, 건강한 교회 공동체도 기대할 수 없다. 예배 회복의 절박성에 대한 공유된 인식을 기반으로 참된 예배의 회복을 위해 성령 하나님의 도우심을 구하면서 개선 방안을 마련하고 철저하게 실행해야 한다. 무엇보다도 교인들이 참된 예배로 나아가는 데 걸림돌이 되는 요소들을 제거해야 한다. 예배를 오염시키는 요소들을 폐기할 때 현실적 필요 때문에 주저하거나 타협해서는 안 된다. 또한 하나님이 기뻐 받으실 예배가 되도록 예배 의례 순서의 참된 의미를 수시로 교인들에게 일깨움으로써 성도들이 그 의미를 살려 예배 의례에 참여하도록 인도해야 한다. 특별히 목회자는 설교 강단이 인간적 욕망과 세속적 가치관으로 오염되지 않도록 성령 하나님의 도우심을 구하고, 필요하면 설교에 대한 모니터링을 받아 갱신을 이루어야 한다. 설교 강단의 회복으로부터 예배의 갱신이 시작될 것이기 때문이다.

참된 예배를 위한 제언

- 주일 공예배가 살아 계신 하나님과의 실제적 만남과 하나님의 통치를 받아들이겠다는 삶의 결단이 일어나는 장이 되어야 한다. 공예배의 모든 순서가 우리의 마음을 하나님 한 분께만 집중할 수 있도록 조율되어 있는지, 그리고 성도들이 주일마다 예배자로 준비된 상태에서 예배에 참석하는지 점검하고 개선할 점들을 정리해 보자.

- 공예배에서 중요한 비중을 차지하는 설교가 바로 서야 한다. 설교의 내용이 세속적 가치에 오염되지는 않았는지, 인간적 교훈들로 채워지지는 않았는지, 살아 계신 하나님의 섭리와 뜻을 잘 드러내는지 모니터링하고 피드백해 주는 제도 도입을 검토하자. 강단의 설교가 목회자 개인의 책임이라는 의식에서 벗어나 교회 공동체가 함께 책임감을 가지고 강단의 설교를 세워 나간다는 생각을 가질 때 전향적으로 그러한 제도를 채택할 수 있을 것이다.

- 공예배에서 공동체성을 회복해야 한다. 모두가 강대상만 쳐다보고 예배를 드리는 것에서 탈피하여, 예배 전에 서로 인사를 나누고 교인들의 애경사 소식을 공유함으로써 서로를 위해 함께 기도해 줄 수 있는 분위기와 순서를 만들어 보자.

- 성도들의 일상 속에서 생활 예배를 회복해야 한다. 주일과 나머지 6일을, 교회 일과 세상 일을 분리하는 성속 이원론에서 탈피하고, 일상 생활 속에서 주님을 의식하며 믿음과 순종의 삶을 살아가도록 격려하고 훈련하자.

6장

연합된 지체

기업도 공동체의 개념이 있다

미국의 세계적 경제지 「포춘」은 18년째 일하기 좋은 100대 기업을 선정하고 있다. 일하기 좋은 기업이란 최고로 행복한 직장이면서도 일반 회사보다 거의 두 배나 월등한 성과[1]를 올리는 기업을 말한다. 홀푸드마켓(Whole Food Market)은 1998년 첫 조사 이후 한 번도 거르지 않고 선정된 12개 기업 중 하나이다. 1980년 미국 텍사스 오스틴의 작은 식료품점으로 시작해서 지금은 미국과 캐나다, 영국 등에 365개 매장이 있는 슈퍼마켓 체인이고, 지난 18년간 종업원은 8천6백 명에서 6만 8천 명으로 무려 8배 가까이 성장했다. 홀푸드마켓은 착한 기업이자 종업원이 행복한 직장의 대명사로 알려져 있다.

홀푸드마켓에는 기적 같은 이야기가 전해져 온다. 식료품 매장을 연지 1년도 되지 않던 1981년, 70년 만에 닥친 최악의 홍수로 당시 손해액이 무려 40만 달러에 달해 재기 불능 상태가 되어 버렸다. 그런데 놀라운 일이 생겼다. 고객과 이웃 수십 명이 나타나 쓰레기장이 되어 버린 매장을 청소하기 시작했다. 한동안 월급을 받을 수 없다는 사실을 알면서도 직원들이 기꺼이 무급으로 일해 주었다. 수많은 공급 업체들이 외상으로 식료품을 공급했고 투자자들은 자금을 대었고 은행은 대출을 제공했다. 홍수가 난 지 28일 만에 영업을 재개했고 오늘날의 홀푸드마켓이 되었다.

어떻게 이런 일이 가능했을까? 홀푸드마켓은 직원들과 지역 사회 이해 관계자들 모두의 사랑과 관심 때문이라고 고백한다. 여기에는 충분히 그럴 만한 이유가 있다. 홀푸드마켓에는 높은 차원의 목적과 핵심 가치가 있다. 사람들이 좋은 음식을 먹고 삶의 질을 향상시키며 건강하게 오래 살도록 돕는 일에 열정을 쏟는다는 사명감, 모든 이해 관계자들과 직원들을 행복하게 해야 한다는 소중한 신념이다. 지금까지도 유기농 식품만 고집하고, 고객에게 옳은 일이라면 회사 지침을 지키지 않아도 괜찮다. 마켓 매장에서 근무하는 일은 매우 힘들고 고되기 때문에 업계 평균 이직률은 연간 100퍼센트이지만 여기는 10퍼센트가 되지 않는다. 고객에게는 만족을, 직원에게는 행복을, 지역 사회 공동체와 환경에는 배려를 제공하면서 그들과 깊은 호혜적 관계를 유지해야만 지속 성장이 가능하다고 굳게 믿고 실천하기 때문이다.[2] 자기 이익 극대화에만 매달리는 냉정한 기업 세계에서 이런 따스한 공동체 모형이 있다니 놀라울 뿐이다.

교회야말로 공동체의 원형이다

세상의 기업 사례를 들었지만, 공동체의 원형은 교회이다. 홀푸드마켓이 올바르고 건강한 목적과 핵심 가치의 중요성을 말하지만, 교회는 그 어떤 공동체보다도 고귀한 사명을 가지고 있다. 교회는 모든 교인들에게 교회 생활과 일상 생활, 더 나아가 교회 운영의 원리와 기준을 제공하는 성경을 가지고 있다. 기업은 돈을 벌면서 그 규모가 커지는 유기체이지만, 교회는 사랑과 상호 섬김과 헌신으로 서로의 영적 필요를 채워 주면서 자라는 유기체이다. 교회 안에서 성도들은 한 가족이 되어 친밀한 교제와 사랑을 나눈다. 천국에서나 맛볼 사랑의 공동체를 경험하는 곳이 교회다. 이런 점에서 교회는 세상의 모든 조직들과 회사들에게 마땅히 보여 주고 가르쳐야 할 공동체의 원형이다. 깊이 들여다보면 세상의 기업이나 기관들이 도무지 따라오지 못할 신비한 속성이 그 속에 있다.

첫째, 교회 공동체는 함께 공유하는 "공동 유산"(share in)을 가지고 있다.[3] 일반적으로 '코이노니아' 즉 친교라고 하면 "우리는 함께 좋은 '코이노니아'를 나누었다"라는 말처럼 따스함과 안전함을 느끼는 것을 말한다. 그러나 이런 경험은 교회 공동체가 아닌 다른 곳에서도 가능하다. 앞에서 설명한 일하기 좋은 기업들에도 이런 모습은 얼마든지 있다. 성경이 말하는 진정한 '코이노니아'의 요건은 그 정도가 아니다. 교회 공동체에는 세상의 어떤 조직도 갖지 못한 신비한 공동 유산이 있다. 그것은 교회 공동체의 구성원 모두가 영원한 생명과 직결된 하나님(성부, 성자, 성령)의 은혜를 공유하는 것을 의미한다. 그렇기 때문에 교회 안에서 성도들은 세상의 어떤 회사도 누리지 못하는 진정한 하나됨을 경험한다. 서로 다른 문화적 배경, 서로 다른 기질과 은사와 관심사에도 불구하고 아버지 되시는 '같은 하나님', 구세주와 주님 되시는 '같은 예수님', 그리고 우리 안에 내주하셔서 위로자 되시는 '같은 성령님'을 공유하면서 성도는 하나로 연합된다.

둘째, 함께 나누는 "공동 봉사"(share out)가 있다. '코이노니아'는 우리가 함께 받아 공유하는 것뿐만 아니라 함께 내놓는 것, 즉 함께 봉사하는 것을 의미한다. 초대 그리스도인들은 교제에 힘썼을 뿐만 아니라 서로를 도우며 섬기는 일을 즐거워했다. 또한 '코이노니아'는 물질뿐만 아니라 영적인 부, 즉 복음에 대한 지식을 나누는 것까지 포함한다. 이는 사도행전 2:44-47, "믿는 사람이 다 함께 있어 모든 물건을 서로 통용하고 또 재산과 소유를 팔아 각 사람의 필요를 따라 나눠 주며 날마다 마음을 같이하여 성전에 모이기를 힘쓰고 집에서 떡을 떼며 기쁨과 순전한 마음으로 음식을 먹고 하나님을 찬미하며 또 온 백성에게 칭송을 받으니 주께서 구원받는 사람을 날마다 더하게 하시니라"라는 말씀에도 잘 나타난다.

셋째, 서로 나누는 "상호 책임"(share with)이 있다. '코이노니아'는 서로 나누는 것에 집중하면서 서로를 마주보며 원을 그리는 것을 의미한다. 그 속에서는 어느 누구도 전적인 수혜자나 전적인 기부자가 되지 아니한다. 바울은 로마서 15:25-27에서 서로를 책임지고 돕는 것이 성도 간의 교제라고 설명한다.

> 그러나 이제는 내가 성도를 섬기는 일로 예루살렘에 가노니 이는 마게도냐와 아가야 사람들이 예루살렘 성도 중 가난한 자들을 위하여 기쁘게 얼마를 연보하였음이라. 저희가 기뻐서 하였거니와 또한 저희는 그들에게 빚진 자니 만일 이방인들이 그들의 영적인 것을 나눠 가졌으면 육적인 것으로 그들을 섬기는 것이 마땅하니라. (롬 15:25-27)

이런 점에서 그리스도인의 교제에는 '상호 호혜성'이 있다. 서로 사랑하고, 서로에게 친절과 도움을 베풀고, 서로에 대해 참고 용서하고, 서로에게 복종하고, 서로 세우고, 서로 훈계하고 위로하고, 서로를 위해 기도하며 서로의 짐을 진다.

깨어지는 교회의 공동체

교회가 공동체의 원형이라고 했는데 지금의 한국 교회는 그 원형을 유지하고 있을까? 아쉽게도 그렇지 못하다. 우선 한국 교회에는 성도 각자가 그리스도에게 연결되는 동시에 다른 성도들과도 지체로서 연결되어 한몸을 이룬다는 공동체 의식이 부족하다. 다음 면의 표 6.1에 제시된 2013년도 CHEQ II 조사 결과를 보면, "성도들은 그리스도의 몸인 지체로서 서로가 연결되고 연합되어 있음을 느낀다"라는 문항에 46.2퍼센트만이 그렇다고 대답하였다. 이는 성도들이 각자의 은사를 통해 다른 사람의 부족을 채워 주면서 함께 자라나는 경험을 많이 하지 못했음을 의미한다. 또한 "성도들은 각자의 은사를 통해 그리스도의 몸인 교회를 세우는 데 즐겁게 헌신한다"에는 59.5퍼센트만이 그렇다고 응답했다. 이런 현상의 근저에는 성도들이 연합하여 하나님께 나아간다는 생각보다는 각자가 개인적으로 열심히 신앙 생활을 영위하면 된다는 생각이 깔려 있다. 한몸처럼 서로에게 관심을 가지고 돌아보며, 다른 이가 질병이나 어려움을 겪으면 내 일처럼 아파하고, 서로를 도와 함께 성장하는 공동체가 되기에는 한참 미흡하다.

가족처럼 친밀하게 나누는 교제는 더욱 힘들어지고 있다. 친밀성을 가장 잘 나타내는 표현은 가족이라는 의미를 지닌 형제 혹은 자매라는

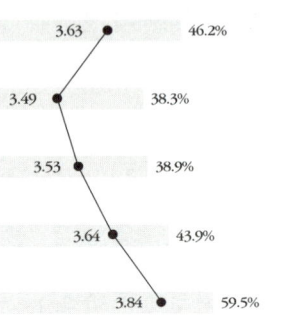

연합된 지체	평균값과 긍정 응답 비율
1. 성도들은 그리스도의 몸인 지체로서 서로가 연결되고 연합되어 있음을 느낀다.	3.63　46.2%
2. 성도들 서로 간에 사랑과 나눔의 교제가 풍성하다.	3.49　38.3%
3. 성도들은 서로를 돕고 서로의 삶을 진심으로 나누는 경험을 하고 있다.	3.53　38.9%
4. 성도들이 소속감을 느낄 수 있는 모임들이 활성화되어 있다.	3.64　43.9%
5. 성도들은 각자의 은사를 통해 그리스도의 몸인 교회를 세우는 데 즐겁게 헌신한다.	3.84　59.5%

[표 6.1] CHEQ II 조사 결과: 연합된 지체(기준 연도: 2013년)

호칭이고, 교회에서는 이런 호칭을 부담스럽지 않게 사용한다. 하지만 형제나 자매는 그저 호칭일 뿐 실제로는 한 가족 같은 느낌을 가지지 못한다. 한 가족과 같이 친밀한 관계가 되기 위해서는 서로의 영적 상태뿐 아니라 감정 상태까지도 나눌 기회를 많이 가져야 하는데 현실의 교회에서는 이것이 쉽지 않다. CHEQ II에서 "성도들 서로 간에 사랑과 나눔의 교제가 풍성하다"라는 항목에 응답자의 38.3퍼센트, "성도들은 서로를 돕고 서로의 삶을 진심으로 나누는 경험을 하고 있다"라는 항목에 응답자의 38.9퍼센트, "성도들이 소속감을 느낄 수 있는 모임들이 활성화되어 있다"라는 항목에 응답자의 43.9퍼센트만이 긍정적으로 응답한 것이 그러한 현실을 말해 준다.

성도 간에 하나됨을 누리지 못하는 것도 문제이다. 성도들이 하나가 되려면 서로 간에 차별이 없어야 하는데, 세상의 어떤 집단 못지않게 교회 안에서도 신분, 학력, 사는 형편 등이 성도 간의 관계성에 깊이 작용한다. 많은 경우 성도들은 비슷한 처지에 있는 사람들끼리 모인다.

비슷한 평수의 아파트에 살거나 유사한 직종이나 사회적 신분을 가진 사람들끼리 모이는 것을 편하게 여긴다. 그래서 구역 예배도 비슷한 형편에 있는 사람들끼리 모여야 결속력도 강하고 교제도 잘 된다고 느낀다. 교회의 성도 수가 많아질수록 이런 끼리끼리 현상은 더욱 두드러진다. "너희는 유대인이나 헬라인이나 종이나 자유인이나 남자나 여자나 다 그리스도 예수 안에서 하나이니라"(갈 3: 28)라는 말씀이 현실의 교회에서는 더 이상 적용되지 않는 것처럼 보인다.

한국 교회는 공동체라는 개념이 교회 내부에만 한정되어서 지역 이웃에 대한 관심도 적고, 이웃한 다른 교회들과 더 큰 공동체를 이루지도 못한다. 초대교회들은 재정적으로나 사회적으로 무척 어려운 상황에 처해 있었지만 안으로는 어려운 성도들을 돌보고 밖으로는 자기들보다 더 어려운 교회들과 외인들을 돕는 일을 동시에 감당했다. 이에 비해 지금의 한국 교회는 모든 것이 자기 교회 우선이다. 재정적으로 여유가 있든 없든 1순위로 삼는 것은 성도 숫자를 늘리고 돈을 모아 예배당부터 반듯하게 짓는 데 있다. 그리고 나서도 재정의 대부분을 교회 운영에 사용한다. 교회 바깥을 대상으로 봉사와 구제를 행하지만, 그것조차 교세 확장을 위한 행동이라는 의심을 살 만한 방식으로 행하는 경우가 많다.

공동체성이 상실되는 이유

한국 교회에는 왜 공동체성이 부족할까? 개인주의가 만연하고 성도들이 세상에서 너무 바쁜 것이 함께하는 공동체를 이루지 못하는 원인이다. 주일 예배 후 대부분의 사람들이 교회에서 조용히 그리고 재빨리 빠져나간다. 누군가 아는 체를 하거나 관심을 보이는 것 자체를 부담스럽게 여기는 경우도 많다. 사람들이 대형 교회를 찾는 것도 '나홀로 신앙 생활'을 원하기 때문이다. 사람들에게 교회 등록을 권하면 등록하는 순간부터 교회에 얽매이게 될 것이라는 생각에 거절하기도 한다. 자기 것을 남에게 솔직히 드러내지 않으려는 현대인의 속성이 그대로 교회 안에 들어와 있다는 증거이다. 너무나 바쁜 일상 생활 때문에 일주일에 한 번 있는 구역 예배 참석은 엄두도 내지 못한다. 구역 예배는 그나마 성도들이 함께 진한 감정을 토로하고 서로를 위해 기도하며 함께하는 공동체를 느낄 수 있는 자리인데 대부분은 여성 중심으로 모인다. 남자 성도들은 일상이 너무 바빠 이런 교제에 참여하기가 쉽지 않은 것이 현실이다.

한국 교회가 개인화된 예배 중심의 교회 생활만을 중시하고 지체들의 연합에 관심을 덜 기울인 것도 교회가 공동체성을 잃게 하는 원인이다. 대부분의 성도들은 주일 예배를 교회 생활의 핵심으로 여긴다. 예배는 하나님과 나만의 관계이며, 그래서 하나님께만 초점을 두어야 한다고 생각한다. 하나님의 임재는 나와 하나님의 일대일 관계 속에서만 경험된다고 믿는다. 그래서 예배를 드릴 때 모든 성도는 강대상만 주목한다. 오직 하나님께만 예배를 드려야 한다고 생각하기 때문에 옆에 누가 앉아 있는지 그다지 관심을 기울이지 않는다. 경건하고 믿음이 좋다고 여겨지는 사람일수록 하나님 앞에 나 혼자 있다는 생각으로 옆 사람에게 관심을 둘 여지가 없어 보인다. 결국 대부분의 예배 참석자들은 앞 사람의 뒷모습만 보고 예배를 드리게 되는데 이런 예배에서는 자신이 공동체의 일원임을 경험하기 어렵다.

교회가 사람에 대한 관심보다는 지나치게 일과 사역 중심, 프로그램 중심으로 운영되는 것도 온전한 공동체를 이루지 못하게 하는 원인이다. 주일에 이른 아침부터 성가대와 주일 학교 교사로 섬기고 그 후에는 제직회 부서 활동과 각종 성경 공부 모임에 참석하다 보면 하루가 훌쩍 지나간다. 많은 성도들과 반갑게 인사하지만 30분이라도 차분히 앉아서 서로의 생활과 신앙에 관해 대화를 하거나 친밀한 교제를 나누기가 힘들다. 이러다 보니 장소가 교회라는 점을 제외하면 직장에서 일하는 것과 크게 다르지 않은 대인 관계를 형성한다.

직분이 계급과 신분이 되면서 위계적 관계가 형성되는 것도 허물없는 교제를 어렵게 한다. 예배, 훈련, 사역 등 대부분의 교회 생활이 교역자를 정점으로 수직적 구조를 이루고 획일화된 것도 교역자와 성도 간의 수평적 사귐이나 교제, 소통을 어렵게 한다. 뿐만 아니라 성도들도 대부분 교역자를 정점으로 하여 연결되어 있기 때문에 성도 간에 직접 관계를 형성하는 것은 어색할 때가 많다. 성도 간에도 사회적 신분이나 경제력 혹은 학력에 따른 차별이 그대로 적용되는 경우가 많기 때문에 한 교회에 있더라도 서로 쉽게 접근하고 교제하는 일이 쉽지 않다. 이런 교회의 현실에서는 결국 성도들이 끼리끼리 어울릴 수밖에 없고, 그 속에 들어가지 못하는 성도들은 소외감을 느끼고 교회를 떠나게 된다.

공동체의 본질 회복

공동체의 원형을 회복하기 위해서는 삼위일체 하나님으로부터 출발해야 한다. 하나님은 성부와 성자와 성령의 교제 가운데 존재하는 분이시며, 이는 본질적으로 공동체의 의미를 담고 있다. 삼위일체 하나님의 공동체적 본성은 그분의 형상으로 지음받은 인간에게도 주어졌다. 무엇보다 하나님의 자녀로 부름받은 성도들은 교회를 통해 삼위일체 하나님의 공동체적 모습을 경험하게 된다. 그것은 하나님의 백성, 하나님의 자녀라는 신분으로 이루어진 가족 공동체, 그리스도의 몸이라는 연합된 공동체, 성령의 전이라는 사랑의 공동체이다.

하나님의 백성: 가족 공동체. 교회라는 공동체를 생각할 때, 세상의 모임과 구별되는 특징 중 하나는 하나님의 자녀, 하나님의 백성이라는 신분을 가진 사람들이 모인 가족 공동체라는 것이다. 성도들은 한 분 하나님을 아버지로 모신 그분의 자녀이기 때문에 서로를 형제와 자매로 받아들이는 가족 의식을 가진다. 그리고 그 안에서 영적으로 어린 자녀에서 청년, 더 나아가 장성한 어른이 되고, 그 어른이 또 자녀를 양육하고 섬기는 선순환을 이룬다. 이렇게 성도 간에 서로를 형제요 자매라고 부르며 사랑과 착한 일로 서로 돕는 것은(히 10:24) 교회 공동체의 당연한 특징이 된다. 또한 교회는 함께 하나님의 백성이 되고 하나님의 나라를 유산으로 받아 누릴 성도들의 모임이다. 그래서 성도들은 동일한 시민이요 하나님의 권속이라는(엡 2:19) 신분 의식 아래 더욱 하나됨을 느끼고, 세상과 구별된 공동체 의식을 갖게 된다.

교회 공동체에 속한 성도들은 더 나아가 이 세상의 것과 비교할 수 없는 존귀한 왕, 거룩한 제사장의 신분을 가진다(벧전 2:9). 만물을 다스리시는 주님께로부터 위임받아 왕으로서 세상을 다스리고, 대제사장이신 주님께로부터 위임받아 다른 사람들을 위한 제사장의 역할을 수행한다. 이렇게 존귀하고 거룩한 신분은 성도들로 하여금 세상의 신분에 매이지 않게 한다. 그래서 교회는 세상에서 사람들을 구분하는 재산,

학력, 직장에서의 지위로부터 성도들을 자유롭게 한다.

그리스도의 몸: 연합 공동체. 교회는 '그리스도의 몸'이며, 그리스도는 '교회의 머리'가 되신다. 온 몸은 머리이신 그리스도께 속해 있으며, 몸은 그 속에 있는 각 마디를 통해 연결되고 결합된다. 그리고 각 지체가 그 맡은 분량대로 활동함에 따라 몸은 자라나며 사랑 안에서 몸이 스스로 세워져 간다(엡 4:16). 그런 면에서 교회는 살아 있는 유기체이다.[4] 칼뱅은 『기독교 강요』(*The Christian Institute*, 크리스천다이제스트)에서 개인은 교회를 떠나서 영적으로 성장할 수 없으며 교회는 개인의 성장에서 모성적 기능을 수행한다고 말한다.[5] 이를 좀더 설명하자면, 사람의 몸이 자라듯이 그리스도의 몸인 교회도 그 안에 있는 각 지체들이 서로를 도움으로써 자란다. 그리고 교회가 공동체로서 자라고 성장하게 되면 성도 자신도 성장하게 된다. 이처럼 각 지체의 성장과 공동체의 성장은 서로에게 기여하는 선순환을 이루게 된다.

그리스도의 몸인 교회는 하나님의 자녀들이 그분의 나라를 위해 상호 의존하고 상호 작용하는, 역동적으로 연합된 지체들로 구성된다.[6] 몸 전체의 건강은 각 지체가 제 기능을 담당하고 나아가 다른 부족한 지체들을 얼마나 돌보는가에 달려 있다. 그래서 하나님은 그리스도의 몸인 교회를 만드실 때, 몸 전체가 어려움을 당하지 않도록 하기 위해 각 지체들이 서로를 돌아보도록 하시고 한 지체가 고통을 받으면 모든 지체가 함께 고통을 받고 한 지체가 영광을 얻으면 모든 지체가 함께 즐거워하도록(고전 12:24-26) 만드셨다.

성령의 전: 사랑 공동체. 교회는 하나님의 성령이 거하시는 전이다(엡 2:21-22). 교회 공동체는 그 안에 거하시는 성령에 의해 형성되고 다

스림받는다는 점에서 세상의 공동체와는 본질적으로 다른 영적 공동체이다. 영적 공동체는 성령만이 이루실 수 있는 하나됨을 경험한 사람들의 모임이다.[7] 성령이 성도들을 불러 교회를 이루게 하시고 그 안에서 성도들을 서로 연결해 주시고, 함께 자라게 하시고, 함께 그리스도의 몸으로 지어져 가게 하시며, 함께 하나님께로 여행하게 하신다.

성령이 주관하시는 교회 공동체는 성령의 교통으로 인해 깊은 사랑이 넘친다. 성령이 우리 마음속에 부으시는 하나님의 사랑은 우리로 하여금 다른 사람을 위해 불타는 사랑을 표현하게 하신다(롬 5:5). 성령의 임재로 인한 사랑은 단순히 친밀하거나 협력과 위로를 주고받는 관계를 넘어선다. 래리 크랩(Larry Crabb)은 『영혼을 세우는 관계의 공동체』 (Becoming a True Spiritual Community, 한국 IVP)란 책에서 단순히 친화적이고 협력적이고 위로하는 관계는 영적 공동체가 아니라고 단언한다. 그는 깊은 영적 우정, 영적 돌봄, 영적 치료가 있는 곳이 진정한 영적 공동체라고 한다.[8] 이러한 사랑의 공동체는 사람의 힘이나 의지로 만들 수 없다. 성령의 능력에 의해서만 가능하다. 성령이 만드시는 공동체 안에서는 성도들이 하나님을 기뻐한다. 하나님의 은혜를 드러내는 통로가 된 것을 기뻐한다. 그리스도의 성품을 드러내고 싶은 비전을 품는다. 벅찬 감동으로 성령이 일하시는 증거를 나타내고 다른 사람의 영혼에 그리스도의 생명을 불어넣는다.[9] 또한 성령의 전인 사랑의 공동체에서는 신분이나 계층이 그다지 문제가 되지 않는다. 초대교회는 유대인과 이방인, 노예와 자유인, 남자와 여자 등 더 이상 인종적·신분적·성적 구분이 존재할 수 없었다. 일단 누구든지 교회로 들어오면 평등과 사랑의 나눔을 경험했고, 이것이 교회 밖의 다른 사람들에게는 경이롭게 보였다.

구체적인 대안들

공동체 사명을 공유하자. 한국 교회의 목회자들과 성도들은 교회가 그리스도의 몸으로서 건강한 공동체를 이루는 것이 중요하다고 생각한다. 교회가 건강한 공동체가 되어야 한다는 생각을 성도들이 공유하고 있는지에 대해서는 67.2퍼센트가, 건강한 공동체를 이루는 것이 목회자의 우선순위에서 높은 순위를 차지하는지에 대해서는 72.2퍼센트가 그렇다고 응답했다. 하지만 건강한 공동체를 이루기 위해 분명한 목표와 전략을 가지고 있는지에 대해서는 41.1퍼센트만이 그렇다고 응답했다.[10] 한국 교회의 이런 현실을 고려할 때, 건강한 공동체를 이루기 위한 구체적 대안 중 하나는 공동체가 공유할 수 있는 사명을 설정하고 실행하는 것이다.

공동체 사명에 대한 이해를 돕기 위해 기업의 예를 살펴보자. 도입부에서 언급한 일하기 좋은 기업들은 모든 구성원들이 함께한다는 공동체 의식이 강하다. 그들을 이어 주는 것은 바로 기업의 의미 있는 목적(사명)과 핵심 가치이다. 의미 있는 목적은 조직에 활력을 불어넣고, 직원들로 하여금 이기적인 생각을 뛰어넘게 하며, 그 목적을 달성하는 과정에서 직원들 사이에 하나됨의 공동체 의식을 발현시킨다. 디즈니랜드로 유명한 디즈니(Disney) 사는 '상상력을 발휘해 많은 이에게 행복을 선사한다'는 목적을, 제약 회사인 존슨앤드존슨(Johnson & Johnson)은 '환자들의 고통과 괴로움을 완화한다'는 목적을 가지고 있다. 좋은 기업들은 이것을 단지 표어나 구호로만 생각하지 않는다. 직원들을 채용하고 교육하고 승진시키는 기준으로 활용하며, 회사의 경영과 모든 운영에도 적용하여 실천한다. 홀푸드마켓의 공동 대표인 월터 롭(Walter

Robb)이 회사의 목적과 그 실천에 대해 설명한 것이 좋은 예이다.

> 우리는 미션을 지닌 유통업에 종사하는 선교사이지 유통업자가 아닙니다. 매장은 사람들에게 자연 식품과 건강을 제공한다는 우리의 뜻 깊은 목적을 그려 나가는 캔버스와 같습니다.[11]

앞에서 공동체의 원형은 교회라고 언급했다. 교회는 세상이 가질 수 없는 신비한 속성을 가지고 있는데 그것은 하나님(성부, 성자, 성령)에 대한 공동의 고백과 믿음, 함께 섬기는 공동 봉사, 함께 감당하는 공동 책임이다. 교회는 이런 아름다운 원형을 각 교회의 상황에 맞게 사명으로 구체화하고 그것을 이루기 위해 노력해야 한다. 이러한 것을 단지 지식으로 알고 이해하는 것으로는 부족하다. 온 성도들이 올바른 공동체 만들기를 사명으로 삼고 그것을 구체적으로 실천하는 전략이 있어야 한다. 더함공동체교회는 이런 점에서 참고할 만한 좋은 사례이다.

더함공동체교회의 구체적 사명 실천

더함공동체교회는 "더불어 함께하는 신앙과 삶의 공동체를 통해, 지역과 시대를 위한 하나님 나라 일꾼을 세우며, 한국 교회 건강 회복을 위해 협력하는 것"을 사명으로 삼고 있다. 성도들이 서로에 대해 충분히 알고, 삶과 물질과 시간을 나누면서 실질적 공유가 일어나는 교회를 꿈꾼다. 예배에서도 그리스도의 몸인 공동체를 경험하기 위해서 매주 애찬식을 한다. 1인 집례에서 벗어나 모든 성도가 참여하고 소통하기 위해 서로 떡과 잔을 권하며 안부를 묻는다. '아론의 축복'을 사용하여 인도자와 회중이 "다 함께 드리는 축도"를 한다. 성도의 친밀한 교제는 사랑방 모임에서 이루어진다. 설교 말씀을 한 주간 삶에 어떻게 적용했는지 이야기하고 기도 제목을 나누는 시간을 매주 가진다. 작은 교회의 장점을 살려 1박 2일 공동체 훈련을 하기도 한다.

가족 됨을 경험하자. 월요일이 즐겁고 일주일이 신나는 회사가 있다. 난방과 에너지 관련 장비를 제조하는 베켓(Beckett)이란 미국 회사인데 직원 수가 600명이 넘고 연평균 매출이 1억 달러 이상이다. 종업원 수가 적지 않은 회사인데도 가족 같은 분위기로 모든 직원들이 회사에 나오는 것을 행복해한다. 이 회사가 가장 소중하게 여기는 신념 중 하나는 종업원 한 사람 한 사람을 귀하게 여기고 존중한다는 것이다. 어떤 여직원은 일찍 남편을 여의고 심하게 병들어서 1년간 쉬어야 했는데 회사와 직원들이 가족처럼 돌보고 생활비를 제공했다. 지금 하는 일에서 디자인 분야로 직무를 바꾸고 싶어한 종업원이 있었는데, 회사는 그가 디자인 공부를 하도록 대학 등록금을 지원하고 그의 재능을 발휘할 기회를 주었다. 회사와 관련이 없는 것들도 종업원의 삶에 꼭 필요한 것이면 가능한 한 지원하려고 애쓴다. 사장은 아무리 바빠도 현장에 들러 직원들을 격려하고 등을 두드려 주는 일을 잊지 않는다. 이런 배경에는 사랑과 섬김, 사람에 대한 존중 등 성경적 원리를 회사 운영에 그대로 적용함으로써 가족 같은 행복한 회사를 만들어 보려는 사장 존 베켓(John Beckett)이 있다.[12]

아무리 기업이 가족 같은 공동체라도 교회를 뛰어넘을 수는 없다. 교회를 세우시고 그 머리가 되신 예수님은 하나님과 그 백성의 관계 그리고 제자들 간의 관계가 지닌 가족적 특성을 강조하셨다. 예수님은 "누가 내 어머니이며 동생들이냐 하시고 둘러앉은 자들을 보시며 이르시되 내 어머니와 내 동생들을 보라. 누구든지 하나님의 뜻대로 행하는 자가 내 형제요 자매요 어머니이니라"(막 3:33-35)라고 말씀하셨을 뿐 아니라, 실제로 세상에 계시는 동안 제자들과 가족처럼 지내셨다.[13]

예수님이 부활하신 후에도 초대교회 성도들은 날마다 마음을 같이 하여 성전에 모이기를 힘쓰고, 집에서 떡을 떼며, 기쁨과 순전한 마음으로 음식을 먹으면서(행 2:46) 서로를 가족처럼 여겼다. 초대교회 일부 그리스도인들은 회심하면서 가족으로부터 버림받기도 했는데 교회 성도들이 대신 가족이 되어 주었다.

오늘날 교회 공동체의 구성원들은 좋을 때나 나쁠 때나, 부유할 때나 가난할 때나, 병들었을 때나 건강할 때나 한 가족처럼 서로 사랑하고 헌신하는 모습을 회복하겠다는 꿈을 꾸어야 한다. 물론 같은 지붕 밑에서 살지 않을 수도 있다. 하지만 성도들이 함께 교회에 참여한다는 의미는 서로를 돌보고 서로에 대해 책임을 지는 것임을 늘 되새겨야 한다. 우리 모두는 그리스도께서 우리에 대해 그러신 것처럼 서로에 대해 져야 할 책임이 있다.

교회가 구역 예배를 남녀 따로 모일 것이 아니라, 가정을 개방하여 부부들이 함께 모이는 것도 가족 같은 공동체를 이루는 한 방법이다. 부부가 함께 모여 친밀해지는 것부터 시작하여 서로의 아픔을 나누고, 각 가정이 가진 문제와 상처를 위해 서로 기도해 주고, 서로의 짐을 기꺼이 지는 데까지 나아가야 한다.

교회 안에 작은 공동체를 만들자. 교회에서 진정한 교제가 일어나기 위해서는 그것을 가능하게 하는 환경을 조성해야 한다. 성도들이 밀접하게 연결되고 서로를 깊이 돌아보는 관계를 맺을 수 있는 환경을 만들어야 한다. 진정한 '코이노니아'를 만드는 일은 단지 생각으로만 이루어지지 않는다. 모든 성도가 매주 교회에서 예배를 드리고 성경 공부 같은 모임에 참석하는 것만으로는 부족하다.

사실 공동체성은 대형 교회일수록 이루기 어렵다. 교회의 성도 수가 400-500명만 되어도 서로 모르는 사람들이 생겨난다. 작은 교회라고 해서 공동체성이 보장되는 것도 아니다. 성도 간의 교제가 피상적 수준에 그쳐서 서로를 깊이 알지 못한 채 외형적 정보만 알고 지낼 수도 있다. 그런 점에서 교회 안에 작은 공동체인 소그룹을 적극적으로 활성화시키는 것이 좋은 대안 중 하나이다. 소그룹을 운영할 때는 성도들이 그 안에서 '공동 유산' '공동 봉사' '상호 책임'의 관계를 충분히 나누도록 신경써야 한다. 예를 들어, 일반적인 성경 공부 모임은 성경을 읽고 그 의미를 학습하고 서로가 깨달은 바를 나눈다. 하지만 그 이상까지 나아가야 한다. 말씀의 의미를 공유하고, 자신이 받은 은혜를 섬김을 통해 다른 사람들에게 나누어 주고, 성도들 간에 상호 책임을 져야 한다. 이웃과 다른 사람들을 돕기 위한 봉사 모임도 마찬가지다. 참여하는 성도들이 각자의 은사를 사용하여 함께 사역을 수행하는 것 이상까지 나아가야 한다.

말하자면 소그룹 자체의 목적이나 사역에만 머물지 않도록 해야 한다는 뜻이다. 어떤 소그룹이든 참여하는 모든 성도들이 하나님의 자녀 됨을 고백하면서 친절과 사랑을 베풀고, 서로의 삶을 진심으로 나눌 수 있어야 한다. 그리고 각자의 은사를 따라 섬기면서 그리스도의 몸을 함께 이루어 가야 한다. 성령님이 소그룹 내에서 각 지체들에게 어떻게 역사하시는지 서로가 관심을 가지고 그 경험을 함께 나눌 수 있어야 한다.

함께 성장하고 실천하는 공동체(성암교회)

성암교회는 성도들의 신앙 성장을 어린이부터 노인까지, 가족과 구역이 모두 함께하는 공동체 개념으로 접근한다. '이해 시리즈'가 좋은 사례이다. '이해 시리즈'는 1년에 6주간 특정한 주제를 가지고 진행하는 실천 운동으로서 모든 성도들이 특별히 신경써서 참여한다. 감사를 예로 들면, 6주 동안은 어른 예배부터 주일 학교 예배의 설교, 성경 공부 모두가 '감사'라는 하나의 메시지를 전한다. 가정에서는 자연스럽게 부모와 아이들이 주일에 들었던 말씀을 나누며 스스로 실천할 일을 찾는다. 구역 예배에서도 감사를 주제로 다루면서 구역, 가정에서 그 내용을 실천한다. 이를 통해 온 교회가 하나되고 가정 안에서 즐거운 변화가 일어나는 경험을 함께 나눈다. '이해 시리즈'는 거의 모든 교인이 참여한다. 평소에는 성도의 50퍼센트 정도가 참석하는 구역 예배에 이 기간만큼은 훨씬 더 많은 성도들이 참석한다. 성도들이 "삶을 통하여 하나님께 영광을 돌리고, 서로를 돌아보아 섬기며, 서로를 무장시켜 주고"라는 사명 선언문의 내용을 구체적으로 실천하는 것이다.

은사를 나누어 몸을 자라게 하자. 교회가 지체들의 연합, 그리스도의 몸이라는 것은 교회가 제도나 조직이라기보다는 은사 중심의 유기체임을 의미한다. 교회가 공동체가 되기 위해서는 무엇보다 먼저 은사 중심의 유기체로 회복되어야 한다. 은사 중심의 유기체는 교회 안에서 각 지체들이 각자의 은사를 통해 살아 있는 그리스도의 몸을 세우는 데 즐겁게 헌신하는 공동체이다.

이런 면에서 성도가 교회에 소속된다는 것은 그저 교회 명부에 이름을 올리거나 조직에 가입하는 것을 넘어서는 수준의 일이다.[14] 그리스도의 몸인 교회 공동체에 소속된다는 것은 하나님의 백성으로 구성된 가시적 공동체에 없어서는 안 될 몸의 일부로서 참여한다는 의미다. 그리고 성도들 각자가 가진 은사를 사용하여 자기가 속한 몸이 자라도록 한다는 의미다. 그리스도인은 근본적으로 예수 그리스도로 말미암아 서로를 필요로 하는 사람이다.[15] 각 지체는 자신이 약해질 때 하나님의 말씀을 들려주는 다른 지체가 필요하다. 성령님이 각 사람에게 지혜의 말씀, 믿음, 병 고침, 예언, 영 분별 등의 다양한 은사를 나누어 주신 것은 바로 이 때문이다. 서로의 은사를 통해 서로에게 유익하게 하려고 (고전 12:7-11) 주신 것이고, 또한 각 지체들의 은사 나눔을 통해 그 몸을 자라게 하려는 목적에서 주신 것이다(엡 4:16). 은사 중심의 유기체 회복을 위해서는 무엇보다 성도 한 사람 한 사람의 소중함에 주목해야 한다. 교회 안에서는 어떤 성도이든 덜 요긴한 자나 더 귀한 자가 없기 때문이고, 모든 지체들은 성령님이 각자에게 주신 은사를 통해 서로를 돌보도록 하셨기 때문이다(고전 12:22-25).

은사 중심의 유기체를 생각할 때 유의해야 할 점이 있다. 교회가 공동체성보다 프로그램이나 사역을 진행하는 제도적 기관에 치우치지 않는지를 늘 살펴야 한다는 것이다. 안타깝게도 교회 안에서 성도 개개인을 바라볼 때 그들이 맡은 일을 얼마나 잘하는지, 교회에 얼마나 기여하는지의 관점에서 바라본다. 성도를 교회 사역의 주체 또는 대상으로만 보거나 기능적 측면에서만 보는 것은 옳지 못하다. 그리스도의 몸으로서 건강한 공동체는 사람이 중심이 되고 조직과 기능과 프로그램은 이들의 상호 작용을 촉진하는 일에 사용되어야 한다. 각 지체인 한 사람 한 사람을 소중히 여기고, 그들이 건강하게 성장하도록 돕는 일을 가장 우선으로 해야 한다. 사람에게 주목하는 공동체는 당연히 일을 잘하는가 못하는가, 은사가 더 큰가 작은가를 따지지 않는다. 마음이 맞는 사람들끼리 폐쇄적 모임을 구성하지도 않는다. 오히려 다양성을 인정하며, 큰 자가 작은 자를 섬기고, 소외된 자들이 없도록 신경을 쓴다. 그렇게 함으로써 공동체에 참여하는 모든 사람이 한몸을 이루어 함께 자라는 경험을 하게 된다.

제도와 조직의 올바른 활용

은사 중심의 유기체를 이야기하면 교회의 제도나 조직은 필요 없다고 생각하기 쉽다.[16] 하지만 그렇지 않다. 교회에서 제도나 조직은 성도들이 친밀하게 상호 작용하면서 사역을 잘하도록 돕는 역할을 한다. 제도나 시스템 없이 사람에게만 의지하는 경우 열심 있는 한두 사람에 의해 사역이 좌우될 수 있다. 그러다가 만일 그 사람들이 떠나거나 잘못된 열심을 가질 경우 공동체는 타격을 받게 된다. 이런 면에서 제도나 조직은 유기체적 공동체가 질서 있게 유지되도록 돕는 역할을 한다. 다른 한편으로 제도나 조직은 유기체적 공동체를 활력 있게 만들어 주기도 한다. 예를 들어, 은사가 있는 성도들이 사역할 수 있도록 조직을 만들고 리더를 세우고 적절한 사역 규칙을 세우면 그냥 모여서 주먹구구식으로 일하는 것보다 더 많은 열매를 거둘 수 있다. 그리고 그 속에서 섬기는 사람들의 기쁨도 더 커진다. 제도나 조직 자체가 활력을 공급하는 것은 아니지만, 적절한 제도와 조직이 뒷받침하는 경우 공동체가 훨씬 더 활기와 생명력이 넘치게 된다.

그럼에도 불구하고 제도나 조직을 생각할 때 꼭 기억해야 할 것이 있다. 교회 공동체를 효과적으로 운영하기 위해 만든 제도나 조직이 인간의 타락으로 인해 바람직하지 못한 결과를 초래할 수 있다는 점이다. 그래서 늘 제도나 조직이 공동체를 살리는 일을 방해하고 공동체의 참모습을 왜곡하지는 않는지 살펴야 한다. 특히 정교하게 짜인 제도 속에 성도를 묶어 놓고 통제하는 일이 생기지 않도록 해야 한다. 오히려 조금은 분위기가 느슨해지더라도 성령님이 인도하시는 바를 따라 성도들이 자신들의 은사를 자유롭게 발휘하도록 해야 한다. 또한 사람보다 사역이나 프로그램을 지향하는 조직이 되지 않도록 경계해야 한다. 교회가 다양한 사역을 위해 역할을 분담하고 부서를 만들고 의사 결정 권한을 체계화하는 일은 필요하지만, 공식적 구조와 위계를 중시하고 부서 간에 벽을 세우고 비인격적 관계를 강화하는 구조가 되지 않도록 늘 살펴야 한다. 성도 각자가 하나님의 은혜를 따라 서로를 자유롭게 섬기도록 조직을 수평적으로 운영하고 민주적 의사 결정 구조를 제공해야 한다. 교회의 제도와 조직이 성도들의 사역과 지체들의 섬김 및 교제를 질식시키지 않도록 주기적으로 점검해야 한다.

연합된 지체를 위한 정책 제언

- 교회에서 드리는 예배에서 공동체성을 회복하자. 모두가 강대상만 쳐다보다가 예배를 끝내는 데서 탈피해서, 예배 전에 교인들이 서로 인사

하고 즐겁고 슬픈 일을 함께 나누고 기도해 줄 수 있는 분위기와 순서를 만들어 보자.

- 교회 안에서 작은 공동체를 경험하도록 신경쓰자. 부부가 함께 모이는 구역 예배를 장려하는 것도 좋은 방법이다.
- 교회의 다양한 사역에 참여하는 성도들이 단지 일을 중심으로 모이지 않도록 주의하고, 함께 삶을 나누고 서로를 위해 기도하는 시간을 중간중간 갖도록 하자.
- 교회의 공동 유산인 삼위 하나님을 함께 고백하는 일을 정례적으로 하자. 특히, 성찬식에서 그리스도의 몸을 이루는 성도라는 것을 느끼도록 해 보자. 떡과 포도주 나눔을 통해 성도들이 서로를 하나로 느낄 수 있도록 성찬식의 집례 방식에 지혜로운 아이디어를 활용해 보자.

7장

건강한 사람

2013년 기준으로 한국 교회의 부채가 10조 원 정도라고 한다. 이자율이 연 5퍼센트라고 가정할 경우 이자로만 매주 100억 원이 나가는 셈이다. 빚을 내서라도 교회 건물을 짓기만 하면 교인이 모여들고 이들의 헌금으로 그 빚을 갚아 나가던 건축 관행의 결과이다. 그러나 그 관행이 더 이상 유효하지 않게 된 근래에는 그 빚이 부담이 되어 결국 교회 건물을 경매하는 사례가 급격하게 늘어났다. 2013년 기준으로 매일 약 한 건의 교회 건물이 경매로 나온다고 하니 심각한 상황이다.[1] 이러한 상황은 교회 건축과 교인 수의 증가를 성장으로 이해한 결과이기도 하다. 같은 맥락에서 박영돈 교수는 거룩함과 성화의 열매가 없는 한국 교회의 미성숙 문제를 다음과 같이 짚었다.[2]

>한국 교회가 급속히 침체하고 있다는 진단은 한국 교회가 그동안 괄목할 만한 영적 성장을 이루었다는 전제를 깔고 있다. 그러나 한국 교회에 진

정한 성숙이 있었는지 매우 의심스럽다.

교회의 미성숙은 세상 사람들의 시각에서도 잘 드러난다. 한국 교회의 안타까운 현상들로 인해 한국 사회는 교회와 목회자와 성도들을 매우 냉소적인 시선으로 대하게 되었다. 최근에는 비판을 넘어 세상이 교회를 걱정하는 현상까지 나타나기 시작했다. 이는 요나가 도망가다가 믿지 않는 사람들에게 책망받은 것과 흡사하다.

무리가 그에게 이르되 청하건대 이 재앙이 누구 때문에 우리에게 임하였는가 말하라…그가 대답하되…자기가 여호와의 얼굴을 피함인 줄을 그들에게 말하였으므로 무리가 알고 심히 두려워하여 이르되 네가 어찌하여 그렇게 행하였느냐 하니라. (욘 1:8-10)

한국 교회가 지탄을 받는 원인은 결국 깊이가 없는 성장으로 인해 영적 힘을 상실하였고, 그로 인해 열매가 없는 상태로 전락하였기 때문이다. 즉, 저급한 기독교(성공주의, 형통주의, 행복주의에 젖은 상태)와 영적 어린아이 상태를 벗어나지 못한 그리스도인들로 인해 비판받고 있다.[3] 영성, 도덕성, 공동체성의 상실 때문에 세상보다 거룩하지 못한 교회, 세상과 다를 것이 없는 교회로 전락했다고 볼 수 있다.[4] 결국 고등 종교로서 희생하고 섬기는 자리에 이르지 못하고 세상과 구별되지 않는 상태에 이르게 된 것이다.

1990년대 국제 순회 강연에서 존 스토트(John Stott) 목사는 청중에게 당시 세상에 비치는 그리스도인의 모습을 어떻게 요약할 수 있을지 질문을 던지곤 하였다. 청중으로부터 다양한 대답을 듣고 난 후 그 질문에 대한 본인의 답변을 요청받으면 그는 "깊이 없는 성장"이라고 요약하였다고 한다.[5] 바울 사도는 고린도 교회 교인들에게 편지를 쓰면서 자신의 안타까운 심정을 다음과 같이 표현하였다.

> 내가 너희를 젖으로 먹이고 밥으로 아니하였노니 이는 너희가 감당하지 못하였음이거니와 지금도 못하리라. (고전 3:2)

이는 육신의 뜻을 고집하며 하나님의 깊은 뜻을 이해하지 못하고 분쟁을 일삼는 어린아이와 같은 성도들을 향한 질책 섞인 조언이었다. 이런 성도들이 많이 모인 교회라면 하는 일이 어른스럽지 못할 수밖에 없고 심지어 세상과 구별되지 않는 모습을 보이기도 한다.

이처럼 성도들의 미성숙으로 인한 부정적 현상이 나타나는 것은 하루아침이 아니라 긴 시간에 걸쳐 형성된 결과이다. 가령 2013년에 시행한 CHEQ II의 조사 결과를 보면, "성도들은 하나님, 교회, 그리고 세상에 대한 올바른 지식과 관점을 가지고 있다"라는 세 번째 항목에서만 긍정 응답 비율이 52.2퍼센트였고, 나머지 항목에 대한 긍정 응답 비율은 모두 50퍼센트 미만이었다. "성도들은 교육 프로그램에 적극적으로 참여한다"라는 항목에는 28.3퍼센트만 긍정적으로 응답하였고, 5점 기준 평균은 3.21점에 그쳤다. 이와 관련된 결과는 한목협 조사 결과에서도 나타난다. 교회 활동에서 양육(성경 공부) 또는 세미나 참석 비율이 갈수록 낮아지고 있다. 1998년에는 13.5퍼센트가, 2004년에는 9.2퍼센트가 참여하였으나, 2012년에는 5.4퍼센트만 참여한 것으로 나타났

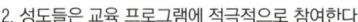
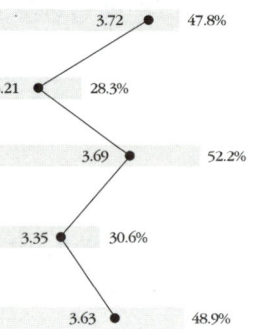

건강한 사람	평균값과 긍정 응답 비율
1. 성도의 건강한 자람을 위한 교육 프로그램이 잘 준비되어 있다.	3.72 47.8%
2. 성도들은 교육 프로그램에 적극적으로 참여한다.	3.21 28.3%
3. 성도들은 하나님, 교회, 그리고 세상에 대한 올바른 지식과 관점을 갖추고 있다.	3.69 52.2%
4. 성도들은 교회 생활만 열심히 하는 것이 아니라, 개인, 가정, 그리고 직장의 삶 속에서도 성경 말씀의 가르침에 따라 살아가고 있다.	3.35 30.6%
5. 성도들의 삶을 통해 모든 영역에서 그리스도의 생명력이 전달되어 하나님 나라가 회복되고 있다.	3.63 48.9%

[표 7.1] CHEQ II 조사 결과: 건강한 사람(기준 연도: 2013년)

다.[6] 이는 신앙의 질적 측면의 약화로 이어질 가능성을 보여 주는 수치라서 매우 우려되는 부분이다.

사람이 없는 교회의 병폐

건강하게 자라지 못한 교회는 여러 병폐를 드러낸다. 우선 하나님을 두려워하지 않는다. 자람이 없는 성도들은 참된 예배를 드리는 데 관심이 없으며, 주일 예배가 의식과 습관이 된다. 교회에 분쟁이 있을 때 목사를 지지하는 성도들과 반대하는 성도들이 대치하면서 주일 예배를 방해하는 일까지 발생한다. 칭의의 은혜와 함께 주어지는 성화의 은혜를 누리지 못하니, 예배를 통한 영광의 자리로 나아가지 못하고 하나님을 두려워하지 않는다.

둘째, 미성숙한 교회는 하나님의 백성으로 구성된 공동체의 특성이 아니라 인간 집단의 특성을 드러낸다. 성도들은 자신들이 하나님의 가족이자 주님의 몸이 된 지체들임을 잊고, 그 결과 사명을 보지 못한 채 문제만 주시하게 된다. 그로 인해 분노가 일어나고, 사랑으로 책임지기보다는 비판하는 데 집중하는 병폐가 나타난다. 분쟁과 다툼, 불평과 불만이 늘어나고 섬김보다 말이 많아진다. 교회 운영에서도 양적 성장, 프로그램의 매끄러운 운영, 효율적 관리에 집중하는 경향을 보인다. 이런 병폐가 증폭되어 때로는 고질적 질병으로 심화되기도 하며, 인간적 정치만 무성해져서 계파가 형성되고 집단 간 갈등이 깊어진다. 하나님의 말씀이 세력을 얻지 못하고 사탄의 세력이 힘을 얻어서 교회를 무기력하게 만들고 궁극적으로 교회를 파괴하는 데까지 이른다.

셋째, 자람이 없는 경우 나타나는 병폐는 세상 속에서의 삶에서도 드러난다. 그리스도인들이 세상에서는 마치 하나님이 없는 사람들처럼, 즉 무신론자처럼 살아가는 것이다. 종교적 행위에서는 분명히 구별된 모습을 보이지만, 이웃 사랑, 직장에서의 희생과 헌신, 사회에서의 책임에서는 세상 사람들과 차이가 없거나 때로는 더 이기적인 모습을 보인다. 필립 얀시(Philip Yancey)는 오늘날 그리스도인은 "은혜를 나누어 주는 사람들"이 아니라 "죄책감을 나누어 주는 사람들"로 인식되는 것처럼 보인다고 지적하였다.[7] 그는 그리스도인이 복음으로 살고 복음을 전하는 사람들인데 왜 복음을 듣는 사람들이 불쾌하게 여기고 싫어하는지에 주목하고, 오늘날 그리스도인들이 성숙한 사랑의 사람들이 아님을 꼬집는다. 그는 그리스도인들이 원수를 사랑하라는 주님의 말씀을 실천하기는커녕 자신과 의견이 조금만 달라도 정죄하는 데 빠르고, 심지어 대화를 단절한다고 말한다. "성경은 그렇게 말하지 않아요"라고 말하면서 불신자와 대화하지 않고 자신들끼리만 집단을 형성하여 교제한다는 것이다. 많은 그리스도인들은 종교적으로 능숙한 사람을 성숙한 그리스도인과 동일시하는 잘못된 사고방식을 가지고 있다.

자라지 못한 원인

한국 교회는 왜 성숙하지 못하고, 성도들은 왜 자라지 못했을까? 우선 편향된 신학이 한몫을 했다. 한편으로는 설교나 목회의 전체적 방향을 소위 성공 신학 혹은 번영 신학에 둔 것이 문제였고, 다른 한편으로는 세상에서의 삶과 연계된 공공 신학적 토대를 가진 균형 잡힌 신학이 부족한 것이 문제였다. 전자의 경우는 교회를 양적으로 부흥시키는 것과 이 세상에서 성공하는 것에 성도들의 관심을 집중시키는 신앙의 왜곡을 야기한다. 후자는 예배당 중심의 종교적 행위에 집중하는 교인들을 양산하는 결과를 초래한다. 신앙 교육을 시키기는 하지만 지상 명령을 너무 강조한 나머지 많은 교육이 전도 훈련에 치중되어 있으며 신앙 성숙을 돕는 교육은 매우 빈약하다. 직분자 360명을 대상으로 교회에서 이루어지는 평신도 대상 교육 과정에 대해 묻는 설문 조사 결과를 보면, 응답 중에서 전도 훈련이 90.0퍼센트, 기도 훈련이 81.9퍼센트, 성경 공부가 76.9퍼센트로 나타났다.[8] 이는 교회가 성도들에게 좀더 다양한 분야의 훈련을 제공함으로써 균형 있는 성장을 뒷받침할 필요가 있음을 말해 준다.

두 번째 원인은 자람에 대한 목표와 그것을 이루기 위한 전략의 부족 때문이다. 우리의 성장 목표는 예수 그리스도의 장성한 분량이 충만한 데까지 자라는 것이다. 그것은 성도들의 평생 과제임에 틀림없다. 하지만 성도들이 어떤 모습으로 자라야 하는지에 대한 교육적 목표와 성도들이 어떤 교육을 받아야 하는지에 대한 교육 철학이 없는 경우가 많다. 목사와 장로의 가장 큰 책무 중 하나는 이런 상황을 점검하고 해결하는 데 있다. 그리고 성장의 목표가 정해졌으면 무엇을 가르쳐야 하는지에 대한 커리큘럼과 그것에 도달하기 위한 전략이 필요한데, 그렇지 못한 교회가 많은 것이 현실이다. 한국 교회에 확산되었던 제자 훈련은 몇 가지 한계를 지닌다. 그것은 목회자 중심의 교육, 성도들의 수동적 참여, 숙제 중심의 진행, 특정 기간 내 과정 수료가 특징이다. 이런 제자 훈련 방식은 특정 영역에 대한 지식의 증가와 관점의 전환을 가능하게 해 주지만 전인적 성장에는 한계가 있다. 그런 방식은 수동적으로 기존 체계를 이해하는 데는 도움이 되지만, 새로운 방식으로 복음을 이해하고 삶에 적용하는, 내재화를 통한 자기 신앙화 단계까지 가는 데는 미흡하다.

셋째, 목회자가 교인들을 제대로 가르치지 못한 것도 한 가지 원인이다. 정찬균 교수에 따르면[9] 고 정암 박윤선 박사가 생전에 40년 동안[10] 주석 작업에 몰두한 근본 동기는 (1) 설교가 말씀을 깊이 있게 드러내지 못한다는 불만, (2) 성경 말씀을 제대로 해석하여 깊이 있는 말씀을 전해야겠다는 의욕, (3) 다른 설교자들이 말씀을 깊이 깨달아서 설교할 수 있도록 해야 한다는 사명감이었다. 목회자들은 신학대학원 시절부터 교회 사역을 하느라 설교 준비가 부족하고, 목회자가 되어서도 다른 사역에 우선순위를 빼앗겨서 교인과 교회의 건강한 성장에 집중하지 못하는 경우가 많기 때문이다.

넷째, 개인 성도들이 자신들은 다 성장했다고 착각하는 데서도 그 원인을 찾을 수 있다. 신앙 생활을 오래했는데도 어린아이 상태인 신앙을 가진 성도들이 많은 것은 딱딱한 음식을 먹지 않고 쉽게 신앙 생활을 하려는 경향과 연관이 있다. 청년 때 열심히 신앙 훈련을 받은 사람은 그때 받은 훈련이 평생 가는 줄 알고 방심하곤 하며, 청년 때 신앙 훈련을 받지 못한 사람들은 장년이 되어서도 여전히 훈련받기를 꺼린다. 한편, 한국 교회가 젊은 성도들에게 무한한 충성을 요구하는 경향이 있기 때문에 그들에게 성장을 위한 시간적·정신적 여유가 없는 경우가 허다하다.

마지막으로 공동체 관점에서 상호 성장 개념이 부족한 것도 한국 교회의 건강한 성장에 장애 요인으로 작용한다. 신앙 성장을 주로 개인 중심으로 접근하다 보니 개인과 개인, 교회 공동체와 개인의 관계에 대한 깊은 성찰이 없다. 교인들이 서로 부딪치는 것을 꺼리고 혼자 신앙 생활을 영위하는 경향이 있어서, 서로의 삶을 깊이 나누고 권면하면서 함께 자라는 모습을 보기 어렵다. 성숙한 교회가 있어야 개인 성도가 자라는데 현실은 그렇지 못하다. 성경의 토대 위에 성숙한 제도와 교회다움을 갖춘 교회가 세워져야 하는데, 개개인이 성숙하면 교회가 자동으로 성숙해진다고 잘못 생각하는 경향이 있다.

바른 성장

교회 성장에 대한 선구자는 도널드 맥가브란(Donald A. McGavran)이다. 그는 교회 성장을 하나님께 대한 충성으로 규정하고, 그것을 신학적 자세로 이해한다. 그는 교회 성장이란 지역 사회 구성원의 특성 및 동질성 파악이 따르므로 사회학적 과정임에 틀림없지만 그에 한정되는 것은 아니라고 주장한다.[11] 그는 교회 성장은 "신학과 충실한 성경적 근거"에 기반해서 일어난다고 말한다.[12] 엘머 타운즈(Elmer Towns) 외 4인의 저서인 『교회 성장 운동 어떻게 볼 것인가』(Evaluating the Church Growth Movement, 부흥과개혁사)에서는 교회 성장 운동을 (1) 효과적인 전도 방법론적 관점, (2) 복음과 문화 사이의 대화적 관점, (3) 중도적 관점, (4) 개혁주의적 관점, (5) 갱신주의적 관점으로 구분하여 설명하고, 다른 입장에 있는 사람들의 논평까지 소개한다. 교회 성장학의 핵심 논쟁 주제들은, 교회 성장의 양과 질, 복음 전도와 문화 위임(사회 사역), 교회 성장과 교회 건강, 자연적 성장과 방법 지향 성장, 교회 본질적 접근과 실용주의적 접근, 신학적 접근과 사회 과학적 접근, 개인 성장과 공동체 성장 등 매우 다양하다.[13] 이 중 어떤 것은 둘 다를 취해야 한다. 가령 교회 성장의 양과 질, 복음 전도와 사회 사역, 개인 성장과 공동체 성장은 둘 중 하나를 선택할 것이 아니라 둘 사이의 균형을 이루어야 한다. 반면 방법 지향 성장이나 실용주의적 접근은 거부해야 한다. 교회 성장학이 비판 받는 주된 이유도, 그것이 신학에 기반한 하나님 나라와 교회론에서 출발하지 않고 방법론적으로 또는 실용주의적으로 접근하기 때문이다.[14]

이런 맥락에서 본서는 교회 성장을 바른 신학에 기반한 하나님 나라와 교회론을 바탕으로 교회와 그 구성원이 하나님, 교회, 세상과의 관계에서 온전해지는 과정으로 이해하고자 한다. 즉, 교회 성장을 (1) 성장의 근간(신학에 기반한 원리), (2) 성장의 대상(공동체와 조직체로서의 교회 그리고 개인), (3) 성장의 영역(하나님, 교회, 세상), (4) 성장의 전략(성장 단계의 구분과 이를 이루는 방법론)의 통합적 상호 작용으로 이해할 수 있다.

첫째, 성장의 근간을 살펴보면, 교회 성장의 출발은 1장에서 언급한 교회론에 기반한다. 또한 건강한 교회를 세우는 핵심 원리가 '건강한 자람'에도 적용되어야 한다. 사회과학적 분석틀을 출발점으로 삼아 그것을 뒷받침하기 위해 성경을 인용하는 방식이나, 특정 지역의 특정 교회에 효과적으로 작동하는 방법을 아무런 고민 없이 핵심 원리로 받아들이는 실용적 접근을 교회 성장의 출발로 삼는 방식은 경계해야 한다.

둘째, 성장의 대상은 개인과 교회 전체가 모두 포함된다. '건강한 자람'의 본질을 논할 때 우리가 구분해야 하는 것은 개인의 자람과 교회의 자람이다. 개인의 자람은 제자상(弟子像)과 관계된 것이고, 교회의 자람은 교회다움, 즉 교회상(敎會像)과 관계된 것이다. 제자상에 따라 모든 개인이 성숙했다고 해서 교회다움이 저절로 따라오는 것은 아니다. 교회다움은 공동체로서의 교회 그리고 조직체로서의 교회가 일정한 수준에 도달해야 이루어진다.

그럼 우선 개인의 자람부터 생각해 보자. 개인 수준에서 자람의 목표는 바울 사도의 말에 분명하게 드러난다.

> 우리가 다 하나님의 아들을 믿는 것과 아는 일에 하나가 되어 온전한 사람을 이루어 그리스도의 장성한 분량이 충만한 데까지 이르리니. (엡 4:13)

그것은 교회에 다닌 경륜이나 연수와는 무관하다. 그리고 교회에서 열심히 봉사하는 것과 꼭 일치하는 것도 아니다. 하지만 많은 이들이 영적 성장에 대해 제대로 알지 못한다. 릭 워렌 목사는 영적 성장에 대한 왜곡된 견해의 대표적 사례를 제시한다.[15]

- 왜곡된 견해 1: 영적 성장은 일단 거듭나면 자동적으로 이루어진다.
- 왜곡된 견해 2: 영적 성장은 신비한 것이며 성숙은 선택받은 소수

만이 이룰 수 있는 것이다.
- 왜곡된 견해 3: 영적 성장은 올바른 '열쇠'만 찾으면 그 즉시로 일어난다.
- 왜곡된 견해 4: 영적 성장은 지식으로 측정된다.
- 왜곡된 견해 5: 영적 성장은 개인적이며 사적인 문제이다.
- 왜곡된 견해 6: 영적 성장을 하기 위해서는 성경만 있으면 된다.

그는 이러한 왜곡된 견해에 반박하면서 영적 성장이란 (1) 의지적인 것이며, (2) 매우 실제적인 것이고, (3) 시간이 걸리는 과정이며, (4) 믿음의 지식보다는 행함으로 더 많이 증명되는 것이며, (5) 서로의 관계가 필요하고, (6) 하나님과의 다양한 영적 체험이 필요하다고 강조한다.[16]

교회 측면에서의 '건강한 자람', 즉 교회다움의 본질은 무엇인가? 교회의 성숙은 개인의 성숙과 조금 다른 측면을 고려할 필요가 있다. 성숙한 성도들이 모여 있으면 성숙한 교회가 될 가능성이 높아지겠지만, 그것이 곧 교회의 성숙과 동일한 것은 아니다. 교회는 공동체로서의 모습뿐만 아니라 조직체로서의 모습도 있어서 성도 간의 관계가 좋은 것만으로는 충분하지 않으며, 제도화된 교회의 모습이 나름대로 성숙해야 한다. 교회의 '건강한 자람'은 교회다움의 성취이다. 이 책에서 제시하는 건강한 교회의 속성 여덟 가지, 즉 공동체로서의 교회의 특성 네 가지와 조직체로서의 교회의 특성 네 가지가 골고루 갖추어져서 잘 드러나야 교회의 성숙이 이루어졌다고 말할 수 있다.

우선 공동체로서의 교회 속성부터 보자. 여기서는 개인의 성장과 공동체 성장 간 유기적 관계성 정립이 요청된다. 둘 중 어느 한 쪽의 성장을 도외시한 채 다른 쪽의 성장만 강조할 수는 없다. 이 둘 사이에는 상호 강화 작용이 나타나게 된다. 김순성 목사는 다음과 같이 개인과 공동체의 관계를 설명한다.[17]

> 그리스도인은 본래 고립된 개인으로 존재할 수 없다. 그는 신자들의 공동체 속에 존재해야 하고 그곳에서 자라야 한다. 개개인은 공동체가 성숙하는 만큼 자라게 된다. 그들은 공동체의 성장으로 이끌려지며, 개개인의 성장은 이어서 공동체의 성장에 기여하게 된다. 우리는 여기서 깊은 관계성으로 맺어진 신앙 공동체, 즉 교회가 하나님에 대한 지식과 경험의 모태요 기반임을 재확인하게 된다.

김순성 목사는 앞의 글에서 개인과 공동체의 상호성을 주장하지만 공동체의 중요성을 더 강조한다. 성도를 자라게 하는 어머니로서의 교회의 성장이 중요하고, 그 속에서 개인이 자라고, 자란 개인 성도로 인하여 교회가 더 성숙해지는 상호성을 강조한다.

교회는 개체성을 무시하면서 공동체성만 강조하는 집단적 모임이 아니다. 교회에서는 개체성이 존중되면서 연대적 공동체성이 강조된다. 개개인은 공동체 내의 관계성 속에서 존중되고, 또 그 전체가 하나님의 언약 공동체가 된다. 기독교 영성에 대한 논의에서도 개인과 공동체의 연계성을 잘 볼 수 있다.

> 기독교 영성의 중요한 특징은 공동체 영성이 개인 영성에 선행한다는 것이다. 이것은 기독교 영성이 개인 영성을 무시한다는 뜻이 아니다.…기독

교 영성의 공동체적 성격에 관해서는 종교 개혁자 칼뱅에 의해서도 강조된다. 『기독교 강요』에서 그는 교회를 떠나서 개인은 영적으로 성장할 수 없으며, 따라서 개인의 성장에 있어서 교회는 모성적 기능을 수행한다고 말한다. 다시 말해서 칼뱅에게 있어 신앙 공동체로서의 교회는 개인에 선행하며 이것은 개인 중심의 현대 대중적인 영성과 정반대가 된다.[18]

개인의 성장과 공동체 성장이 별개로 남아 있어서는 곤란하다. 개인들은 성장했는데 공동체가 성장하지 못했다면, 개인들이 진짜 성장했는지 점검해야 한다. 역으로 공동체가 성장했는데 개인들이 성장하지 못했다면 그 공동체가 모성적 기능을 제대로 할 만큼 성장했는지 점검해야 한다. 개인이 성장했다고 자연스럽게 공동체가 성장하는 것은 아니다. 즉 개인 성장의 합이 공동체 성장은 아니다.

셋째, 성장의 영역은 (1) 하나님, (2) 교회, (3) 세상으로 나눌 수 있다. 즉, 하나님과의 관계, 교회와의 관계, 세상과의 관계에서 자라야 한다.

건강한 자람의 첫 번째 영역은 하나님과의 관계이다. 그리스도의 몸 된 교회는 머리의 뜻을 헤아려 그 뜻에 순복하고 그 뜻대로 실천하며, 그리스도께서 생각하시는 대로 생각하고 그분이 원하시는 대로 행동해야 한다. 자카리아스 우르시누스(Zacharias Ursinus)는 『하이델베르크 요리문답 해설』(*The Commentary of Dr. Zacharias Ursinus on the Heidelberg Catechism*, 크리스천다이제스트)에서 제1계명이 요구하는 것은 하나님을 아는 지식, 믿음, 소망, 하나님에 대한 사랑, 하나님을 경외함, 겸손, 인내라고 해석했다. 그는 하나님을 아는 지식에 대해 다음과 같이 언급하며, 그것을 계명의 출발로 삼았다.

그의 기뻐하시는 뜻대로 그의 역사하심과 말씀 속에 자신에 관하여 주신 계시와 일치하는 바, 하나님의 존재와 성품에 대한 관념이 포함되며, 이러한 지식으로 말미암아 감동이 일어나 유일하고 참되신 하나님에 대한 신뢰와 사랑과 두려움과 예배가 불러일으켜지는 것이다.

두 번째 영역은 교회(공동체와 조직체)와의 관계이다. 먼저 교회 공동체의 관점에서 볼 때 성도의 자람이 없다면 교회에는 미숙한 교인들만 계속 늘어나서 성도들이 목회자에게 의존하고 어린아이의 상태를 벗어나지 못하는 악순환에 빠지게 된다. 개인의 자람과 공동체의 자람은 상호 작용해야 한다. 즉 개인의 자람을 기반으로 공동체의 자람을 추구해야 하고, 교회 공동체의 자람 속에서 개인들의 자람을 추구해야 한다. 교회 공동체 측면에서, 공동체의 구축이란 하나님을 아는 지식을 가진 사람들이 모여 교회를 이루면서 하나님의 거룩한 공동체를 건강하게 형성하는 것을 말한다. 이를 위해서는 관심과 배려, 정직과 신뢰, 상호 기여, 동류 의식과 형제애가 있어야 하며, 공동선/공동 목적과 형제자매의 성장에 서로 기여하려는 의식이 강하게 내면화되어 있어야 한다.

그리고 교회 조직체의 관점에서 볼 때 이 부분에서의 성장은 건강한 교회 정치 원리에 기반하여 하나님이 주신 교회의 질서를 유지하고, 신앙과 신학의 정통성을 유지하며, 거룩한 하나님의 교회로 나아가기 위해 바른 조직을 구축하는 것과 연계된다.

구체적으로는 조직체의 속성, 즉 목적 충실성, 세움의 리더십, 직분의 회복, 핵심 원리에 기반한 운영이 골고루 갖추어질 때 성취된다. 아무리 공동체가 성숙하다 해도 직분자 선발 과정이 불투명하거나, 재정 사용이 원칙에 기반하지 않거나, 교회 운영이 본질적 사명과 연계성을 가지지 못할 때 그런 교회를 성숙한 교회라고 보기는 어렵다.

세 번째 영역은 세상과의 관계이다. 이 영역에서의 성장은 개인의 삶의 터전에서 하나님 말씀의 원리와 창조 질서를 회복하는 것을 의미한다. 직장 생활을 하는 경우 부서 혹은 기업 전체를 회복하는 것을 의미하고, 학자의 경우 학문의 변화와 대학의 개혁을 이루는 것을 의미한다. 성도들의 깊이 있는 성장이 없다면 세상의 각 영역에서 성도들을 통한 하나님 나라의 회복은 불가능하다. 또한 그들은 '악하고 충성된 종'으로 전락하거나 세상을 살아갈 때에 뱀 같은 지혜로움을 가지지 못한다. 그들은 결코 책임 있는 제자로 성장할 수 없다.

넷째, 성장의 단계는 소극적 신앙 생활, 적극적 신앙 활동, 지식과 관점의 변화, 삶의 변화, 이렇게 네 단계로 구분해 볼 수 있다.

1. 소극적 신앙 생활: 이 단계는 주로 예배만 참석하고 교회 공동체에 대한 소속감 없이 소극적으로 신앙 생활을 영위하는 단계이다. 이 단계에 있는 성도들은 교회에서 제공하는 각종 훈련과 프로그램에도 거의 참여하지 않는다.

2. 적극적 신앙 활동: 이 단계는 종교적 행위를 열심히 수행하는 단계이다. 예배를 드리고, 기도와 전도, 성경 공부와 훈련 프로그램에 적극 참여한다. 보통 이런 활동에 열심히 참여하면 신앙이 좋다는 평가를 받지만 사실 이 단계는 시작에 불과하며, 신앙 성장을 위한 투입이 이루어지는 단계이다. 그러나 구원의 확증을 받기 위해 열심을 내는 것처럼 보이는 이 단계에 머물러서는 안 되고, 감사로 인한 순종의 단계로 나아가야 한다.

3. **지식과 관점의 변화**: 이 단계는 신앙 활동과 신앙 교육의 결과로서 하나님을 아는 지식이 깊어지고 사고와 관점이 변화되는 단계이다. 하나님을 이해하는 관점이 전환되거나 세상의 학문과 문화를 바라보는 시각이 바뀌거나, 세상을 해석하고 평가하는 방식이 바뀌는 것을 의미한다.

4. **삶의 변화**: 지식과 관점의 변화는 삶 전체에서 열매로 나타나야 한다. 우리의 마음에 성령의 열매가 있어서 태도와 행동이 바뀌고 가정과 직장의 삶에서 그리스도의 성품을 드러내야 한다. 예수 그리스도의 생각과 삶에 우리의 생각과 삶을 일치시켜야 한다. 이런 변화는 생명력이 전달되는 결과로 나타나게 된다. 우리는 변화된 삶으로 인해 우리와 접촉하는 대상들(가족, 직장 동료, 이웃)에게 선한 영향력을 미치며, 축복의 통로가 되고, 그 통로를 통해 예수 그리스도의 생명력이 전달된다.

개인 성도들의 진정한 자람은 그리스도를 예배하고 신뢰하고 사랑하고 순종함으로 그분과 성숙한 관계를 맺는 것이며,[19] 이 성숙한 관계에서 생명력이 나온다. 요한복음 15:1-8의 포도나무 비유를 자세히 살펴보면 열매 맺는 가지에 대한 설명이 나온다. 자람은 열매를 많이 맺는 것으로 해석될 수 있다. 그러면 열매의 의미는 무엇인가? 김홍전 목사는 열매를 생명력의 전달로 해석했다. 이는 성도가 예수님의 생명력을 공급받아 변화된 자신의 구체적인 인격적 활동을 통해 예수님이 손을 내미실 자리에 손을 내밀고, 예수님이 전하실 말을 전하고, 예수님이 발을 옮기실 자리에 발을 옮기고, 예수님이 접촉하실 사람과 접촉하는 것을 의미한다.[20] 열매에서 첫째로 중요한 것은 생명이고, 두 번째로 중요한 것은 힘이다. 그리고 이 둘을 합치면 생명의 힘, 즉 생명력이다. 이것이 열매의 핵심적 의미이다.[21] 따라서 살아 있으나 힘이 없는 상태를 가리켜 열매를 맺고 있다고 말하지 않는다. 생명이 가장 잘 집약된 최종적 형태가 열매인 것이다. 개인 차원에서 열매를 맺은 구체적 모습은 성령의 열매, 성품의 열매를 맺은 모습이고, 교회 차원에서는 성도들이 서로 사랑하고 생명력을 공유하며 상호 섬김과 상호 목회가 이루어지는 상태를 의미한다. 그리고 선교와 문화적 사명으로서의 생명력을 전파하는 데까지 나아가야 한다. 즉 그리스도께서 이 땅에 계신다면 하실 사역들을 감당해야 한다.

성장의 영역과 성장의 단계를 합쳐서 다음 면의 표 7.2와 같이 정리하여 성도의 성장을 점검하는 표를 만들 수 있다. 이 두 가지 차원이 동시에 필요한 이유는 분명하다. 예를 들면, A 성도는 하나님을 더 알기 위해 다양한 노력을 기울였고, 하나님께 예배 드리는 태도도 바뀌어서 그분으로부터 생명력을 공급받아 살고 있다. 그러나 이 성도는 공동체와 세상에서의 변화는 거의 없고 이원론적으로 살고 있다. 즉 가정이나 직장에서는 하나님이 계시지 않는 것처럼 살고 있다. 한편 B 성도는 하나님, 공동체, 세상에서 모두 두 번째 단계인 지식과 관점의 전환을 가져올 변화가 있었다. 그러나 모든 영역에서 앎에 그치고 삶으로 이어지지는 못하고 있다. A 성도나 B 성도는 모두 진정한 성숙에서 한계를 지니고 있다. A 성도는 한정된 영역에서만 성장했고, B 성도는 앎과 삶의 연계성이 부족하다. 교회는 이런 성도들의 성숙을 위해 세 영역의 균형을 잡아 주고 네 번째 단계까지 가도록 도와야 할 것이다.

교회의 성장과 자람은 매우 중요하다. 만유와 만물을 통치하시는 그리스도는 곧 교회의 머리시다. 교회의 머리이신 그리스도는 이미 완전

성장 영역	성장 단계	1단계 소극적 신앙 생활	2단계 적극적 신앙 활동	3단계 지식과 관점 변화	4단계 삶의 변화
하나님		하나님을 만났거나 만나기를 원하며 하나님을 알아 가는 단계	하나님을 알기 위한 다양한 활동과 훈련 참여	하나님을 아는 지식과 관점이 정립됨	하나님께 참된 예배를 드리고 온전한 연합을 이루어 생명력을 공급 받음
교회	공동체	신앙과 교회 생활의 연결이 약함	교회 공동체를 이해하기 위한 다양한 활동과 훈련 참여	교회 공동체를 아는 지식과 관점이 정립됨	교회에서 참된 그리스도인으로 살아감으로써 생명력이 전달됨
	조직체	신앙과 교회 조직체의 다양한 차원들과의 연결이 약함	교회 정치 원리와 다양한 제도를 이해하기 위한 활동과 훈련 참여	교회 조직체를 아는 지식과 관점이 정립됨	교회에서 직분을 받고 리더십을 발휘하여 건강한 교회 조직을 구축함
세상		신앙과 직장 및 사회 생활의 연결이 약함	세상과 문화를 이해하기 위한 다양한 활동과 훈련 참여	세상과 문화를 아는 지식과 관점이 정립됨	직장과 사회에서 참된 그리스도인으로 살아감으로써 생명력이 전달됨

[표 7.2] 건강한 자람의 수준: 성장 영역과 성장 단계

하고 충만하신 분이다. 결국 그리스도의 몸인 교회가 그리스도의 장성한 분량이 충만한 데까지 성장해야 한다. 즉, 교회 영성의 높이와 깊이와 넓이와 길이가 충만해야 한다. 그분은 만물을 통치하시되, 교회라는 존재를 통해 통치하시기를 기뻐하신다. 교회의 이런 충만을 통해 궁극적으로 만물의 충만을 이루신다.

> 교회는 그의 몸이니 만물 안에서 만물을 충만하게 하시는 이의 충만함이니라. (엡 1:23)

자람을 위한 전략

교회에서 어떻게 건강한 자람이 가능하게 될까? 첫째, 하나님을 아는

지식과 이에 기반한 자람이 누리는 풍성함을 깊이 인식하는 데서 출발해야 한다. 우르시누스는 『하이델베르크 요리문답 해설』에서 제1계명을 설명하면서 이 계명에 해당하는 덕에 반대되는 악들도 제시한다.[22] 그중에서 첫 번째 내용이 하나님과 그분의 뜻에 대한 무지이다. 즉, 무지를 죄로 간주하는 것이다. 그 무지에는 타고난 무지(본성의 부패로 지식이 전혀 없거나 이해할 수 없는 일들에 대해 무지한 것)와 가장된 무지(하나님을 알고자 하는 열심이나 그분께 순종하려는 갈망이 없어서 알기를 구하지 않는 것)가 포함된다. 하나님을 아는 지식은 하나님의 존재와 속성에 대한 지식(호 4:1; 빌 3:8; 벧후 3:18)이다. 그리고 그러한 지식의 부재가 바로 패망을 불러일으키는 원인이 된다.

> 내 백성이 지식이 없으므로 망하는도다. (호 4:6)

따라서 목회자와 온 성도가 이런 관점에서 하나님을 아는 지식의 부족이 매우 심각한 문제라는 인식을 깊이 공유해야 한다. 한편 하나님을 아는 지식을 갖춘다면 그분과의 깊은 교제에 들어가게 되고 그분이 주시는 풍성한 복을 누리게 된다.

둘째, 열매를 맺기 위한 조건을 갖추어야 한다. 성장하고 열매를 맺기 위해서는 두 가지 조건이 필요하다. 주님의 말씀이 우리 안에 거해야 하고, 우리가 그리스도의 사랑 안에 거해야 한다. 첫 번째 조건은 단순히 '내 말을 기억하면' 혹은 '내 말을 공부하면'이라는 뜻이 아니고, '내 말이 너희 안에 살고 있으면' 혹은 '내 말이 너희 안에서 활동하면'이라는 뜻이다.[23] 이것은 요한복음에 나오는 말씀에서 도출한 의미이다.

> 너희가 내 안에 거하고 내 말이 너희 안에 거하면 무엇이든지 원하는 대로 구하라. 그리하면 이루리라. (요 15:7)

두 번째 조건 역시 요한복음에 나오는 말씀을 바탕으로 한다.

> 아버지께서 나를 사랑하신 것같이 나도 너희를 사랑하였으니 나의 사랑 안에 거하라. 내가 아버지의 계명을 지켜 그의 사랑 안에 거하는 것같이 너희도 내 계명을 지키면 내 사랑 안에 거하리라.…내 계명은 곧 내가 너희를 사랑한 것같이 너희도 서로 사랑하라 하는 이것이니라. (요 15:9-10, 12)

셋째, 교육의 목표를 설정하고 그것을 이루기 위한 교육 내용을 마련해야 한다. 우선 교회다움의 의미와 제자상을 분명히 설정해야 한다. 어떤 교회가 되어야 하는지 그리고 어떤 제자를 키워야 하는지에 대한 방향이 있어야 그에 걸맞은 훈련이 따라올 수 있다. 막연하게 성경 공부를 많이 하는 것이 능사는 아니다. 다음으로 교육 내용을 점검하고 교회의 형편에 맞는 내용으로 교육 체계를 구성한다. 여기서 고려해야 하는 사항 두 가지는 교육의 영역과 수준이다. 표 7.2에서 제시한 바와 같이 교육의 영역은 하나님, 교회의 공동체 측면과 조직체 측면, 세상이다. 성장 단계는 종교적 활동을 시작으로 앎에서 삶으로 나아간다.

이런 기반 위에서 우선 핵심적인 소수와 교육을 시작해서 교사(소그룹 섬김이, 조장, 강사 등)를 양성하고 점차 확대하는 계획을 세우되 교회 형편을 고려하여 실현 가능한 방안을 모색할 필요가 있다. 이런 과정을 거친 후에 그 과정을 평가하고 수정할 사항이 무엇인지 점검해야 한다.

어떤 교회는 담임 목사가 바뀔 때마다 새로운 교육 체계를 도입하다 보니 전혀 성장을 경험하지 못한다. 반면 앞의 과정에 대한 합의가 이루어지면 지속 가능한 성장 모델을 갖출 수 있다.

서울중앙교회의 갈렙 성경 공부

서울중앙교회에는 장년 리더 성경 공부인 갈렙 성경 공부가 있다. 젊은 장로와 집사 및 담임 목사가 주중에 함께 모여 신앙 서적을 읽고 토론하는 모임이다. 그룹당 인원은 10명 전후이며 세 그룹(화요일 오후 8:30, 수요일 오후 7:30, 토요일 오전 7:30)이 모이는데, 담임 목사는 매번 참석한다. 현재까지는 주로 교회론에 관련된 책들을 다루었다. 그중 일부만 소개하면 김홍전 박사의 설교집, 마이클 윌리엄스(Michael D. Williams)의 『성경 이야기와 구원 드라마』(Far as the Curse is Found, 부흥과개혁사), 제임스 몽고메리 보이스(James Montgomery Boice)와 필립 그레이엄 라이큰(Philip Graham Ryken)의 『개혁주의 핵심』(The Doctrines of Grace, 부흥과개혁사), 박영돈 교수의 『일그러진 한국 교회의 얼굴』, 김홍전 목사의 『일곱 교회에 보내는 그리스도의 편지』(성약) 등이다. 이 모임을 지난 10여 년 동안 계속해 왔다. 모임에서는 한 사람이 발제를 하고, 미리 제시된 문제를 가지고 토론한다. 모임 시간은 두 시간 내지 두 시간 반 정도다. 여기서 얻는 유익은 교회의 문제를 드러내 공유하고 말씀과 기독교 지성을 가지고 새로운 방향을 모색하며, 직장과 관련된 이슈들을 자유롭게 논의할 수 있다는 점이다. 또한 세대를 아우르는 소통이 이루어지므로 함께 교회를 섬긴다는 동역자 의식을 형성할 수 있고 대화가 쉽게 진행된다.

넷째, 교회의 자람을 위해서는 교회상을 바로 정립하고, 본서에서 제공하는 공동체 속성과 조직체 속성의 핵심 지표들을 점검할 필요가 있다. 어떤 교회를 꿈꾸는가에 따라서 성장의 지표가 매우 상이할 것이다. 그러므로 바른 신학에 기반한 교회론을 공유하고, 공동체로서의 핵심 특성과 조직체로서의 핵심 특성을 살피면서 지향할 방향과 방법을 찾는 노력을 기울여야 한다.

건강한 자람을 위한 제언

- 교회상과 제자상을 분명히 하라. 어떤 교회를 세우고자 하는지를 말해 주는 교회다움의 개념을 지니고 있어야 한다. 그리고 제자상을 분명히 하고, 그것이 삶으로 이어지고 이웃에 선한 영향력을 끼치는 데까지 이르도록 목표를 설정해야 한다.
- 교회다움과 제자상에 걸맞은 교육의 내용을 정리하여 교육 체계를 형성하라. 특히 하나님, 교회, 세상과의 관계를 고려한 균형 있는 내용으로 채워야 한다.
- 교육 방법적으로 '학습 → 깊은 묵상과 개인 성찰 → 삶과 연결된 적용'의 성장 단계를 거치는 것이 좋다. 성인 교육은 강의 중심의 지식 전달을 위한 수동적 접근이 되어서는 곤란하다. 따라서 실천 학습이 되도록 삶의 문제와 교회 현실 그리고 직장과 관련된 다양한 현안들을 종합적으로 고려한 학습으로 나아가야 한다.
- 교사의 양성은 필수 요소이다. 목회자들도 비공식 모임이나 평신도 전문가들과의 교류를 통해 더욱 성장할 수 있도록 다양한 교육 기회를 가지면 좋을 것이다. 장기적으로 비목회자들을 훈련시켜 교육에 투입

하는 계획을 세워 실천해야 한다.

- 교회의 성숙이 있도록 해야 한다. 이것은 두 가지 의미이다. 하나는 공동체로서의 교회의 성숙, 즉 상호 목양(히 10:24-25), 함께 성전이 되어 가는 것(엡 2:21-22), 친밀한 관계를 발전시킴으로써 함께 예배하고 교제하고 섬기는 공동체를 형성하는 것이다. 다른 하나는 조직체로서 교회다움의 면모를 갖추는 것인데, 성경 말씀과 교단 전통 및 교회 정치 원리에 기반하여 제도화를 이루는 것을 말한다.

8장

섬김의 실천

세상이 더 지혜롭다

불의한 청지기 비유에 나오는 "이 세대의 아들들이 자기 시대에 있어서는 빛의 아들들보다 더 지혜로움이니라"(눅 16:8)라는 예수님 말씀처럼 교회가 세상으로부터 배울 지혜들이 많다. 적어도 요즘 기업들이 전개하는 사회 공헌 활동을 들여다볼 때는 그렇다. 많은 기업들이 단순히 돈을 벌고 남는 일부를 기부하는 데 그치지 않는다. 사회를 위해 좋은 일을 하면서 이익도 창출하여 두 마리 토끼를 다 잡으려 한다. 심지어는 사회 공동체에 유익한 가치를 창출하는 사회적 혁신을 위해 주도적 역할을 하는 기업들도 있다.

대표적 사례는 네덜란드 가전 업체 필립스(Philips)가 인도의 전통 화덕을 바꾼 '출라'(Chullah) 프로젝트다. 인도에는 통풍이 되지 않는 부엌에 설치된 진흙 화덕 출라 때문에 호흡기 질환으로 사망하는 사람들이 매우 많다. 필립스는 공해가 적은 현대식 화덕을 개발해 설치해 줌으로써 사람들에게 건강한 삶을 제공하고 이것을 생산하는 공장을 만들어 일자리까지 창출했다. 이런 일은 많은 경우 기업 혼자서 감당하기 힘들다. 지역 사회의 전통, 생활 습관, 문화뿐 아니라 사람들의 행동까지 제대로 이해해야 하기 때문이다. 필립스는 이 일을 위해 그 지역의 NGO, 지역 주민 단체 대표, 현지 제작 업체와 협력하는 시스템을 구축했다. 단순히 돈을 대고 출라를 만들어 기부하는 형태를 벗어나 마을에 있는 생산 업체를 양성하고 제품을 보급, 판매하는 사업 모델까지 수립해 주었다. 이를 통해 도움을 받은 인도 마을은 건강, 환경, 안전 문제가 해결되었을 뿐 아니라 일자리를 얻고, 나아가 주민들은 자신들의 어려운 문제들을 해결하는 데 적극적으로 참여하는 마음까지 가지게 되었다. 조그만 화덕을 개조하는 프로젝트가 지역을 변화시키는 효과를 낸 것이다.

오늘날 기업들이 왜 이렇게까지 할까? 지금처럼 경제적 양극화, 빈곤의 대물림, 환경 및 안전 문제가 심각하게 대두된 적은 없다. 개인이 혼자 노력해서 해결할 수도 없고 정부가 사회 복지를 위해 지출할 수 있는 돈에도 한계가 있다. 기업은 사회 구성원들이 건강을 상실하고 빈곤층이 많아지면 자신들도 지속적으로 발전할 수 없음을 잘 안다. 유럽 등 선진국 시장은 더 이상 성장하지 않을 것이므로 아프리카나 아시아로 눈을 돌리지만 이 지역들의 상황은 매우 열악하다. 사회 구성원이 건강하고 일자리를 통해 소득을 얻어야 소비할 여유가 생기고, 그래야 기업들이 자신들의 상품과 서비스를 더 많이 팔 수 있는 선순환이 이루어진다. 기업들은 돈을 벌려면 이런 선순환의 고리를 만들어야 하기에, 자신들의 앞날을 위해 사람들을 빈곤에서 탈출시키고 안전하고 건강한 사회를 만들기 위한 사회 공헌 활동을 적극적으로 펼친다.

기업들은 이렇게 사회적 의무를 수행하는 과정에서 지속 가능한 경영을 할 수 있는 기업 전략을 만든다. 많은 기업들이 사장 직속으로 사회 공헌 부서를 두고 매우 체계적이고 전략적으로 사회 공헌을 한다. 이렇게 사회 공헌을 많이 하는 기업들은 높은 사회적 평판과 좋은 이미지를 얻는다. 사회적 책임을 다하는 기업일수록 투자 수익률이 높고 경영 성과도 높다.[1] 세상의 기업들은 지속 가능한 경영을 위해 놀라운 지혜를 발휘하고 있다. 앞서 인용한 누가복음 16:8처럼 이 세대의 아들들이 빛의 아들들보다 더 지혜로운 경우가 종종 있다. 교회가 세상을 섬기는 데 있어서 이들의 지혜로운 행동을 주목할 만하다.

지혜롭고 진정한 섬김이 부족하다

기업들이 단순히 구제 차원의 기부를 하다가 사회 공헌, 사회적 가치 창출, 나아가 사회 혁신까지 주도하는 쪽으로 발전하고 있는데 교회는 어떠한가? 아쉽게도 이웃을 섬기는 일은 일차원적 시혜에 머물러 있고 사회로부터 고맙다는 말을 듣기는커녕 오해를 사는 일도 허다하다. 교회가 사회 봉사 활동을 활발히 하고 있지만 책임 있는 모습으로 신뢰를 주지 못한다는 지적도 있다. 그렇게 된 데는 다음과 같은 원인들이 작용했다고 볼 수 있다.

한국 교회가 이웃을 섬기는 것에 대해서 교회 바깥의 사람들은 그것조차도 교회 성장을 위한 도구 또는 전도를 위한 수단이라고 인식하는 경향이 있다. 선한 사마리아인처럼 어려움에 처한 이웃을 그저 긍휼과 사랑의 마음으로 섬겨야 하는데 한국 교회가 그렇게 하지 못한다.

다음 면의 표 8.1에서 보듯이 "성도들은 이웃 섬김을 전도의 수단이라고 생각하기보다는 어려운 이웃을 돕고 그들을 사랑하는 것 자체에 의미를 두고 있다"라는 문항에 교회들의 52.8퍼센트가 그렇다고 응답했다. 47퍼센트 정도는 여전히 섬김을 전도의 수단으로 생각한다는 것을 엿볼 수 있다. 세상 사람들은 교회의 이런 속내를 알아차리고 교회의 구제와 이웃 섬김을 순수하게 받아들이지 않는다. "교회의 사회 봉사 활동이 타 종교나 다른 민간 단체들과 비교할 때 매우 활성화돼 있지만, 일반인들이 교회의 사회 봉사를 보는 시각은 상당히 비판적이다. 그 원인은 교회의 교세 확장 우선과 종교 행사 수준에 머물러 있기 때문"[2]이라는 지적을 한국 교회가 깊이 새겨야 한다.

교회가 이웃의 입장에서보다는 공급자, 시혜자의 입장에서 봉사한다는 지적도 있다. 교회가 이웃의 필요를 깊이 살피고 그들이 원하는 것을 채워 주어야 하지만, 실제로는 자신들이 인정받고 싶은 부분에만 치중한다는 것이다. "우리 교회는 이웃의 필요를 제대로 파악하고 그들을 효과적으로 섬기기 위해 노력하고 있다"라는 문항에 대해 55.6퍼센트만이 그렇다고 응답함으로써 개선해야 할 부분이 많음을 보여 준다. 섬기는 사람은 주체가 되고 받는 사람은 객체가 되는 것도 문제이다. 주는 사람이 일방적으로 베푸는 차원을 넘어 섬김의 대상자와 깊은 공감과 연대감을 형성해야 하지만 현실은 그렇지 않다. 존 스토트는 이런 상황이 마치 지역 골프 클럽 같아서 사람들이 클럽 회원의 지위와 편의에 집중하고 기부금을 낼 때면 마치 자신들에게 어떤 특권이 있는 것처럼 군다고 지적한다.[3]

교회의 섬김이 종교적으로 프로그램화되고 기능적인 성격을 띠면서

섬김의 실천	평균값과 긍정 응답 비율
1. 성도들은 이웃 섬김을 전도의 수단이라고 생각하기보다는 어려운 이웃을 돕고 그들을 사랑하는 것 자체에 의미를 두고 있다.	3.76 / 52.8%
2. 성도들은 각자의 은사를 따라 섬김 사역에 적극적으로 참여하고 있다.	3.84 / 58.9%
3. 성도들은 삶의 각 영역(직장, 가정 등)에서 섬김의 삶을 적극적으로 실천하고 있다.	3.23 / 30.0%
4. 우리 교회는 재정이나 봉사를 통해 이웃과 지역 사회에 실제적인 도움을 주고 있다.	3.62 / 43.3%
5. 우리 교회는 이웃의 필요를 제대로 파악하고 그들을 효과적으로 섬기기 위해 노력하고 있다.	3.73 / 55.6%

[표 8.1] CHEQ II 조사 결과: 섬김의 실천(기준 연도: 2013년)

진정성이 결여되어 보이는 것도 사회가 감동을 받지 못하는 이유 중 하나이다. 진정한 사마리아인은 긍휼과 책임의 영성을 가진다. "가진 자는 가지지 못한 자의 아픔을, 배운 자는 배우지 못한 자의 설움을, 힘 있는 자는 힘 없는 자의 고통을 배려하는" 긍휼의 영성, "이 사람이 이렇게 된 데는 나 또는 우리에게도 책임이 있다는" 책임의 영성이 있어야 한다.[4] 하지만 한국 교회는 이러한 영성이 부재하기 때문에 단순히 종교적 봉사에 치중하고 그 결과 사회 구성원들을 감동시키지 못한다.

교회들이 지역의 문제를 해결하기 위해 체계적 연합 사역을 하지 못하는 것도 아쉬운 점이다. 상당수의 교회들이 동일 지역 내에서 어려운 이웃을 위한 섬김 사역을 경쟁하듯이 하고 있다. 옆에 있는 교회보다 더 많은 돈을 들이고 더 좋은 프로그램을 만들겠다고 뛰어들다 보니 여기저기서 중복된 프로그램을 운영하기도 한다. 지역 노인들이 맛있는 식사를 주는 교회, 재미있는 프로그램을 운영하는 교회를 찾아다니며 좋은 곳을 고른다는 우스갯소리가 있을 정도이다. 지역 교회들과 NGO,

지자체가 협력하면 훨씬 더 효과적으로 지역의 문제를 해결할 수 있지만 그렇게 하지 못하니 섬김의 수고만큼 열매를 거두지 못한다.

　기업이 사회적 가치를 창출하는 데 기여해야 한다면서 열심을 내는 '공유 가치 창출'(CSV: Creating Shared Value) 활동[5]에 대해서도 속내는 결국 그러한 것들을 활용해 돈을 벌겠다는 것이 아니냐는 비판이 있었다. 그러한 의심의 눈초리를 의식하는 기업들은 사회적 가치를 창출하는 데 도움이 되기 위해 진정성을 가지고 접근하는 중이다. 단지 기부나 시혜에 머물지 않고 경제적으로 어려운 사람들이 빈곤을 탈출할 수 있는 방법을 개발하거나, 교육 기부를 통해 그들 스스로 일어설 수 있도록 돕는 사회적 혁신 프로그램을 끊임없이 개발하면서 사회 공헌 생태계를 만들고 있다. 예를 들면, ViiV헬스케어(ViiV Healthcare)라는 영국 회사는 에이즈 치료 관련 특허를 개방하여 약값을 낮춤으로써 개발 도상국의 에이즈 치료에 크게 기여하고 있다. 개별 기업 차원을 넘어 기업 혹은 시민 단체들과도 협력하며 다양한 사회 공헌 생태계를 구축하기도 한다. 방글라데시의 그라민뱅크(Grameen Bank)와 일본 의류 업체 유니클로(Uniclo)가 협력하여 방글라데시 빈민 지역에 사회적 기업을 세워 싼 값에 옷을 만들고 지역 사회 일자리도 창출하는 사례가 바로 그것이다.

'디아코니아'

기업의 사회 공헌에 관한 지혜는 잠시 접어 두고 교회와 섬김에 대한 이야기로 돌아가 보자. 가장 기본적인 질문, 즉 '왜 교회가 섬겨야 하는가?'에 대한 제대로 된 대답이 필요하다. 그 속에 교회의 섬김은 어떠해야 하는지에 대한 본질이 담겨 있기 때문이다.

첫째, 교회는 예수님의 몸이기 때문에 예수님의 본을 따라 살아야 하는데 그중의 핵심은 섬김이다. 예수님은 섬기기 위해 이 세상에 오셨고(마 20:28), 최후의 만찬 자리에서도 제자들의 발을 씻기면서 섬김의 본을 보이셨다(요 13:14-15). 교회는 예수님이 섬기신 것처럼 섬기기 위해 부름을 받았다.[6] 성령을 받은 초대교회는 예수님의 본을 따라 진정한 섬김의 모습을 보여 준다. 성도들은 함께 모여 서로 교제하고 떡을 떼며 기도하는 데 전념하면서, 동시에 재산과 소유를 팔아 각 사람의 필요에 따라 나눠 주는(행 2:45) 일을 기쁘게 감당하였다. 사도들의 말을 듣고 은혜를 받은 무리들 중에 "밭과 집 있는 자는 팔아 그 판 것의 값을 가져다가…각 사람의 필요에 따라 나누어 줌"으로써 가난한 사람이 없게 되는 역사도 나타났다(행 4:33-35). 바울에게 가난한 교회를 위해 구제 모금을 하는 일은 복음 전도와 병행할 만큼 중요한 사역이었다. 누가는 가난한 사람들을 위한 교회의 사회적·경제적 관심은 사도들의 가르침과 연결되어 있으며 초대교회의 빠른 성장은 사도들의 가르침과 전도의 결과인 동시에 예수님의 추종자들이 모인 공동체의 사랑과 돌봄의 결과라고 언급한다(행 2:47).

둘째, 교회 공동체가 섬김을 중요한 사역으로 생각해야 하는 또 하나의 이유는 예수님이 하나님의 자녀들을 사랑의 공동체가 되라고 부르셨고, 동시에 세상에 하나님의 사랑을 드러내라고 부르셨기 때문이다. 세상에 하나님의 사랑을 드러내는 것은 소외되고 굶주리고 가난하고 고통받는 사람들을 사랑으로 섬기는 것이다. 이런 점에서 섬김은 복음 전도와 함께 하나님 나라를 이 세상에 가장 잘 드러내는 사역이다.

섬김은 예수님의 사역의 연속이자 하나님의 통치를 실제로 보여 주는 표지이기 때문에 전도와 마찬가지로 그 자체가 목적이 된다.[7]

'섬기는' 또는 '사역하는'이라는 뜻의 '디아코니아'(diakonia)는 가난한 자들을 위해 음식을 제공하는 것(행 6:2)과 말씀을 선포하는 것(행 6:4) 둘 다에 사용된다. 초대교회에서 섬김은 성령과 지혜가 충만한 사람들이 마땅히 감당해야 할(행 6:3) 중요한 사역이었다. 신약에서 섬김을 의미하는 '디아코니아'는 독특하게도 사람과 관련하여 사용되었다.[8] 특히 이 단어는 어떤 사람을 위한 혹은 누군가에게 맡겨진 섬김을 의미한다. 비인격적·기계적 섬김 또는 노예로서의 맹종을 의미하지 않는다는 뜻이다. 섬김은 이웃에 대한 인격적 접근이며 깊은 공감과 헌신이 수반되는데, 예수님이 바로 그런 모범을 보이셨다. 예수님은 소외되고 멸시받았던 병든 자, 여자와 어린이, 창녀와 세리들과 대부분의 시간을 보내셨다. 그리고 그들을 위해 밤낮을 가리지 않고 일하셨으며, 때로는 가련한 마음을 감출 수 없어 눈물까지 흘리셨다. 예수님은 우리 인간의 연약함을 몸소 체휼하신 분이었다(히 4:15). 그분은 지금도 자신의 몸인 교회에 진정한 '디아코니아'를 요구하신다.

'디아코니아'를 실천하는 세이비어 교회

미국 세이비어 교회(Church of the Saviour)는 150여 명의 성도들이 70개 이상의 지역 사회를 섬기면서 참된 교회의 모델이 되고 있다. 세이비어 교회의 섬김 사역은 '교회 안의 작은 교회'라고 할 수 있는 소그룹이 중심을 이룬다. 세이비어 교회의 소그룹에서는 깊은 말씀 묵상과 다른 성도와의 친밀하고 깊은 영적 나눔을 통해 성숙해지려는 '내면을 향한 여정'과 세상 가운데서 섬김을 통해 그들의 필요를 채워 주려는 '세상을 향한 여정'이 중심을 이룬다. 이를 통해 이웃을 돕는 작은 구제 사역부터 노숙자 대상 사역, 저임금 노동자 가족을 위한 주택 보급 사역에 이르기까지 다양한 섬김 사역을 효과적으로 감당하고 있다.[9]

하나님 나라의 관점에서 보자

교회는 구체적으로 누구를 섬겨야 할까? 즉, 섬김의 영역을 어디까지로 정해야 할까? 우리는 하나님 나라의 구현이라는 측면에서 섬김의 영역을 생각해야 한다. 이는 그리스도의 몸인 교회가 궁극적으로 기대하는 바는 '하나님 나라의 회복'이고, 교회는 섬김을 통해 그 일을 한다는 의미이다. 그렇게 보면 섬김의 영역은 하나님의 통치가 임해야 할 이 세상의 모든 영역이 된다. 개인, 가정, 직장, 사회, 경제, 국가, 환경을 모두 포함해야 한다.

섬김의 전통적 영역을 생각할 때, 우선은 그리스도의 몸인 교회를 세우는 일에서 성도들이 서로 섬겨야 한다. 여기에는 그리스도의 몸인 교회를 이루는 성도들이 온전하고 건강한 예수님의 제자들이 되도록 성도 각자가 자신의 은사를 따라 섬기는 일(엡 4:12; 벧전 4:10), 교회 내에 가난하고 궁핍한 사람이 없도록 서로 구제하고 책임지는 일(행 2:45; 4:34; 롬 12:13)이 포함된다. 또한 자신의 교회뿐 아니라 다른 교회 공동체를 섬기는 일도 감당해야 한다. 초대교회 시대에 유대 형제들을 위해 수리아 안디옥 교회가 구제의 손길을 내민 것이라든지(행 11:27-30), 때로는 여러 교회들이 힘을 합쳐 구제한 것(고후 8:1-5)이 좋은 예이다.

교회는 성도들을 섬길 뿐 아니라 교회 밖의 이웃도 적극적으로 섬겨야 한다. 교회들이 세상으로부터 자기 중심적인 기독교라는 말을 듣는 것은 바로 교회 밖의 이웃을 돌보지 않기 때문이다. 예수님은 제자들을 전도 여행에 보내시면서 다음과 같이 말씀하셨다.

> 가면서 전파하여 말하되 천국이 가까이 왔다 하고 병든 자를 고치며 죽은 자를 살리며 나병 환자를 깨끗하게 하며 귀신을 쫓아내되 너희가 거저 받았으니 거저 주라. (마 10:7-8)

하나님의 생명의 복음을 거저 받은 교회 공동체는 당연히 다른 이웃을 거저 섬겨야 한다. 특별히 예수님이 그러셨던 것처럼 가난하고 병든 자를 이웃으로 삼아 그들을 섬겨야 한다.

섬김을 하나님 나라의 관점에서 본다면, 섬김의 영역을 더 확장시켜야 한다. 1974년 전 세계 복음주의자들이 모여 "복음 전도와 사회 참여는 그리스도인의 의무이자 책임"이라고 선언한 "로잔 언약"(Lausanne Covenant, 1974)이 그것을 명확하게 드러내 준다.[10] 이런 맥락에서 볼 때 크리스토퍼 라이트(Christopher J. H. Wright)가 선교의 개념을 복음 전도라는 좁은 의미를 넘어 하나님의 나라가 이 땅에서 이루어지도록 하는 모든 활동으로 확장해야 한다고 주장한 것은 의미가 있다. 그의 주장대로 선교를 하나님의 나라라는 개념에서 본다면 섬김도 넓은 의미에서 선교에 포함될 수 있다.[11]

> 하나님 백성의 선교는…그들의 삶은, 개인적으로 공동체적으로 모든 형태의 억압과 노예 상태로부터 모든 창조 세계와 인류의 궁극적인 해방

을 가리키는 이정표이다. 기독교 공동체는 도래하는 하나님의 해방의 표시이자 약속이다. 우리는 깨어진 세상에서 하나님의 해방하는 나라의 현존이다.

이런 점에서 그리스도인과 교회는 더 총체적인 개념으로 섬김에 접근할 필요가 있다. 즉, 다른 사람에게 복음을 전하고, 그들을 축복하는 일에 헌신하고, 하나님의 도를 지키고 의와 공의를 행하며, 억압당하는 자들을 위한 총체적 구속(救贖)을 위해 일하고, 세상 한가운데서 실제적으로 거룩하게 살면서 하나님 나라를 회복하는 데 힘써야 한다.

성도들이 개인적으로 빛과 소금으로 살아가는 것도 세상을 섬기는 것이 된다. 그리스도인으로서 바른 '모범'을 보임으로써 빛과 소금의 역할을 감당하고 이웃과 사회를 변화시키는 것도 중요한 섬김이기 때문이다. 모범은 큰 힘이 있기 때문에 의를 위해 타협하지 않는 그리스도인 한 사람이 다른 사람들로 하여금 자신을 따르도록 용기를 부여하게 된다. 헌신된 그리스도인 모임 하나가 그들이 속한 곳(학교, 대학, 병원, 사무실 혹은 공장)의 분위기와 가치들을 바꿀 수 있다.[12]

교회도 빛과 소금의 역할을 감당함으로서 세상을 섬겨야 한다. 교회는 성도들이 올바른 모범을 보이도록 가르치고 격려하는 동시에 교회 스스로도 이웃과 지역 사회를 섬겨야 한다. 그리고 교회는 인간 사회가 하나님의 통치 아래 있을 때 얼마나 행복한지를 보여 주는 매력적·대안적 모델이 되어야 한다. 건강한 교회다운 모습을 세상에 보여 주는 것 자체가 충분히 섬김이 될 수 있기 때문이다.

그리스도인과 교회가 섬겨야 할 세상의 영역에는 창조 세계도 포함된다. 하나님 나라의 회복은 창조 세계의 회복을 포함하기 때문이다. 이는 사도 바울의 다음과 같은 말에 잘 드러나 있다.

> 피조물이 고대하는 바는 하나님의 아들들이 나타나는 것이니…피조물도 썩어짐의 종 노릇 한 데서 해방되어 하나님의 자녀들의 영광의 자유에 이르는 것이니라. (롬 8:19-21)

사도 바울의 말처럼 교회 공동체와 그리스도인들은 창조 세계 곧 자연과 환경을 하나님이 처음 창조하신 모습대로 회복시키는 일에 힘써야 한다.

기업들의 사회 공헌을 보면 그 범위가 매우 넓다. 빈곤한 사람들을 구제하는 차원을 넘어 교육, 환경, 안전, 지역의 사회 혁신까지 그 책임의 영역을 넓히고 있다. 기업이 이렇다면 하나님이 이 세상을 통치하심을 믿고 하나님 나라가 임하기를 소원하는 교회는 그 섬김의 영역을 훨씬 더 넓고 깊게 해야 한다.

영혼이 있는 섬김

기업의 사회 공헌 활동과 전략을 좀더 살펴보자.[13] 이제 기업의 사회 공헌은 하고 싶을 때만 할 수 있는 활동이 아니라, 반드시 추구해야 할 필수 경영 활동이다. 과거에는 사회 공헌 활동이 시혜적 차원에서 비용을 쓰는 활동으로 인식되었다면, 지금은 사회와 기업의 가치를 함께 높이는 투자로 인식되고 있다. 이전에는 기업이 공급자의 입장에서 자신들이 원하는 곳에 자신들이 원하는 것을 주는 입장이었다면, 이제는 수혜자의 입장에 서서 그들의 필요를 맞춤형으로 채워 준다. 사회 공헌 활동이 기업에게 필수적 활동, 투자, 수혜자 맞춤형이 되면서 기업들은 이를 효과적으로 수행하기 위해 전략적 접근법을 채택하고 있다. 특별히 소개하고 싶은 단어가 SPIRIT인데, 사회 공헌이 모두에게 감동을 주기 위해서는 영혼(spirit)을 담아 내야 한다는 의미에서 나온 용어이다.

Social Investment(사회적 투자): 기업들의 사회 공헌 활동을 자선에서 지역 사회 인프라 개선과 사회 시스템 변화를 촉진하는 사회적 투자로 전환해야 한다는 의미이다. 예를 들어, 아프리카의 물 부족 문제를 해결하기 위해 이전에는 기업들이 현지 마을에 생수를 지원했다면, 지금은 우물 개발을 지원하거나 깨끗한 물을 만드는 기술을 개발하고 있다. P&G 사에서 보급하는 분말형 식수 정화제 '퓨어'(Pure)가 바로 그런 사례다.

Positioning(사업 선정): 기업 자신의 사업과 연계하여 가장 잘할 수 있는 일에 선택과 집중을 한다. 호텔 체인 사업을 하는 메리어트(Marriot)는 자신들의 역량을 활용하여 빈곤층에게 음식과 쉼터를 제공한다. 그리고 가전 제품 소매업을 하는 베스트바이(Best Buy)는 재활용 프로그램을 만들어 보급하거나 고령자를 대상으로 IT교육을 제공한다.

Integration(조직 통합): 기업은 자신의 특성을 살린 차별화된 사회 공헌 조직을 운영한다. 이를 위해 전 회사 차원에서 전략을 수립하고 집행하는 전담 부서를 두고 있다. 글로벌 일류 기업인 GE는 본사에 기업 시민 부사장을 두어 사회 공헌 활동을 총괄하게 하고, 전담 조직을 통해 사회 공헌 활동의 표준 지침을 만들어 전 세계 지사들이 활용하도록 한다.

Review(평가 관리): 사회 공헌 활동을 관리하고 성과 지표를 만들어서 그 결과를 점검하고, 사회 공헌 활동을 지속적으로 개선한다. 독일의 지멘스(Siemens)는 아프리카 교육 지원 사회 공헌을 하면서, 교육 지원 횟수, 교육 대상자 수, 교육 대상자 대학 진학률, 지멘스 입사율을 성과 지표로 설정하여 지속적으로 평가한다.

Involvement(참여): 전 직원들이 사회 공헌 활동에 참여하고 필요한 경우 외부 사람들도 참여할 수 있도록 개방한다. GE는 전 직원 및 퇴직자가 참여하는 자원 봉사 재단을 통해 매년 50개 국가에서 4,600여 개의 활동을 하면서 100만 시간의 자원 봉사를 달성했다. IBM은 임직원들이 사전에 자신의 관심과 특기 사항을 등록해 놓으면 도움이 필요할 때 봉사할 수 있는 자원 봉사 제도를 운영한다.

Transparency(투명성): 기업의 사회적 책임 보고서 등 다양한 소통 수단을 통해 정보를 투명하게 공개하여 사회 공헌 신뢰성을 높인다. 상당수의 기업들은 사회적 책임 보고서를 통해 의사 결정 과정을 공개하고, 사회 공헌 활동에 대한 감사를 받는 등 투명하고 신뢰받는 사회 공헌을 하려고 노력한다.

기업들이 영혼 있는 사회 공헌을 한다면, 진정한 섬김의 영혼을 가진 교회야말로 제대로 된 섬김을 실천해야 한다. 단지 자선을 넘어 사회를 변혁시키는 데까지 나아가야 하며, 이웃의 필요를 제대로 파악하고 자신들이 가장 잘하는 것으로 그 필요를 충족시킬 수 있도록 조직화해야 한다. 또한 다른 교회, NGO, 지역 주민 단체와 협력하는 섬김의 생태계를 만드는 것도 필요하다. 이런 점에서 다음의 몇 가지를 특별히 강조하고 싶다.

섬김 대상의 필요를 정확히 아는 것부터

교회의 섬김 프로그램은 지역 사회의 정확한 실상을 아는 데서부터 시작해야 한다. 우리 지역에는 어떤 사람들이 살고 있는지, 주거, 고용, 빈곤, 교육 측면에서 그들의 필요는 어떤 것인지, 그와 관련하여 어떤 사회적 변화가 일어나고 있는지를 조사한 후 교회가 어떻게 도울지 결정해야 한다. 물론 교회가 인근 지역에 한정하여 섬김 사역을 해야 하는 것은 아니다. 경우에 따라서는 지역을 확대하거나, 여력이 있다면 세계 열방을 향해 관심을 넓힐 수도 있다. 섬김 사역을 할 때 '남들이 알아줄 만한 멋있어 보이는' 프로그램을 따라 하지 않도록 해야 한다. 어떤 교회들은 다른 교회들이 행하는 사역 중 좋아 보이는 것을 무조건 따라 하는 실수를 범한다. 이 경우 섬김의 열정이나 진정성도 없고 무엇보다 교회가 감당할 여력도 없어서 진정한 열매를 거두지 못한다. 바람직한 섬김 사역은 지역 사회의 절실한 필요와 교회 공동체의 은사 및 역량이라는 두 가지 조건을 잘 살펴서 실천해야 한다.

이웃의 필요를 찾아 함께 섬긴다

성암교회 '안부 사역'은 혼자 사는 지역 노인들을 매주 찾아가서 반찬을 전달하는 섬김 사역이다. 하지만 이 사역은 단순히 먹을거리를 전하는 데 그치지 않는다. 모든 봉사자들은 노인들과 대화하는 방법, 우울증을 진단하고 돕는 방법에 대한 교육을 받은 후 사역에 참여한다. '좋은 학교 만들기 네트워크'는 주민 인문학 아카데미, 마을 정서 지원 프로그램, 교사 힐링 캠프, 학부모 교육 등 지역 사회, 학교, 교회가 함께 협력하여 다음 세대를 지원하는 프로그램이다. 성암교회는 2017년 40주년을 맞아 특별한 이웃 섬김을 시작했다. 기아대책과 연대하여 캄보디아 쩜벙 마을 전체를 섬기기로 한 것이다. 이 마을 어린이 130명에 대해 성도들이 매월 일대일 후원을 하고 조만간 방문할 계획도 가지고 있다.

더불어숲동산교회는 섬김 사역을 위해 지역의 필요를 사전에 매우 세밀하게 조사한 후 이를 토대로 '마을 만들기'라는 비전을 세웠다. 먼저 지역에 젊은 가정과 아이들이 많다는 것을 파악하여 어린이 도서관, 마을 서재를 만들었다. 그리고 섬김 사역을 점차 확장하여 페어라이프센터라는 NGO를 만들고, 카페, 어린이 도서관, 마을 서재를 통합 운영하며, 지역 주민들과 함께 공정 무역 활동을 하고 벼룩시장, 바자회를 열어 어려운 지역 이웃과 외국의 분쟁 지역을 돕고 있다.

섬김을 위한 조직

교회 공동체와 그 안에 속한 모든 지체는 "아버지께서 나를 세상에 보내신 것같이 나도 그들을 세상에 보내었고"(요 17:18)라는 말씀을 따라 세상 속으로 들어가야 한다. 가난, 무주택, 실업, 차별 등 사회적 문제들을 인식하면서 그들 속으로 들어가야 한다.[14] 그리고 교회는 이 일을 위해 자신들을 조직화해야 한다. 교회가 예배와 교제만을 위해 교회 구조를 갖추고 교회 내의 활동만을 위해 재정과 프로그램과 여러 자원을 투입하는 것은 결코 바람직하지 않다.

우선 교회는 자신들의 프로그램과 재정 운용을 꼼꼼히 점검해야 한다. 재정의 몇 퍼센트를 교회 건물 유지 및 행정 운영비로 사용하는지, 이웃과 지역 사회를 섬기는 재정의 비율은 얼마나 되는지 따져 보아야 한다. 얼마나 많은 프로그램이 있고 그중 성도들을 세상으로 보내는 프로그램은 얼마나 되는지, 성도들은 그러한 프로그램에 얼마나 참여하고 있는지를 따져 보아야 한다. 그리고 교회는 세상으로 보냄받은 그리스도의 몸으로서 적어도 재정의 몇 퍼센트를 세상을 위해 쓸지 원칙을 세워야 한다. 프로그램이나 사역을 정한 후에 재정을 고민하자는 주장도 일리가 있다. 하지만 대개의 경우 교회 내부의 운영을 위한 재정을 먼저 떼어 놓기 때문에 나중에 교회 밖을 섬기기 위한 재정을 확보하기가 쉽지 않다. 과감하게 재정의 비율을 먼저 정해 놓으면 그것을 사용하기 위해서라도 교회 밖을 향하는 프로그램을 열심히 찾게 된다. 교회 밖을 섬길 재정의 비율을 갑자기 늘리기 어렵다면 3개년 또는 5개년 계획을 세워 그 비율을 점차 늘려야 한다.

섬김을 위해 교회 재정을 적극적으로 사용하는 것도 중요하지만 성도들이 섬김에 직접 참여하지 않은 채 돈으로 떼우려는 잘못을 범하지 않도록 해야 한다. 대부분 섬겨야 할 이웃들이 사는 환경은 그리 깨끗하지 못하고 어려운 삶이 묻어 있는 곳이어서 직접 방문해서 그들과 얼굴을 맞대는 것은 상당히 부담스럽고 피곤할 수밖에 없다. 그래서 어떤 경우는 그냥 돈으로 해결하는 쉬운 방법을 택하고 그것에 만족하기도 한다. 그러나 그러한 모습은 긍휼의 마음이 뒷받침된 진정한 섬김이라고 보기 어렵다. 바람직한 섬김은 성도 자신이 가진 시간과 재능과 은사를 사용하는 것이다. 섬김의 현장에 깊숙이 들어가 이웃들과 함께 마음을 나누는 것이다.

교회는 장기적이고도 체계적으로 지역 사회를 섬길 수 있는 시스템을 갖추어야 한다. 주기적으로 지역 사회의 필요를 조사하고 자신의 은사들을 점검하기 위한 상시 위원회나 특별 팀을 구성해야 한다. 이들은 교회 재정 사용의 원칙을 정하고, 그것이 제대로 집행되는지 점검하는 일을 맡는다. 또한 교회의 여러 프로그램들을 점검하고 평가해서 구조 조정을 해야 할 부분과 더 개발해야 할 부분을 정리해서 올바른 방향을 제시해야 한다. 모든 성도들이 섬김 사역에 대해 공유하고 기도하고 힘을 보탤 수 있는 장도 마련해야 한다. 섬김 사역을 공유할 전용 홈페이지를 활용하거나 제직회나 사역 위원회를 통해 섬김 프로그램의 진행 과정과 성과를 주기적으로 공유하는 것도 한 방법이다.

섬김의 플랫폼이 되자

한국 교회의 섬김 사역에 꼭 필요한 것 한 가지는 지역 교회들 사이의 연합이다. 개인 성도들이 교회로 모여 그리스도의 몸을 이루는 것을 좀 더 확장하면 여러 교회들이 함께 모여 더 큰 그리스도의 몸을 이루는 것이 된다. 교회들이 지역 사회를 위해 연합함으로써 그리스도의 몸을 이루고, 그분이 보여 주신 섬김의 모범을 더 크게 나타낼 수 있다. 지역 내 교회들이 그 지역 사회의 다양한 필요들이 무엇인지 공유하고, 그것을 가장 효과적으로 채워 주기 위해 역할을 분담하며, 때로는 은사와 역량을 보완하면서 함께 손잡고 섬겨야 한다. 세계 복음주의자들이 "로잔 언약"에 이어 "마닐라 선언"(Manila Manifesto, 1989)에서도 이 점을 분명히 했다. 21개 항의 고백 중 17항에서는 "우리는 교회와 선교 단체 그리고 그 외 여러 기독교 기관들이 복음 전도와 사회 참여에 있어 경쟁과 중복을 피하면서 상호 협력하는 것이 절실히 필요함을 단언한다"고 밝힌다.[15] 세상의 기업이 가지고 있는 사회 공헌의 지혜 중에서 여기에 적용할 수 있는 개념들이 있다. 바로 생태계와 플랫폼 개념이다.

현대 사회에서는 기업이 혼자서만 활동해서는 경쟁력을 가질 수 없다. 즉 지금과 같이 기술이 복잡하고 발전 속도가 빠른 상황에서는 기업 혼자서 상품을 개발하고 만들어 팔면 오래갈 수 없다. 이 과정에서 나온 개념들이 생태계와 플랫폼이다. 아파트에서 1년에 한 번씩 열리는 마을 장터를 보자. 아파트는 장터가 설 수 있도록 일정한 공간을 마련해 준다. 상인들이 와서 장사할 수 있는 기반을 조성하는 것인데, 이것이 플랫폼이다. 아파트 마을 장터는 다양한 상인들, 즉 옷, 채소, 과일, 육류 등을 파는 상인들이 참여하면서 시장이라는 생태계가 된다. 아파트가 좋은 플랫폼을 제공할수록 마을 장터에는 좋은 상인들이 입점하여 판매 품목도 훨씬 많아지고 사려는 사람들도 많아져 수익이 늘어난다.

아이티 희망 프로젝트

기업들은 사회 공헌을 할 때도 플랫폼과 생태계 개념을 적용한다. 지역 사회 공동체를 돕는 데 기업 혼자서는 해결할 수 없는 문제가 많기 때문에, 사회 공헌 사업을 주도하는 기업이 플랫폼을 제공하고 여기에 다른 기업, NGO, 지역 주민 단체, 지자체가 참여하여 공동으로 사업을 전개하고 창의적으로 문제를 해결한다. '아이티 희망 프로젝트'(Haiti Hope Project)는 코카콜라 사(The Coca-Cola Company)가 농업 전문 NGO인 테크노서브(TechnoServe) 및 망고 경작자와 협력한 사례이다. 코카콜라 사는 아이티 망고를 수입하여 만든 음료를 판매할 때마다 1병당 10센트를 기부한다. 테크노서브는 망고 경작자들에게 망고 경작 기술과 품질 향상을 위한 교육을 제공한다. 이를 통해 지진으로 고통받던 아이티 농부 2만 5천

명의 소득이 배가 되는 효과를 보았다[「협력으로 승화하는 기업의 사회 공헌」 (삼성경제연구소)].

이제 교회도 섬김에 있어서는 플랫폼과 생태계 관점의 전략적 접근이 필요하다. 지역 내 이웃들의 여러 문제들을 혼자서 감당하기보다는 교회가 장터 마당을 제공하는 플랫폼 역할을 하고 지역의 다른 교회, NGO, (부녀회 같은) 지역 주민 단체가 함께 섬김의 생태계를 만드는 것이다. 이를 통해 지역 사회를 더 잘 섬길 수 있을 뿐 아니라, 교회가 선한 일에 기꺼이 자리를 내준다는 인식을 심어 줄 수 있다.

함께 나누는 공동체 의식

앞서 한국 교회의 섬기는 모습이 이웃의 입장을 고려하기보다는 시혜자적 관점에서 사회 봉사를 전도와 선교 및 교세 확장의 수단으로 활용하는 듯한 인식을 준다는 점을 지적했다. 이것이 한국 교회가 이웃을 위한 구제 활동에서 다른 종교 단체보다 더 많은 재정을 담당하면서도 사회에 감동을 주지 못하는 중요한 이유 중 하나이다.[16] 그렇기 때문에 섬김의 실천에서 먼저 생각해야 할 것은 섬김의 태도와 동기가 '함께 나누는 공동체 의식'에서 나와야 한다는 점이다. 내가 더 많이 소유하고 있기 때문에 또는 내가 그들보다 낫기 때문에 이웃을 돕는 것이 아니라, 그들의 문제가 곧 우리의 문제라는 상호 책임 의식에서 도와야 한다.

교회가 전도나 선교를 목적으로 이웃 섬김에 접근하지 않으려면 이웃 섬김에 대한 개념 자체를 달리해야 한다. 섬김 자체가 교회의 정체성이며 이웃 섬김도 교회의 본질적 사명 중 하나라는 생각으로 접근해야 한다. 그래야 섬김이 단순한 종교적 봉사를 넘어설 수 있다. 종교적으로 봉사해야 한다는 의무감이 아니라, 어려운 이웃의 입장에 서서 그들을 돕겠다는 헌신과 사랑이 섬김의 동인이어야 한다.

지역을 섬기는 교회들

고척교회는 지역의 다른 교회들과 연합하여 지역 사회를 섬긴다. 복지 재단인 희망의복지재단을 통해 데이케어 센터를 운영한다. 그리고 '희망 푸드 뱅크'를 통해 음식점에서 남은 음식을 기부받아 위생적으로 재포장한 후 인근 지역의 작은 교회 20-30개에 배달해 주면 그들이 주변의 독거 노인 등 어려운 이웃을 섬긴다.

청주주님의교회는 교회 유지 비용을 최소화하고 일반 재정의 50퍼센트를 선교, 구제, 봉사, 장학금으로 지출한다. 이 교회에서 운영하는 '사랑의 나눔 마켓'은 생활 필수품을 기부받아 지역의 이웃들을 돕는다. 매년 1억 원 상당의 '사랑 나눔 상품권'을 발행하여 매달 교인들이나 지자체를 통해 제도권의 도움을 받지 못하는 빈곤층 이웃에게 배포하면 그들이 이곳에 와서 물건을 구입한다. 이웃 섬김을 교회로 사람들을 끌어들이기 위한 수단으로 보는 것이 아니라, 교회가 선한 이웃으로서 찾아간다는 정신을 강조한다.

기능적으로만 섬기는 것을 경계하라

섬김은 교회의 정체성이다. 교회는 섬김을 행하기 위해 사람을 세우고 그들이 각자의 은사에 따라 섬길 수 있도록 조직화해야 한다. 하지만 주의할 점이 있다. 첫째는 교회의 섬김이 프로그램 또는 일 중심으로 돌아가지 않도록 해야 한다. 많은 교회들이 잘 섬기기 위해 프로그램 설계와 운영 조직에 신경을 쓴다. 때로는 이것이 지나쳐 섬김보다는 프로그램 자체나 조직 운영이 목적이 되는 경우도 있다. 섬김이 성도들의 삶에 내재화되는 것이 아니라, 프로그램과 예산이 있으니까 섬기는 일에 참여하는, 그야말로 기능적으로만 섬기는 잘못을 범하게 된다. 그리고 이러한 모습이 누적되면 섬김에 참여하는 성도들은 프로그램, 예산, 조직의 외형적 규모가 커지는 일에 열심을 내고, 또 그것이 섬김의 좋은 성과라고 생각한다. 또한 섬김을 특정한 부서가 담당해야 할 기능으로 생각하거나 섬기는 사람이 따로 있다고 생각하지 않도록 해야 한다. 건강한 교회 공동체라면 모든 성도들이 섬김의 현장에 직접 참여하는 것을 당연하게 여기고 이를 적극 장려해야 한다.

둘째는 섬김과 자람 사이의 균형을 이루어야 한다. 본 장에서 섬김을 교회의 본질적 사역이자 정체성이라고 강조했지만, 이것은 살아 있는 교회의 표지인 배움과 성장, 교제, 예배, 전도와 함께 균형을 이루어야 한다. 특히 주의할 것은 섬김이 프로그램과 일만을 강조함으로써 성도들이 진정한 교제를 나누고 예배를 드리며 말씀 안에서 성장할 기회를 소홀히 하지 않도록 해야 한다. 섬김은 성숙한 그리스도인일수록 더 많이 참여한다. 이것이 너무나 당연하게 여겨져 교회 생활을 열심히 하는 성숙한 성도에게 여러 사역이 집중되며, 사람들은 그들이 믿음으로 그 일들을 잘 감당하리라고 생각한다. 그러나 이것은 오해이다. 아무리 성숙한 그리스도인이라도 이런 교회 생활을 계속하면 언젠가는 균형을 잃어 영적·정신적·육체적으로 소진되어 버린다. 미국의 윌로우크릭 교회가 바로 이런 경험을 했다. 윌로우크릭 교회는, 성숙한 그룹의 성도들이 신앙적으로 성장하기를 원하지만 일에 치여서 그럴 기회를 얻지 못하고 결국에는 교회를 떠나고 싶은 마음으로 교회 생활을 한다는 것을 알고 깜짝 놀랐다.[17] 건강한 그리스도의 몸으로서 모든 지체들이 그리스도의 장성한 분량에까지 자라는 경험을 돕고 싶은 교회 공동체라면 이 점을 유의해야 한다. 섬김과 자람은 동시에 충족되어야 한다. 섬김에 많이 참여하는 그리스도인들일수록 그들에게 영적으로 더 자랄 수 있는 기회를 제공하고 영적인 멘토를 지원해야 한다.

섬김의 실천을 위한 정책 제언

- 기업들이 사회 공헌에서 사용하는 SPIRIT, 즉 Social Investment(사회적 투자), Positioning(사업 선정), Integration(조직 통합), Review(평가 관리), Involvement(참여), Transparency(투명성)를 교회에도 적용해 보자.
- 섬김은 이웃의 필요를 정확히 아는 데서부터 출발한다. 교회가 바라는 것이 아니라 이웃이 원하는 것을 위해 섬겨야 한다. 이를 위해서는 지역 사회의 경제, 문화, 가구 분포 등에 대한 세밀한 조사와 분석이 있어야 한다.
- 교회는 섬김을 위한 재정 목표를 세워야 한다. 장기적이고 체계적인 섬김 시스템과 주기적인 점검 및 보완이 있어야 한다. 또한 돈으로만 섬기지 않도록 주의해야 한다.
- 교회는 지역 사회에서 섬김의 플랫폼이 될 수 있다. 지역의 다른 교회, NGO, 지역 주민 단체와 함께 섬김의 생태계를 만들고 섬김 장터를 제공하면 더욱 좋다.

3부

조직체로서의
교회 건강성

9장
목적 충실성

예수님은 이 땅에 오신 목적, 즉 사명을 명확하게 인식하고 그 목적을 향해 33년 동안 흐트러짐 없이 걸어가셨다. 그 길은 결코 평탄한 길이 아니었다. 그 길을 걷는 동안 그 목적에서 일탈하도록 유혹하는 요소들이 무수했지만, 예수님은 흔들림 없이 묵묵히 걸어가셨다. 광야에서 40일을 밤낮으로 금식하신 직후에 시험하는 자가 예수님께 나아와서 세 가지를 시험하였다. 돌들이 떡덩이가 되게 하라는 시험, 성전 꼭대기에서 뛰어내려 보라는 시험, 그리고 자신을 경배하면 천하 만국과 그 영광을 주겠다는 시험을 예수님께 던졌다(마 4:1-11). 예수님이 이 땅의 죄인들을 대속하기 위하여 오신 본연의 목적에 충실하지 않으셨다면, 즉 '죽으러 온 사명자' 의식에 충실하지 않으셨다면, 시험하는 자가 말한 대로 기적을 행함으로써 하나님의 아들임을 드러내고 세상의 왕권을 쥐고 사람들의 환호를 받으며 이 땅에 하나님의 왕국을 건설하려는 유혹을 쉽게 물리치실 수 없었을 것이다.

예수님의 명확한 목적 의식은 공생애 동안 일관되게 그분의 삶을 관통하였다. 예수님은 마지막 때가 온 것을 직감하시고 제자들에게 자신이 예루살렘에 올라가 장로들과 대제사장들과 서기관들에게 많은 고난을 받고 죽임을 당하고 사흘 만에 살아날 것임을 가르치셨다. 그때 수제자 베드로는 예수님을 붙들고 "이 일이 결코 주에게 미치지 아니하리이다"(마 16:22)라며 그 길을 가시지 말라고 간청한다. 이 일은 베드로가 "주는 그리스도시요 살아 계신 하나님의 아들이시니이다"(마 16:16)라고 고백함으로써 예수님으로부터 "너는 베드로라. 내가 이 반석 위에 내 교회를 세우리니 음부의 권세가 이기지 못하리라"(마 16:18)라는 인정을 확실하게 받은 직후에 일어났다. 그럼에도 불구하고 예수님은 베드로에게 "사단아, 내 뒤로 물러가라. 너는 나를 넘어지게 하는 자로다"(마 16:23)라며 가차없이 책망하셨다. 그분은 이 땅에 오신 목적을 완수하기 위해서라면 곁눈질을 하거나 인간적 연민에 이끌리지 않으셨고 인간적 고통을 피하지 않으셨다. 그 결정판이 겟세마네 동산에서 잡히시기 전 마지막 밤에 드리신 예수님의 기도에서 나타난다. 죽음의 잔을 앞에 둔 상황에서 자신이 원하는 바를 따르기보다 아버지의 뜻에 순종하겠다는 기도는 자신의 존재 목적, 즉 사명에 충실하신 예수님의 모습을 극명하게 보여 준다.

내 마음이 심히 고민하여 죽게 되었으니 너희는 여기 머물러 깨어 있으라 하시고…가라사대 아빠 아버지여 아버지께는 모든 것이 가능하오니 이 잔을 내게서 옮기시옵소서. 그러나 나의 원대로 마시옵고 아버지의 원대로 하옵소서. (막 14:34-36)

바울도 삶의 푯대를 명확하게 인식하고 달려갔던 대표적 성경 인물이다. 그는 예수님을 만나고 이방인의 사도로 부르심을 받은 이후에는 자신이 가진 모든 특권을 배설물로 여기고 그리스도를 얻고 그 안에서 발견되려는 일념으로 매진했다(빌 3:7-9). 온갖 핍박과 위험 요소들도 목표를 향해 달려가는 그의 걸음을 가로막지 못했다. 오히려 그러한 역경들을 자신이 이 땅에서 부르심을 받은 존재 목적을 감당하는 디딤돌로 삼았다. 바울은 자신의 삶에 대해 이렇게 고백한다.

> 그러나 무엇이든지 내게 유익하던 것을 내가 그리스도를 위하여 다 해로 여길 뿐더러 또한 모든 것을 해로 여김은 내 주 그리스도 예수를 아는 지식이 가장 고상하기 때문이라. 내가 그를 위하여 모든 것을 잃어버리고 배설물로 여김은 그리스도를 얻고 그 안에서 발견되려 함이니 내가 가진 의는 율법에서 난 것이 아니요 오직 그리스도를 믿음으로 말미암은 것이니 곧 믿음으로 하나님께로부터 난 의라. (빌 3:7-9)

> 푯대를 향하여 그리스도 예수 안에서 하나님이 위에서 부르신 부름의 상을 위하여 달려가노라. (빌 3:14)

푯대를 향해 걸어가는 삶이 사명자의 삶이다. 사명자가 하나님 앞에 부끄러움 없이 서려면 넓은 문으로 가지 않고 푯대를 향해 좁은 문으로 들어가야 한다. 푯대를 향한 순례의 길은 교회 공동체에도 마땅히 적용되어야 한다. 교회는 인간들의 필요에 의해 만들어진 기관이 아니라, 하나님이 분명한 목적을 가지고 이 땅에 세우신 하나님 나라의 공동체이며, 그 공동체에서는 하나님의 주권적 통치를 받는 일꾼들이 그분의 뜻에 순종함으로써 공동체를 세워 가야 하기 때문이다.

2014년에 상영된 김재환 감독의 〈쿼바디스〉라는 영화가 한국 교회에 상당한 반향을 불러일으킨 바 있다. 그 영화는 한국 교회가 '우리는 지금 어떤 존재 목적을 향해 나아가고 있는가?'라고 스스로 묻고 답해야 할 필요성을 환기시킨 작품이었다. 모든 교회는 주님이 계획하시고 의도하신 교회의 본질적 존재 목적을 푯대로 삼아 제대로 가고 있는지, 아니면 잘못된 존재 목적을 추구하며 잘못된 방향으로 질주하고 있는지 점검해야 한다. 그동안 한국 교회는 브레이크 없이 달리는 자동차처럼 성장의 가속 페달을 밟아 왔다. 모든 일이 그러하듯이 속력 이전에 방향이 중요함에도 불구하고 제대로 된 푯대를 향해 방향을 잡고 가는지를 진지하게 고민하는 데는 소홀했다. 한국 교회에서 목회를 성공적으로 했다고 인정받았던 홍정길 목사(남서울은혜교회에서 은퇴)도 한 방송에서 "나의 목회는 실패"라고 고백함으로써 한국 교회 목회자들에게 큰 울림을 주었다.

> 제 목회 40년을 뒤돌아보며, 제가 롤모델로 삼았던 미국 대형 교회 목사들을 볼 때, 예배당 크고 사람이 많이 모인 거 외에 (교회가 세상과) 뭐가 다른가? 제가 그 허상을 좇아왔어요. 지금도 큰 것, 그것뿐이에요. 목표가 잘못 설정됐어요. 그런 점에서 제 목회는 실패예요. 그 사람들이 하는 제자 훈련도 해 보고 선교도 열심히 했지만, 속아서 여기까지 왔습니다. 우리는 모르고 여기까지 왔어요. 다음 세대는 속지 않았으면 좋겠어요.
> (CBS의 "크리스천 NOW"에서의 대담, 2013. 9. 6.)

수년 전 릭 워렌 목사가 저술한 『목적이 이끄는 교회』(The Purpose Driven Church)와 『목적이 이끄는 삶』(The Purpose Driven Life, 이상 디모데)이 많은 사람들의 관심을 끌면서 교회와 개인들로 하여금 존재 목적을 되돌아보고 현재 가고 있는 방향을 그에 맞게 조율하도록 도전한 바 있다. 그러나 현 시점에서 얼마나 많은 교회와 성도들이 그 도전을 계기로 존재 목적에 충실한 교회 운영과 삶을 실천하는지 궁금하다. 그러한 도전과 인식 전환은 구체적 실천 전략과 실행으로 이어지지 않으면 곧 잊혀지게 마련이며 공동체와 개인은 관성의 법칙에 따라 익숙한 예전 방식으로 회귀하게 된다. 그러나 다른 사소한 사항은 잊더라도 주님이 교회 공동체와 성도 개인들에게 부여하신 이 땅에서의 존재 목적만큼은 결코 잊어서는 안 된다. 그 존재 목적을 올바로 깨닫지 못하고 달려간다면 "달음질하기를 향방 없는 것같이" 하고 "싸우기를 허공을 치는 것같이"(고전 9:26) 하는 것과 다를 바 없기 때문이다. 그 끝은 허무로 끝날 것이며, 무의미하게 시간을 보냈다는 자괴감 섞인 고백으로 귀결될 것이다. 교회 공동체와 성도 개인들에게 존재 의미를 가지게 하는 것은 '어떤 목적을 지향하고 있으며, 그 목적에 얼마나 충실하려고 노력하는가?'이다.

버릴 것과 채울 것

존재 목적에 충실한 교회 운영이 이루어지려면 버려야 할 것과 채워야 할 것이 있다. 하나님이 아브라함을 택하여 부르셨을 때 그 부르심 속에는 세상의 우상숭배와 그가 의지했던 것들로부터 떠나는 동시에 하나님의 약속과 인도에 믿음과 순종으로 반응하라는 요청이 내포되어 있었다. 이와 같이 하나님이 부여하신 존재 목적에 충실한 교회가 되겠다는 결단 속에도 버려야 할 것과 채워야 할 것에 대한 요청이 포함되어 있다.

가장 우선 버려야 할 것은 교회 공동체 구성원들의 신앙과 헌신의 에너지를 잘못된 방향으로 유도하는 가짜 목적이다. 한국 교회 안에 광범위하게 퍼진 대표적인 가짜 목적은 양적 성장이라는 세속적 목적이다. '한국 교회는 큰 교회와 아직 크지 못한 교회로 구분된다'는 말이 있을 정도로 양적 성장이라는 가짜 목적이 많은 교회에서 존재 목적의 자리를 차지하고 있다. 기업들이 이익 극대화를 위해 매진하고 세속 조직들이 세력 확장이나 영향력 확대를 위해 뛰는 것처럼 개별 교회도 교세 확장을 위해 성경적으로 옳고 그름에 대한 판단을 유보한 채 달려왔다. 그리고 그것은 현실적으로 교회 목회자들과 평신도 리더들의 마음 속에 깊이 자리 잡은 목회에 대한 평가 지표이자 교회를 섬기는 내면적 동기이다. 교회의 리더들은 양적 성장의 열매를 통해 목회의 성공 여부를 가늠하고 교회 봉사의 보람을 느낀다.

그러다 보니 존재 목적에 대한 깊은 고민 없이 양적 성장에 도움이 되는 프로그램 위주로 교회가 운영되곤 한다. 그런 교회에서는 그런 프로그램들이 교회의 존재 목적을 실현하는 데 도움이 되기 때문이 아니라 교회의 양적 성장에 도움이 되기 때문에 혹은 성장하는 교회들이 실행하고 있기 때문에와 같은 비본질적 이유로 도입되고 실행된다. 특정 프로그램에 대한 평가도 '해당 프로그램이 교회 공동체 구성원들로 하여금 교회의 존재론적 비전을 되새기며 올바른 방향으로 나아가도록 기여했는가?'보다는 '프로그램에 얼마나 많은 사람들이 참여했는가?'라는 기준에 따라 이루어진다. 이와 같은 무분별한 프로그램 운영으로 인해 교회의 인적·물적 자원이 과도하게 낭비되고 있다.

그러나 양적 성장 추구의 본질은 성공주의와 물량주의 같은 세속적 가치와 인간의 자아 극대화 욕망에 그 뿌리를 두고 있다. 올바른 목회와 성경적 원리에 충실한 교회 운영의 결과로서 나타나는 양적 성장까지 가짜 목적을 추구한 결과로 폄하해서는 안 되지만, 양적 성장 자체는 교회 공동체가 추구해야 할 대상이 결코 아니다. 교회의 양적 성장을 존재 목적으로 삼고 그것을 좇아가려는 내면의 탐심은 우상숭배와 다를 바가 없다(골 3:5).

한편, 버리고 비운 자리에 채워야 할 것은 하나님이 각 지역 교회를 세우신 본래의 목적과 하나님 나라의 백성이 지켜야 할 성경적 원리(예. 믿음과 순종)와 성경적 가치관이다. 조직 경영에서 무엇을 조직의 존재 목적으로 설정하고 그것에 얼마나 충실한가는 매우 중요하다. 조직의 존재 목적은 '우리 조직이 왜 존재하는가?'에 대한 대답으로서 그 조직이 궁극적으로 구현하고자 하는 결과 혹은 상태이다. 그 목적에는 가치의 우선순위가 내포되어 있다. 한 조직의 존재 목적은 그 조직이 무엇을 최상의 가치로 삼고 무엇을 보조적 가치로 삼는지 보여 준다. '성도들의 삶과 세상 속에서 하나님의 통치가 실현되도록 한다'는 존재 목적과 '하나님의 능력에 힘입어 지역 내에서 가장 큰 교회가 되도록 한다'는 존재 목적을 비교해 보라. 교회의 존재 목적을 잘못 설정하고 그 존재 목적이 수단을 정당화하게 되면 그로부터 많은 문제들이 파생될 수 있다. 그렇기 때문에 하나님이 의도하신 본래의 목적이 교회 공동체의 존재 목적으로 자리 잡고 가짜 목적이 끼어들 여지를 주지 않아야 한다. 세상적 원리와 가치관이 아니라 성경적 원리와 가치관이 공동체 구성원들 안에 체질화되도록 해야 한다.

교회 본연의 존재 목적을 제자리에 놓으면, 그 존재 목적에 충실하도록 운영 체계를 정비하고 교회 공동체의 일상적 운영이 그 목적과 일치하도록 교회의 리더들과 성도들이 함께 힘써야 한다. 우리 안에 체질화된 나쁜 습관을 좋은 습관으로 바꾸는 것이 쉽지 않듯이 세속적 방식으로 세속적 목적을 이루기 위해 달려왔던 교회의 체질을 성경적 방식으로 교회 본연의 목적을 향해 나아가도록 바꾸는 것은 결코 쉽지 않다. 그렇기 때문에 성령의 인도 가운데 교회 공동체 안에 깊이 뿌리 내린 나쁜 관행들을 뽑아내고 새로운 목적과 가치를 체질화할 수 있도록 개혁을 결단하고 철저하게 실천해야 한다.

하나님이 교회를 세우신 목적, 즉 그분이 주신 꿈을 명확하게 확인하고 그것을 좌표 삼아 운영되는 교회를 우리는 목적에 충실한 교회라고 일컫는다. 교회가 교회다움과 건강성을 회복하려면 마땅히 하나님이 주신 존재 목적에 충실해야 한다. 하나님이 계획하신 목적과 무관하게 인간이 설정한 목적에 따라 세워지고 운영되는 교회는 이미 교회가 아니다. 그런 교회는 예수 그리스도가 아니라 사람이 머리 역할을 하고 있기 때문이다. 교회는 머리 되신 예수 그리스도께서 부여하신 목적에 따라 나아가고 있는지 지속적으로 점검해야 한다.

한국 교회의 현주소

많은 한국 교회들이 바로 이 목적 충실성 측면에서 취약성을 보인다. 저자들이 180개 교회를 대상으로 실시한 CHEQ II 분석 결과에서도 그것

목적 충실성	평균값과 긍정 응답 비율
1. 성도들은 우리 교회의 존재 목적, 즉 하나님이 이 지역에 왜 우리 교회를 세우셨는지에 대한 이유와 사명을 명확하게 공유하고 있다.	3.78　　52.2%
2. 우리 교회의 존재 목적은 하나님의 뜻에 비춰 볼 때 순수하며 인간적 욕심에 물들지 않은 목적이라고 할 수 있다.	3.77　　56.6%
3. 우리 교회는 전반적으로 볼 때 존재 목적에 맞게 운영되고 있다.	3.57　　38.3%
4. 우리 교회는 교회의 사역이나 운영이 존재 목적에 부합하는지 수시로 되돌아보는 편이다.	3.47　　37.7%
5. 우리 교회에서는 어떤 사역이나 프로그램을 도입하거나 실행하고자 할 때 그것이 교회의 존재 목적에 부합하는지를 우선적으로 고려하여 결정한다.	3.57　　39.4%

[표 9.1] CHEQ II 조사 결과: 목적 충실성(기준 연도: 2013년)

이 드러난다. 목적 충실성을 구성하는 세부 항목 다섯 가지에 대한 목회자와 직분자의 평가 결과 평균값은 표 9.1에서 보는 바와 같이 5점 기준으로 평균 3.47-3.78점 사이에 머물러 있다. 개별 설문 응답에서 3점대는 '그렇다'고도 할 수 없고 '그렇지 않다'고도 할 수 없는 어정쩡한 상태를 나타낸다. 세부 항목별로 보면, 1, 2번 설문에 '그렇다'와 '매우 그렇다'에 응답한 교회의 비율이 50퍼센트대이고, 3-5번 설문에 '그렇다'와 '매우 그렇다'에 응답한 교회의 비율은 30퍼센트대에 불과하다.

교회가 존재 목적에 충실하지 못하면 성도들의 진실된 헌신을 기대할 수 없다. 상황 논리나 근시안적 관점에 따라 주요 의사 결정이 이루어지고, 교회의 여러 자원들이 엉뚱한 데로 낭비된다. 그러한 분위기에서는 하나님의 주권적 통치에 순종하는 자세로 교회 공동체를 섬기려는 성도들은 설 자리를 잃는다. 그리고 자아 극대화를 추구하는 개인들이 교회의 주요 직책에 포진하게 된다. 교회 내 부서들도 교회의 존재론적 비전에 기여하기보다는 해당 부서의 이익을 우선 챙기려는 부서 이기주의 경향을 보인다. 더 심각한 것은 인간의 세속적 욕망에 뿌리를 둔 가짜 목적들이 슬그머니 침투해서 교회를 오염시킨다. 예를 들어, 교세 확장이라는 가짜 목적을 추구하는 교회에서는 교세 확장에 도움이 된다고 생각하면 세속적 원리나 가치관까지도 무분별하게 차용한다. 이처럼 본연의 목적을 상실한 채 인간적 욕망에 끌려가는 교회라면 외형은 화려하지만 실질은 세속 조직과 다를 바 없다. 이는 예수 그리스도께서 머리 되시는 영광스런 교회와는 무관한 집단이다.

목적에 충실한 교회의 유익

반면, 목적에 충실한 교회가 되면 공동체 구성원들이 편협한 이해관계를 초월해 올바른 사명 의식을 가지게 된다. 그리고 제반 사역과 활동이 교회의 존재 목적과 연계되기 때문에 거기에 참여하는 성도들은 자신들의 헌신이 하나님이 주신 사명과 맞닿아 있으므로 자신들이 그분께 쓰임받고 있다는 의미를 가지게 된다. 또한 성도들 사이에 공유된 존재론적 비전은 그들을 같은 방향으로 이끌고 조화롭게 움직이게 함으로써 그들 사이에 갈등을 줄여 준다. 이인삼각 경주에 참여한 두 사람이 동일한 푯대를 바라보고 같은 방향으로 뛰어야 효과적으로 목적지에 도달할 수 있는 것과 같다. 또한 목적에 충실하면 교회 내 중요 의사 결정이 올바른 방향으로 이루어지고 자원의 낭비를 막는 것은 물론 부서들 사이의 협력도 원활하게 일어난다. 무엇보다도 하나님이 부여하신 목적에 충실한 교회가 되어야 그분이 기뻐 받으시는 교회로 설 수 있으며, 세속 조직과 근본적으로 구별되는 교회 공동체가 된다.

또한 교회가 목적에 충실할 때 목회자에 의존하는 교회의 틀을 벗어나 비전을 중심으로 연속성을 가지는 교회로 성숙해진다. 목회자에 대한 의존성이 강한 교회는 목회자의 개인적 일탈이나 실수가 드러날 때 그로 인해 받는 타격이 매우 크다. 목회자의 자질이나 성향에 따라 교회가 활성화되기도 하고 침체되기도 한다. 특히 담임 목회자의 은퇴에 따른 리더십 공백이 커질 수 있다. 그로 인해 담임 목사직 세습이라는 기형적 현상이 나타나기도 하고, 교회가 갈등의 소용돌이에 휘말리기도 한다. 그러나 교회가 존재 목적에 충실하려는 의지가 있고 그것을 뒷받침해 주는 운영 시스템을 잘 갖추면 수시로 바뀌는 상황이나 소수의 개인에 의해 흔들리지 않고 교회의 정체성을 유지하면서 발전할 수 있다.

목적에 충실하지 못한 원인

그렇다면 교회가 존재 목적에 충실하지 못한 원인은 무엇일까? 무엇보다도 교회의 본질에 대한 진지한 고민이 부족하기 때문이다. 목적 충실성에 대해 고민하는 것은 수시로 '우리 교회는 왜 존재하며 지금 어디로 가고 있는가?' '만일 우리 교회가 없어진다면 이 지역 사회와 한국 교회에 무슨 일이 일어날까?' '교회의 제반 사역과 프로그램들은 무엇을 위한 것인가?'와 같은 근본적 질문에 대해 생각해 보는 것이다. 타 교회보다 앞서기 위해 앞만 향해 달려온 교회들이 잠시 멈춰 서서 지금까지 온 길을 되돌아보며 앞으로 가야 할 방향에 대해 숙고하는 것은 결코 쉽지 않다. 더 빨리 달려야 한다고 생각하는 교회 리더들에게는 멈춰 서서 근본적 방향을 되짚어 보는 일이 부질없게 보일 수도 있다. 그러나 이는 그러한 고민을 피할 수 있는 정당한 이유가 되지 못한다. 하나님 앞에서 결산할 때에는 그분이 부여하신 사명과 목적에 얼마나 충실했는지에 따라 평가를 받을 것이기 때문이다.

하나님께 대한 경외심 부족과 인간적 욕심에 대한 제어력 부족이 또 하나의 원인이다. 특별히 목회자들의 무뎌진 영성과 제어되지 못한 인간적 욕망은 교회가 하나님의 뜻에서 멀어지게 하는 데 가장 결정적인 역할을 한다. 우리가 무지해서 교회 본연의 목적에 충실하지 못했다면 오히려 심각한 문제가 아닐 수 있다. 그 중요성을 새롭게 인식하고 이를 계기로 올바른 길로 가면 되기 때문이다. 문제는 알면서도 죄성에 물든 본성과 욕심을 하나님 앞에 내려놓지 못하는 데 있다. 목적에 충실하지 못한 수많은 교회의 목회자들과 성도들이 교회의 존재 목적을 알면서도 인간적 욕심을 이기지 못해서 교회 공동체가 방향 감각을 잃고 표류하여 교회다움을 잃는 것이다. 하나님의 부르심을 받아 수십 년 동안 교회를 섬겼던 목회자들조차도 은퇴 시에 사적 욕심을 내려놓지 못해 담임 목사직을 자식에게 세습하는가 하면, 교단이나 교회 연합 기구의 장(長) 자리를 차지하기 위해 온갖 불의한 방법을 동원한다. 이러한 모습들을 보면 하나님의 뜻에 순종하려는 의지보다 인간적 욕심이 얼마나 더 강한지를 알 수 있다. 과연 그러한 목회자들 안에 하나님께 대한 경외심이 있는지조차 의문이다.

적당주의(혹은 타협주의)도 고질적 원인 중 하나이다. 한국 교회 안에서 자주 사용되는 표현 중에 '은혜로'라는 말이 있다. 값없이 은혜를 받은 자로서 서로의 약함을 이해하고 덮어 주며 서로를 세워 주자는 취지의 말이다. 구원을 받았지만 죄성으로부터 완전히 자유롭지 못한 사람들이 모여 교회 공동체를 이루기 때문에 서로를 은혜로 대하는 것이 사랑의 공동체를 이루는 데 필수적이다. 그러나 '은혜로'라는 말이 본래의 취지를 벗어나서 무분별하게 쓰이면 교회 공동체를 병들게 할 수 있다. 예를 들어, 교회 내에 불합리와 부조리가 뿌리를 내리고 있음에도 불구하고 그것을 바로잡으려 하기보다는 '은혜로' 넘어가자고 말할 때 그것은 까칠하게 하나하나 따지기보다는 적당한 수준에서 타협하거나 문제를 덮고 가자는 취지로 쓰인다. 이러한 적당주의가 목적에 충실한 교회를 이루는 데 큰 방해 요인으로 작용한다.

처방

존재 목적에 충실한 교회가 되려면 어떻게 해야 할까? 우선 하나님이 부여하신 교회의 존재 목적을 성경을 통해 발견하고 확인해야 한다. 교회 공동체는 '하나님이 왜 우리를 부르셔서 교회 공동체로 세우셨는가?'라는 존재 이유에 대한 답을 얻기 전까지는 사역을 위한 기초와 동기와 방향을 가지지 못한 상태라고 볼 수 있다. 특정 시점에 특정 지역에 교회를 세우신 하나님은 그 교회를 통해 이루고자 하는 목적을 가지고 계신다. 바로 그 목적을 교회의 존재 목적으로 받아들이고, 그것을 성취하기 위해 성령의 인도를 받아 쓰임받는 공동체가 될 때 그 교회의 존재 의의가 살아나게 된다. 교회의 존재 목적, 즉 존재론적 비전은 특정 리더나 개인의 뜻에 따라 정해져서는 안 되며, 하나님이 공동체에 보여 주신 꿈이어야 한다. 지역 교회가 사람의 계획에 의해서가 아니라 주님의 계획과 섭리에 의해 시작되었기 때문이다. 따라서 해당 지역 교회의 존재 목적에 대해 공동체 구성원들이 함께 주님께 여쭙고 주님의 계획 속에 있는 바로 그 목적을 발견하고 확인해야 한다.

그 존재 목적은 하나님이 새 언약 백성으로 구성된 교회를 이 땅에 두신 보편적 존재 목적과 일관성을 가져야 하며, 구약 시대에 아브라함과 이스라엘 백성을 선택하여 부르신 목적과 맥을 같이해야 한다. 하나님은 자신의 창조 세계 전체를 향한 목적을 갖고 계시며, 그 신적 사명의 일환으로 그분은 자신과 함께 그 사명을 성취할 한 백성을 창조하셨다.[1] 우리의 존재 목적과 사명은 모두 여기에서 나온다. 창조 세계를 향한 하나님의 목적으로부터 유발된 교회의 보편적 존재 목적을 하나님 백성의 선교라는 개념으로 정리한 크리스토퍼 라이트는 선교에 대한 우리의 제한된 이해의 폭을 넓힐 수 있도록 관점 전환 포인트 몇 가지를 제시한다. 요약하자면, 하나님의 선교는 (1) 인간에 국한되지 않고 창조 세계 전체를 위한 것이고, (2) 성속의 구분을 넘어선 모든 영역(예. 노동, 사업, 교육, 정치, 의료, 스포츠)이 그 무대이며, (3) 말로 전하는 전도를 넘어서 삶에서의 거룩함을 통해 증거되어야 한다.[2] 따라서 하나님의 백성으로 이루어진 교회의 존재 목적은 실질적으로 하나님의 통치를 받는 공동체가 됨으로써 이 땅의 모든 사람들이 그분의 통치 가운데로 나아오도록 인도하는 복의 전달자가 되는 것이다.[3] 또 세상의 모든 영역에서 하나님의 통치가 이루어지도록 매개자가 되는 것이며,[4] 창조 세계가 복음 안에서 구속되고 회복되도록 섬기고 돌보는 것이다.[5] 궁극적으로는 창조 세계 전체와 열방의 백성들이 하나님께 예배와 찬송과 영광을 돌리는 자리에 나아오도록 하는 것이라고 말할 수 있다.[6]

한편 존재 목적을 설정할 때는 두 가지 측면을 고려해야 한다. '하나님은 우리가 어떠한 공동체가 되기를 원하시는가?'라는 존재 양식(being)

측면과 '하나님은 우리가 어떤 사명을 감당하기를 원하시는가?'라는 사명 수행(doing) 측면이다. 먼저 하나님은 그분의 통치를 받는 공동체가 되도록 우리를 부르셨다. 교회는 아브라함 안에서 하나님의 백성이 되도록 선택받고 부름받은 백성이다.[7] 그렇기 때문에 교회 공동체는 무엇을 하기(doing)에 앞서 하나님의 통치를 받는 자리에 있어야(being) 한다. 지속적으로 하나님의 뜻을 묻고 그 뜻에 믿음으로 순종하는 공동체가 되어야 한다. 우리는 스스로의 힘과 능력으로써가 아니라 하나님의 주권적 통치와 인도에 순종함으로써 그분이 주신 사명을 감당하도록 부르심을 받았기 때문이다. 그렇게 될 때 우리는 구속적 삶을 살고, 세상과 구별되는 거룩한 백성이 되며, 세상을 향해 하나님을 대표하는 제사장이 되는 동시에 열방에 복이 되는 백성으로 설 수 있다.

교회가 하나님 앞에 선 공동체, 말씀과 성령의 이끄심을 받는 공동체가 되지 못하면, 사명 공동체로서 제대로 섬길 수 없다(눅 24:49; 행 1:4, 8; 요 15:5). 교회 공동체가 하나님의 임재와 통치를 경험하지 못한 상태에서 복음을 전파하려 하면 그 복음은 삶이 뒷받침되지 않은 채 말로만 전달되는 공허하고 값싼 복음에 머물게 되기 때문이다. 교회 공동체는 "말씀하옵소서. 주의 종이 듣겠나이다"(삼상 3:10)라는 자세로 하나님 앞에 설 때 비로소 그분의 목적을 이루는 데 쓰임받을 수 있다. 그렇기에 교회 공동체의 존재 목적을 설정할 때 무엇을 해야 하는지보다 무엇이 되어야 하는지에 우선 초점을 맞추어야 한다. 박영돈 교수는 "교회가 세상을 향해 무엇을 하기보다는 먼저 무엇이 되어야 한다"고 말하면서 "천국이 실현된 교회의 존재 자체가 세상의 가장 큰 선물이며 축복"이라는 점을 강조한다.[8] 그리고 이러한 존재론적 비전에 충실할 때 교회 안에는 건강한 공동체적 특성 네 가지, 즉 참된 예배, 연합된 지체, 건강한 자람, 섬김의 실천이 구현된다.

교회의 존재 양식 측면 다음으로 고려해야 할 사명 수행 측면은 하나님이 하나님 나라의 복음을 전파하고 그 복음으로 세상을 섬기도록 교회를 세우셨다는 것이다. 교회 공동체는 하나님 나라의 백성으로 부르심을 받은 동시에 세상 속으로 보내심을 받았다. 교회는 계속 제자리에 머물러 있으면 안 된다. 세상 속으로 들어가 모든 영역에서 하나님의 통치가 이루어지도록 섬겨야 한다. 이는 모이는 교회와 흩어지는 교회 사이의 균형과 조화의 문제이기도 하다. 둘 사이의 균형은 '제대로 흩어지기 위해 잘 모이는 교회'가 되는 데서 이루어진다. 교회 공동체가 세상과 분리되어 믿는 자들만의 성을 쌓는다면 그것은 하나님이 이 땅에 교회 공동체를 세우신 근본 목적에 배치된다. 크리스토퍼 라이트는 "하나님은 자신의 교회를 위해 세상에 선교를 두신 것이 아니라, 자신의 선교를 위해 교회를 두셨다"라고 지적한다.[9] 교세 확장을 위한 선교가 아니라, 온 세상을 하나님 나라로 변혁시키기 위한 선교를 해야 한다. 교회 공동체와 그리스도인들은 세계관이나 삶의 양식 면에서 세상과 구별되는 동시에 세상 속으로 들어가 섬겨야 한다.

더불어숲동산교회의 존재론적 비전

'한국 교회에 주신 다양한 영적 전통을 통합하고, 10년 후 한국 교회의 나아갈 방향을 제시하는 교회'

'하나님 나라 신학과 십자가의 영성과 성령의 능력을 갖춘 급진적 제자 공동체를 통해 공교회성과 공동체성과 공공성을 회복하는 선교적 교회'

> **성암교회의 사명 선언문**
>
> 우리 성암교회는 예수 그리스도를 진정으로 따르며 목회자와 평신도가 은사와 기능대로 함께 사역하며 성령의 공급해 주시는 능력을 힘입어 헌신하고 다른 교훈을 따르지 아니하고 오직 하나님의 말씀의 인도하심을 따르며 영감 있는 예배와 거룩한 개인의 삶을 통하여 하나님께 영광을 돌리고 서로를 돌아보아 섬기며 서로를 무장시켜 주고 우리가 경험한 하나님의 사랑을 지역 공동체와 이 세계에 전하려고 합니다.

존재 목적을 명확하게 설정하고 나면 공동체 요소들과 조직체 요소들을 그 목적 달성에 효과적으로 기여하도록 정렬해야 한다. 목적에 충실한 교회는 교회 공동체의 사역과 프로그램을 하나님이 주신 존재론적 비전에 맞추어 추진하고, 교회의 조직적 속성들—조직 구조, 리더십, 조직 운영, 의사 결정 방식, 직분 제도—도 존재 목적을 뒷받침할 수 있도록 정렬한다. 한 공동체가 시너지 효과를 극대화하여 존재 목적을 효과적으로 달성하려면 존재 목적에 맞는 실천 과제를 정하고 그에 따라 사역과 프로그램을 계획하며, 아울러 조직 구조 및 운영 방식도 그 존재 목적에 맞게 정렬해야 하기 때문이다. 다음 면의 표 9.2는 존재 목적—실천 과제—사역으로 이어지는 정렬 체계를 예시로 보여 준다.

물론 모든 것들이 교회의 존재 목적과 직접적·가시적 연계성을 가지게 하는 것은 쉽지 않다. 일선에서 이루어지는 사역들과 거기에 투입되는 자원들은 공동체의 존재 목적과 직접적 연계성을 가지지만, 후선에서 이루어지는 지원 사역들과 거기에 투입되는 자원들은 그렇지 못하다. 따라서 존재 목적과의 직접적 연계성을 기준으로 보면 많은 사역

존재 목적	실천 과제	주요 사역 및 프로그램
하나님의 통치를 체험하는 교회	• 참된 예배의 감격 회복	• 예배를 위한 중보 기도 사역 • 영감 있는 설교 사역 • 영감 있는 찬양 사역
	• 바른 신앙관 확립 - 하나님 주권에 대한 이해 - 하나님의 뜻에 대한 분별력 - 하나님을 아는 지식	• 말씀 훈련 사역 - 하나님 주권의 관점으로 성경 읽기 - 성경 공부: 『하나님을 경험하는 삶』 - 독서 모임: 추천 도서 목록
	• 영성 회복 운동 - 말씀 묵상과 기도 회복 - 주님을 의식하며 순종하는 삶	• 영성 일기(말씀 묵상, 간증 등) 나누기
	• 사랑의 공동체 구축 - 평신도 목양 - 사랑으로 용납하기 - 격려하는 교제	• 목장 활성화: 영성 일기 중심의 교제 • 천사 되기(각자 2명 이상 선정) • 3겹 줄 교제망 구축
낮은 곳으로 하나님의 사랑을 흘려 보내는 교회	• 소외 계층 선정 및 관계 형성	• 그룹별로 섬길 대상 선정 • 전문 사역 기관과의 연합 사역 • 찾아가 드리는 절기 예배
	• 소외 계층 지원을 위한 인적/물적 자원 확보 및 시스템 구축	• 그룹별 봉사자 인력 확보 및 훈련 • 기금 모금 계획 수립과 실행 • 긴급 지원 시스템 운영
	• 소외 계층 지원을 위한 대외 네트워크 구축	• 지역 내 타 교회들과 연합
다음 세대와 이문화권을 품는 교회	• 교회 학교 활성화 • 대학/청년부 활성화	• 자체 활성화 방안 지원 • 자녀들의 은사 개발 사역 지원 　(예. 청소년 밴드, 워십 팀 육성)
	• 해외 선교에 적극 동참 • 후원 선교지 출신 가정들과 네트워크 구축	• 선교지 품고 기도하기(목장별) • 단기 해외 선교 활성화

[표 9.2] 존재 목적과 실천 과제와 주요 사역 사이의 정렬(예시)

과 프로그램과 조직과 자원이 존재 목적과 관련 없는 것처럼 보일 수도 있다. 그러나 개별 사역 혹은 프로그램과 조직 구조와 자원 투입에 대한 의사 결정은 근시안적 관점에서가 아니라 교회의 존재 목적을 고려해서 이루어져야 한다.

목적에 충실한 교회가 되느냐 아니냐는 교회의 크고 작음과 관계가 없다. 외형이 화려하고 큰 교회라 하더라도 존재 목적을 상실한 채 비본질적인 것에 치우친 교회가 있는가 하면, 외형이 작은 교회라 할지라도 존재 목적에 충실한 교회가 있다. 오히려 교회 규모가 커질수록 존재 목적에 충실하기 위해 특별한 주의를 기울이지 않으면 안 된다. 교회가 대형화될수록 그 안에서 조직의 논리가 지배하기 쉽고, 교인들은 공동체에 대한 책임 의식을 잃어버린 채 익명화된 소시민으로 전락할 가능성이 크기 때문이다.

교회가 목적에 충실하려면 그 목적을 구성원들이 공유하고 내면화하고 실천해야 한다. "내가 우리 주 예수 그리스도의 이름으로 너희를 권하노니 모두가 같은 말을 하고 너희 가운데 분쟁이 없이 같은 마음과 같은 뜻으로 온전히 합하라"(고전 1:10)는 말씀처럼 교회 공동체 구성원들이 존재론적 비전을 중심으로 한마음을 품어야 한다. 이것이 교회의 보이지 않는 기초이다. 올바른 존재론적 비전을 중심축으로 하여 구성원들이 하나될 때 서로를 신뢰하고 서로에게 헌신할 수 있으며, 진정한 의미의 공동체가 되어 목적을 향해 험난한 여정을 함께 헤쳐 나갈 수 있다. 이를 위해 전 교인들이 교회의 존재론적 비전과 핵심 가치를 재확인하고 교회 공동체가 그 비전을 향해 올바로 가고 있는지 되돌아보는 자리를 정기적으로 마련하는 것이 바람직하다.

또한 교회 내 제반 사역 및 활동의 내용과 방향이 존재론적 비전을 지향하고 있는지 주기적으로 점검할 필요가 있다. 개별 사역을 따로 떼어 놓고 보면 그 나름대로 타당성을 가질 수 있지만, 그것이 교회 공동체 전체의 존재 목적을 향해 정렬되지 않으면 부분 최적화(sub-optimization) 현상에 빠지기 쉽다. 부분 최적화란 개별 부서의 사역이나 활동은 효율적으로 이루어지는 것처럼 보이지만 교회 전체 차원에서 보면 최적의 효과를 거두지 못하는 상태에 머무는 것을 말한다.

이러한 오류를 방지하기 위해 교회 내 단위 조직(예. 부서, 자치 조직)들이 자체 사명 선언문을 작성하도록 하는 것도 좋은 방안이다. 교회 공동체 전체의 존재론적 비전에 비추어서 해당 단위 조직이 왜 존재해야 하는지 그리고 어떠한 역할을 수행해야 하는지 정리하면 명확한 목적 의식을 가지고 해당 사역이나 역할을 수행할 수 있기 때문이다.

또 하나의 방안은 부서들의 협의체를 구성하여 부서별 사역 및 활동을 공유하고 교회 전체의 존재 목적에 비추어 서로 피드백을 제공하는 것이다. 협의체의 핵심 역할은 교회 전체적 시각에서 개별 부서들의 사역 및 활동의 의미를 점검하고 부서 간 조정이 필요한 사안을 협의하고 조정함으로써 부서 이기주의를 방지하고 부서 간 협력을 통해 시너지를 내도록 하는 데 있다. 이러한 역할을 원활하게 수행하기 위해서는 협의체를 이끄는 리더가 교회 공동체 전체를 보는 안목과 조정 및 통합 능력을 갖추어야 한다. 아울러 기회가 있을 때마다 부서 리더들을 대상으로 목적에 충실한 교회 운영 방안에 대해 교육하고 지도하는 것이 바람직하다.

맺는 말

교회가 하나님의 영광을 드러내려면 무엇보다도 교회다움을 회복해야 한다. 교회가 교회답지 못할 때 세상 사람들의 조롱거리가 되고 하나님의 영광을 가리는 결과를 가져온다. 교회가 세상 사람들에게 희망이 되지 못하고 복된 소식의 전달자로 인정받지 못한다면 그러한 교회가 이 땅에 존재해야 할 정당성이 어디에 있겠는가? 교회의 존재 목적을 세우고 그 목적에 충실한 교회가 되면 교회가 활력을 얻고 교회다움이 회복되는 계기를 마련하게 된다. 릭 워렌 목사도 "의기소침한 교회를 생기 왕성한 교회로 바꾸는 데 교회의 목적을 다시금 발견하는 것보다 더 빠른 길은 없다"라고 말한다.

한 교회의 건강성과 격(格)을 결정해 주는 핵심 지표 중 하나가 목적 충실성이다. 그것은 그 교회의 규모가 얼마나 큰지, 얼마나 많은 일을 했는지, 얼마나 널리 알려져 있는지 같은 외형적 요소가 아니다. 우리 인간은 눈에 보이는 외형에 의존하여 판단하는 경향이 강하지만, 하나님은 중심과 본질을 보신다. 머리 되신 예수그리스도께서 부여하신 존재론적 비전을 분명히 하고, 그것을 푯대로 삼아 그분을 의지하며 순종함으로 묵묵히 사명을 감당하는지가 그 교회의 건강성과 격을 말해준다. 항해하는 배가 목적지를 향해 올바로 가고 있는지 나침반을 수시로 확인하듯이 교회도 존재론적 비전을 향해 올바른 방향으로 나아가고 있는지 수시로 점검하지 않으면 안 된다.

특별히 수많은 교회들이 가짜 목적을 앞세워 세속적으로 위세를 떨칠 때 그리고 그 흐름에 편승하지 않으면 안 될 것 같은 유혹이나 압력을 느낄 때, 더욱더 교회가 존재 목적에 충실한지 깨어서 살펴야 한다. 그 큰 흐름이 우리의 판단력과 방향 감각을 흐리게 할 수 있기 때문이다. 오늘날 한국 교회가 바로 이와 같은 상황에서 놓여 있다. 교회가 본질적 존재 목적을 재확인하고 그 목적에 충실하기로 새삼 다짐해야 할 때이다.

목적 충실성을 위한 제언

- 교회는 하나님이 부르신 백성들로 구성된 하나님 나라 공동체이기 때문에 인간의 탐심이 내재된 가짜 목적이 이끌어 가서는 결코 안 된다. 목회자를 비롯한 교회 리더들은 교세 확장 같은 가짜 목적이 지금까지 교회 공동체를 지배하지는 않았는지 진솔하게 되돌아본 다음 하나님이 의도하신 교회의 본질적 존재 목적을 재확인하고 앞으로는 그 존재 목적에 충실하기로 결단하도록 하자.

- 교회 내 모든 부서와 자치 조직이 사역이나 프로그램을 계획하고 진행할 때 교회의 존재 목적과의 일관성을 유지할 수 있도록 해야 한다. 이를 위해 부서와 자치 조직들이 교회의 존재론적 비전과 연계된 자체 사명 선언문을 작성하도록 장려하자.

- 교회의 존재 목적은 성도들 사이에서 지속적으로 공유되어야 하고 교회 운영의 실질적 지향점으로서 작동해야 한다. 이를 위해 매년 교회 창립 기념 주간에는 교회의 현재 모습을 존재 목적에 비추어 평가하고, 다시금 교회 운영의 방향을 그 목적에 맞게 조율하며, 모든 성도들이 주님이 주신 본연의 존재론적 사명에 충실하겠다고 다짐하는 시간을 갖도록 하자.

10장

세움의 리더십

조직은 리더십에 좌우된다

잠언 31장에 나오는 '현숙한 여인'에 대한 말씀을 기반으로 성공을 일군 회사가 있다. 미국의 주차 건물 설계 회사인 팀하스(TimHaahs)이다. 팀하스의 경영 이념은 "우리는 어려운 이들을 위해 존재한다"이다.[1] 잠언 31장에는 현숙한 여인이 남편과 하인을 지혜롭게 대하고, 매사에 최선을 다하는 마음으로 일을 처리하고, 이웃에게 사랑을 나누어주는 모습이 나온다. 팀하스의 하형록 회장은 이 말씀을 경영 현장에 그대로 적용함으로써 회사를 탁월하게 이끌고 있다.[2] 직원을 뽑을 때는 잠언 31장을 설명해 주고 그 안에 담긴 회사의 정신에 진정으로 동의하는 사람만 선발한다. 팀하스는 이런 직원들과 하형록 회장의 리더십 덕분에 어떤 회사라도 예외 없이 겪게 되는 경영상의 심각한 어려움들을 거뜬히 이겨 내고 미국 젊은이들이 가장 일하고 싶어하는 회사가 되었다. 하형록 회장이 지은 책 『P31』(두란노)에는 다음과 같은 직원의 추천사가 있다. "팀하스의 CEO 및 직원들에게는 미국의 기업에서는 찾아보기 힘든 동지애와 가족적인 분위기가 있다. 나는 '우리는 어려운 이들을 돕기 위해 존재한다'는 팀하스의 조직 강령이 좋아서 마케팅 보직에 지원했다. 팀하스 사람들은 지성적이면서도 헌신적이고, 옆 사람을 살피며, 언제든지 도움을 줄 준비가 되어 있다."[3]

규모가 크든 작든 사람이 모인 조직을 이끌어 가기 위해서는 리더가 중요하다. 교회도 마찬가지이다. 교회의 머리는 예수 그리스도이시고 교회를 주관하는 이는 성령이시지만 교회를 이끌어 가는 일은 사람인 리더에게 맡겨진다. 리더가 교회의 머리이신 예수 그리스도의 뜻대로 교회를 이끌면 건강한 교회가 되지만, 그렇지 못하면 교회의 건강성은 유지되기 어렵고 그 안에 있는 성도들 역시 건강하지 못한 상태에 머물게 된다.

성경에는 공동체를 건강하게 세운 수많은 리더들이 등장한다. 험한 광야에서 40년이나 오합지졸 같은 이스라엘 백성을 이끈 모세, 그의 뒤를 이어 가나안 땅을 정복한 여호수아, 바빌론 치하에서 오래 전에 멸망해 황폐해진 예루살렘을 재건했던 느헤미야, 혼란스런 일이 생길 때 의견을 조정하고 대안을 제시하면서 초대교회를 이끌었던 야고보, 이방 땅에 교회를 세우고 디모데를 비롯해 초대교회 지도자들을 길러 냈던 바울 등 이루 헤아릴 수 없다.

반면 건강하지 못한 리더들도 있다. 이스라엘을 위해 받은 소명과 능력을 쓸데없는 일에 소모한 삼손, 이스라엘을 분열시킨 르호보암, 하나님으로부터 이스라엘을 떼어 놓은 아합, 율법의 잘못된 전통에 매여 유대 백성으로 하여금 예수님을 구세주로 받아들이지 못하게 했던 안나스와 가야바가 바로 그들이다. 성경의 역사를 보면, 건강한 리더로 인해 온 민족이 살고, 건강하지 못한 리더로 인해 온 백성이 고통과 멸망의 길을 갔다. 결국 리더가 어떠한가에 따라 국가와 교회, 그리고 모든 조직이 살고 죽는다.

한국 교회 리더십의 단면들

리더십에 대한 단순하고도 일반적인 정의는 '조직의 목적과 사명을 달성하기 위해 리더가 구성원들에게 영향력을 행사하는 과정'이다. 이러한 정의에 기반하여 한국 교회 리더십을 진단하면, 세 가지 문제가 발견된다.

첫 번째 문제는 교회의 목적과 사명 달성이라는 본질보다는 전통과 관습에 매인 리더의 모습이다. 한마디로 '전통과 관습으로 이끌어 가는 리더'이다. 단적인 예로 교회에서 젊은이들이나 평신도들은 장로들과 말이 잘 통하지 않는다는 표현을 자주 한다. 장로들이 예배, 헌금, 찬양, 주일 학교 운영에서 오랜 교회 생활을 통해 본인들에게 익숙해진 방식만을 고집한다는 뜻이다. 성도들이 지역 사회에 예배당을 개방하자고 하면, 장로들이 거룩한 성전을 비그리스도인들에게 함부로 내주거나 강대상에 아무나 올라가게 해서는 안 된다고 반대한다. 주일 학교나 청년부에서 새로운 프로그램이나 활동을 하려고 하면, 장로들이 우리 교회에서는 그런 것을 한 적이 없다면서 재정 지원이나 프로그램 진행을 허용하지 않아 담당자들이 애를 먹기도 한다. 담임 목사가 새로 부임하여 예배 형식을 변경하려고 하면 연륜이 오랜 장로나 집사들이 불편하게 여겨 선뜻 실행에 옮기지 못하는 경우도 많다.

아름다운 전통이나 관습을 지키는 것은 좋은 일이지만 전통과 관습을 성경보다 중요하게 여기는 것은 잘못된 일이다. 교회의 리더들이 의사 결정을 내릴 때 성도들을 세우고 그리스도의 몸을 이루어 간다는 교회의 본질적 목적에 부합한지를 따지기보다는 교회의 전통 혹은 관습을 기준으로 한다면 이는 올바른 리더십이 아니다. 성도들은 이러한 모습을 볼 때 과연 그것이 하나님의 뜻인지, 아니면 리더들이 그저 자기들에게 익숙한 전통이나 관습을 고집하는 것인지 혼돈을 겪게 된다.

두 번째 문제는 은사를 갖춘 직분자로서 진정한 영향력을 행사하지 못하고 단지 '직분이라는 이름만으로 이끌어 가는 리더'이다. 한국 교회에서는 섬김에 필요한 진정한 은사를 구비하지 못한 채 직분만을 받아 리더가 되는 경우가 많다. 한마디로, 이러한 상황은 직분자를 세울 때 그 직분에 부합한 은사를 가진 사람을 선출하는 것이 마땅함에도 불구하고 그렇게 하지 못하는 현실에서 기인한다. 교회를 섬기기 위해서는 교회 전체를 바라보고 비전을 세우는 직무, 교회 조직을 관리하는 직무, 다른 성도들을 세우고 양육하는 직무 등이 필요하고, 이러한 다양한 직무에는 각기 적합한 역량과 은사가 요구된다. 따라서 교회는 직분자가 섬겨야 할 직무와 거기에 필요한 은사를 명확히 제시하고 이에 부합한 직분자를 선출해야 한다. 하지만 한국 교회에서는 현실적으로 직분이 요구하는 은사와 상관 없이 연장자가 우선되고, 심지어는 헌금을 얼마나 하는지가 중요한 잣대가 되기도 한다.

또한 은사는 성령님이 주시는 선물이며, 교회는 성도들 중 이러한 은사를 가진 자를 발굴하고 양육한 후 적합한 직분을 맡기는 것이 올바른 순서이다. 하지만 실제는 그렇지 못하다. 표 10.1이 보여 주듯이 CHEQ II 조사에서 "우리 교회 리더는 성도들이 그들의 은사를 개발하

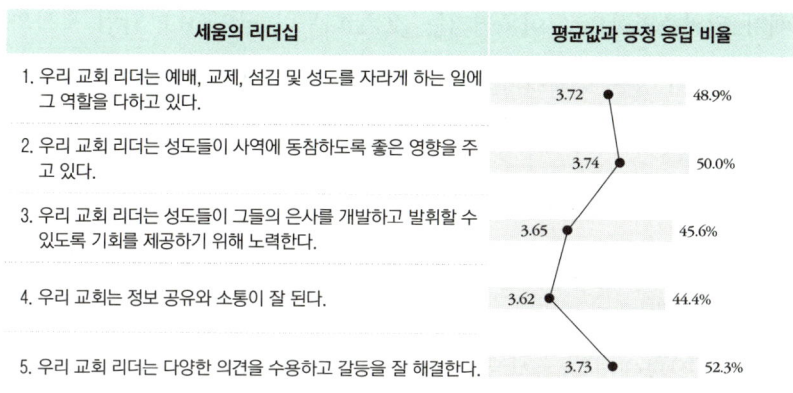

[표 10.1] CHEQ II 조사 결과: 세움의 리더십(기준 연도: 2013년)

고 발휘할 수 있는 기회를 제공하기 위해 노력한다"라는 문항에 45.6퍼센트만이 그렇다고 응답했다. 이렇게 은사를 제대로 구비하지 못한 직분자들을 세우다 보니 교회를 건강하게 세우기 위해 꼭 필요한 리더십이 발휘되지 못한다. "우리 교회 리더는 예배, 교제, 섬김 및 성도를 자라게 하는 일에 그 역할을 다하고 있다"라는 문항에 48.9퍼센트만이 그렇다고 응답한 것이 이를 잘 보여 준다.

세 번째 문제는 한국 교회의 리더들이 대체로 '권위적·유교적 리더십으로 이끄는 리더'라는 점이다. 대부분의 조직에서 나타나는 리더십의 특성은 그 조직이 처했던 역사적 상황과 문화의 산물인데, 우리 속에는 유교적 전통과 위계 질서가 유전자에 박혀 있다. 한국 교회에서 리더십은 유교적 전통에서 해석되고, 목사-장로-집사로 이어지는 위계 구조는 자연스럽게 받아들여졌다. 여기에 목사는 신적 권위를 지니고 있으므로 그 뜻을 거스르면 큰일난다는 심적 부담이 가미되어 권위적 리더십을 더 심화시켰다. 위계가 중시되는 문화이다 보니 교회 운영 자체가 권위주의적으로 이루어지는 것은 너무나 당연하다. 담임 목사와 장로들로 구성된 당회에서 모든 것을 결정하고 성도들은 그저 거기에 따르는 하향식 의사 결정 구조가 자리 잡게 된다. 또한 성도들은 목회자를 정점으로 한 권위적 리더십에 익숙하고 오히려 카리스마 있는 리더를 선호할 뿐 아니라 그런 리더가 교회를 성공적으로 이끌면서 성장시킨다고 생각한다.

이런 상황에서는 목사든 장로든 건강한 공동체를 위해 솔선수범하면서 섬기기보다는 성도들로부터 섬김을 받는 데 익숙할 수밖에 없다. 또한 교회가 목회자와 당회 중심으로 운영되다 보니 성도들은 그저 목회자나 당회가 시키는 대로 수동적으로 따라가는 데 익숙하다. 그 결과, 구성원들이 각자의 은사를 따라 자발적이고 능동적으로 섬기면서 함께 세워 나가는 건강한 공동체의 모습을 찾아보기가 어렵다. 일방적이고 권위적인 리더 스타일이 관행화된 조직에서는 의사 결정 과정이 불투명하고 정보 공유와 소통이 제대로 이루어지지 않는 경우가 많다. 한국 교회도 이와 크게 다르지 않다. CHEQ II의 문항 중 "우리 교회는 정보 공유와 소통이 잘 된다"라는 항목에 44.4퍼센트만이 그렇다고 응답한 것이 이를 잘 반영한다. 또한 "우리 교회 리더는 다양한 의견을 수용하고 갈등을 잘 해결한다"라는 항목에 52.3퍼센트만이 그렇다고 응답한 것은 여전히 많은 한국 교회 안에 권위적·일방적 리더십이 자리 잡고 있음을 말해 준다.

리더십 패러다임 변화가 필요하다

'조직의 목적과 사명을 달성하기 위해 리더가 구성원들에게 영향력을 행사하는 과정'이라는 정의에 부합한 리더십이 한국 교회 안에 뿌리내리게 하려면 어떻게 해야 할까? 이를 위해서는 리더십 패러다임의 변화가 필요하다. 전통과 제도가 아닌 '목적과 가치 기반의 리더십', 직분이라는 이름이 아닌 '은사 기반의 리더십', 권위적이거나 일방적이지 않은 '섬김과 참여의 리더십'으로 리더십 패러다임을 바꿔야 한다.

리더십의 단면들	리더십의 정의	바람직한 리더십
• 전통과 관습으로 이끈다. • 은사를 갖추지 못하고 직분의 지위로만 이끈다. • 권위적으로 이끈다.	조직의 목적과 사명을 달성하기 위해 구성원들에게 영향력을 올바로 행사하는 과정	• 목적과 올바른 가치로 이끈다. • 은사로 이끈다. • 섬김과 참여로 이끈다.

[그림 10.1] 리더십 패러다임

목적과 가치 기반 리더십

미국의 세계적인 여론 조사 회사인 갤럽(Gallup)이 2010년에 조사한 바에 의하면, 놀랍게도 회사 직원 중 업무에 몰입한 직원은 28퍼센트에 지나지 않았다. 2013년 조사에서도 이 수치는 크게 나아지지 않았다.[4] 지금 조사해도 크게 달라지지 않을 것이다. 이에 대해 많은 전문가들은 직원들이 게으르고 동기가 부족한 것이 아니라, 가치 있는 일에 기여함으로써 인생의 의미와 행복을 찾을 수 있는 일터를 만들어 주지 못한 회사에 책임이 있다고 말한다.[5] 요즘 회사들은 목적이 기업을 이끌어 간다는 말을 자주한다. 아무리 회사가 세련된 전략을 세워도 정작 직원들이 이 회사가 왜 존재하는지 모른다면 전략은 그냥 겉돌 뿐 실행되지 않는다.[6] 그래서 많은 회사들은 직원을 채용할 때부터 목적 의식이 명확한지 묻는다. 구글은(Google)은 직원을 채용할 때 "당신은 어떤 아이디어로 세상을 바꾸고 싶은가?"라고 질문한다. 구글의 핵심적 목적이 세상을 바꾸는 것이기 때문이다. 이런 질문을 받고 가슴이 뛰는 사람들이 구글에서 일한다. 목적과 더불어 직원들을 이끌어 가는 또 다른 요소는 바로 핵심 가치이다. 핵심 가치란 직원들의 판단과 행동의 기준이 되는 신념으로 직원들의 사고방식, 내면화된 가치관, 행동 양식을 결정한다. 서비스마스터(Service Master)란 미국 청소 회사는 「포춘」 지에서 존경받는 회사로 선정되기도 한 글로벌 대기업이다. 이 회사는 모든 직원들이 반드시 유념해야 할 행동 지침이 있다. 이 중 하나가 "우리가 하는 모든 일은 하나님께 영광을 돌리기 위한 것이다"이다. 그래서 직원들은 자신들의 업무가 하찮게 보이는 청소임에도 불구하고 그 일을 마치 하나님께 드리는 예배처럼 고귀하게 여긴다.

한국 교회도 이제는 교회가 마땅히 담당해야 할 목적과 소중한 가치에 리더십의 기반을 두어야 한다. 전통이나 관습에 의해 판단과 의사결정을 할 것이 아니라, 교회가 이 세상에 존재하는 이유 그리고 성경에서 말씀하는 소중한 가치가 기준이 되어야 한다. 리더들은 성도들에게 우리가 왜 이런 사역을 하는지, 어떤 성경적 원리에 바탕을 둔 것인지, 사역을 하면서 판단과 행동의 기준으로 삼아야 할 것은 무엇인지를 명확히 밝혀야 한다. 목적과 가치 판단의 기준이 명확하면 굳이 리더가 전면에 나서지 않아도 된다. 세세한 제도나 규칙에 얽매일 필요도 없다. 성도들이 지향해야 할 목적과 기준이 뚜렷하기 때문에 스스로 판단하여 건강한 방식으로 교회를 섬긴다. 리더들은 오직 목적이 올바른지, 성경적 원리가 바르게 적용되는지에 대해서만 신경을 쓰면 된다.

은사로 이끄는 리더십

리더가 영향력을 제대로 행사하기 위해서는 두 가지가 필요하다. 하나는 영향력을 행사할 수 있도록 누군가가 권위를 부여해 주는 것이고, 다른 하나는 영향력을 행사하기에 충분한 능력, 기술과 지식, 인격과 태도를 갖추는 것이다. 리더십에 대해 고민하는 회사들은 영향력을 개발하고 관리하는 일에 상당히 심혈을 기울인다. 관리해야 할 종업원의 규모에 따라 파트장, 그룹장, 팀장 등의 직책을 두고 그에 합당한 권한과 책임을 준다. 그리고 각 직책을 담당한 사람들이 발휘해야 할 리더십 역량을 명확히 알려 주고 주기적으로 그 역량을 개발시켜 준다. 회사 연수원에 들어가 체계적으로 잘 짜인 리더십 역량 개발 프로그램에 따라 3-4일, 때로는 일주일, 어떤 경우는 장기간 훈련을 받는다. 적어도 1년에 한 번씩은 직책에 적합하게 리더십 역량을 발휘하는지 평가하고, 좋은 평가를 받은 사람들, 즉 탁월한 영향력을 발휘한 사람들을 더 높은 직책으로 승진시킨다.

교회에서도 리더십이 제대로 영향력을 행사하기 위해서는 권위와 은사가 모두 필요하다. 교회는 직분 제도를 통해 다양한 직무를 수행할 수 있는 권위를 부여한다. 그리고 "우리가 한몸에 많은 지체를 가졌으나 모든 지체가 같은 기능을 가진 것이 아니니 이와 같이 우리 많은 사람이 그리스도 안에서 한몸이 되어 서로 지체가 되었느니라. 우리에게 주신 은혜대로 받은 은사가 각각 다르니 혹 예언이면 믿음의 분수대로, 혹 섬기는 일이면 섬기는 일로, 혹 가르치는 자면 가르치는 일로, 혹 위로하는 자면 위로하는 일로, 구제하는 자는 성실함으로, 다스리는 자는 부지런함으로, 긍휼을 베푸는 자는 즐거움으로 할 것이니라"라는 로마서 12:4-8처럼, 교회의 리더가 되는 직분자들은 그리스도의 몸인 교회를 세우는 데 필요한 은사를 반드시 갖추어야 한다.

섬김과 참여의 리더십

요즈음 회사들은, 지위에 따른 권위나 위계만을 앞세우고 진정한 영향력을 발휘하지 못하는 리더들은 회사에 유익이 되지 않는다고 생각한다. 그래서 양치기 리더십을 강조하는 회사들이 많아지고 있다. 양치기 리더십이란, 리더가 모든 구성원들 앞에서 주도적으로 강하게 이끌어야 한다는 전통적 리더십에서 벗어나 종업원들 뒤에서 그들이 마음껏 역량을 발휘하도록 지원하고 돕는 리더십을 말한다. 이런 의미에서 후방 지원 리더십(leading from behind)이라고 부르기도 하는데, 하버드 경영대학원에서 리더십 코스를 개발한 린다 힐(Linda A. Hill) 교수가 소개했다. 후방 지원 리더십을 가장 잘 대표하는 사람으로는 넬슨 만델라(Nelson Mandela)를 들 수 있다. "리더란 양치기와 같다. 무리의 뒤에서 머무르면서 가장 민첩한 놈을 앞으로 나가게 하고, 무리의 나머지는 뒤에서 따라가도록 한다. 하지만 아무도 이것이 후방에서 지시되는 것을 모른다."[7]

후방 지원 리더십을 다른 말로 표현하자면, 섬김과 참여의 리더십이다. 구성원들이 각자의 은사를 마음껏 발휘하도록 뒤에서 섬기고 참여를 이끌어 낸다는 의미에서 그렇다. 이런 섬김과 참여의 리더십은 에베소서 4:11-12에도 잘 나타난다.

그가 어떤 사람은 사도로, 어떤 사람은 선지자로, 어떤 사람은 복음 전하는 자로, 어떤 사람은 목사와 교사로 삼으셨으니 이는 성도를 온전하게 하여 봉사의 일을 하게 하며 그리스도의 몸을 세우려 하심이라.

이 말씀에 의하면, 교회의 리더는 앞에서 끌고 가는 사람이 아니라, 성도를 세워 주고 성도 스스로 그리스도의 일에 참여하도록 돕는 사람이다. 만인제사장의 원리를 적용하자면, 하나님의 모든 백성은 왕 같은 제사장으로서 그리스도의 몸을 세우며 하나님의 나라를 위해 봉사하는 일꾼이자 작은 목자들이다. 그들이 각자의 은사를 활용하여 서로 섬기며 그리스도의 몸을 세워 가는 총체적 목회 사역을 할 때 만인제사장의 원리가 실현된다.[8] 그동안 한국 교회는 목사에게만 의존해 온 반면 평신도 리더십에 대한 관심은 부족했다. 건강한 평신도 리더가 많이 있다면 목사의 부족한 부분을 보완할 수 있지만 그렇게 하지 못했다. 2013년도 CHEQ II 분석 결과를 보면, "바람직한 리더를 세우는 일은 목회자의 우선순위에서 높은 순위를 차지한다"는 항목에 그렇다고 답한 비율은 52.8퍼센트, "바람직한 리더를 세우는 일이 중요하다는 생각을 성도들이 함께 공유하고 있다"는 항목에 그렇다고 답한 비율은 41.6퍼센트, "우리 교회는 바람직한 리더를 세우기 위한 목표와 전략을 분명히 가지고 있다"는 항목에 그렇다고 답한 비율은 45퍼센트에 불과하다.[9] 이러한 분석 결과가 한국 교회 현실을 잘 보여 준다. 이제는 리더가 권위를 내세우고 앞에서 일방적으로 이끌기보다는 온 성도들이 각자의 은사를 가지고 교회 사역에 참여하도록 돕고 섬기는 리더십을 보여야 한다.

리더의 역할 정립하기

바람직한 리더십 패러다임에서 리더는 구체적으로 어떤 역할을 해야 할까? 목적과 가치 기반 리더십은 교회 공동체의 목적을 세우고 가치를 공유할 수 있어야 한다. 은사로 이끄는 리더십은 자신뿐 아니라 온 성도들이 은사를 개발하도록 도와야 한다. 섬김과 참여로 이끄는 리더십은 조직을 세우고, 의사 결정 권한을 부여하며, 소통과 갈등을 해결해야 한다.

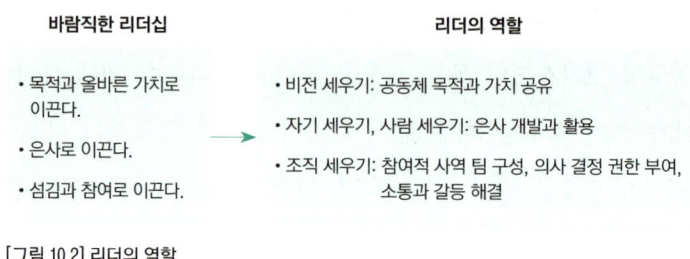

[그림 10.2] 리더의 역할

비전 세우기: 공동체의 목적 설정과 가치 공유

리더는 교회의 비전과 그 내용을 분명하게 인지하고 성도들과 공유하며 성취해 나가야 한다. 리더의 비전 세우기는 그들이 맡은 역할의 범위에 따라 다르다. 목사와 장로는 교회 전체의 비전과 목적을 세우고 이를 다른 성도들과 공유하고 실행하는 책임을 진다. 사역 부서 리더는 해당 부서의 비전과 목적에 대해 책임을 진다. 비전 세우기는 목사나 당회가 일방적으로 선언해서 될 일이 아니다. 비전 세우기는 과정부터 실행까지 평신도 리더들이 참여하고 끊임없는 소통과 공유가 있어야 한다.

비전을 공유하는 더불어숲동산교회

더불어숲동산교회(이도영 목사)의 비전은 지역 사회를 건강한 마을로 만드는 것이다. 건강한 마을을 만들기 위해 교회 안에 도서관과 마을 서재를 꾸미고, 공정 무역 카페와 NGO인 페어라이프센터를 운영한다. 전통적

> 교회와는 너무나 다른 비전과 사역을 공유하는 것이 쉽지 않아 개척 멤버 대부분과 많은 성도들이 떠나는 아픔을 경험하기도 했다. 그럼에도 불구하고 이도영 목사는 성도들에게 끊임없이 비전을 설명하고 비전 수련회, 비전 회의를 통해 다양한 의견을 수렴하고 교회가 비전을 향해 나아갈 길을 함께 만들고 있다. 이제는 대부분의 성도들이 비전을 공유하면서 여러 사역에 적극적으로 참여하고 있다.

리더는 다른 성도들과 함께 그 목적을 달성하는 리더십을 발휘해야 한다. 동시에 성령의 도우심을 통해 그 목적을 이루어야 한다. 초대교회가 바로 그러했다. 초대교회가 예수님께 받은 하나님의 나라를 전파하라는 사명을 다할 수 있었던 배경에는 성령의 감동으로 충만한 베드로와 여러 제자들, 일곱 집사들 그리고 수많은 무명의 평신도 리더들의 수고와 섬김이 있었다. 그들은 모일 때마다 예수님께 받은 하나님의 나라를 전파하라는 사명을 공유했고, 그 일을 위해 서로 격려하기를 쉬지 않았다. 동시에 초대교회 성도들은 함께 모여 예배하고 섬기는 가운데 성령의 감동하심으로 그리스도의 몸으로서의 공동체를 경험했다. 모든 성도들은 성령에 이끌려 이런 공동체에 참여하는 것을 기뻐했고, 그 안에서 물건을 서로 통용하고, 자신의 것으로 다른 사람의 필요를 기꺼이 채워 줄 만큼 헌신하였다. 이를 본 세상 사람들은 교회와 성도들을 칭송하며 놀라워하고 결국에는 예수님을 찾게 되었다. 초대교회는 리더들의 공동체 목적에 대한 확신, 다른 성도들과의 공유, 성령 안에서 함께하는 헌신, 이를 통한 목적의 달성 그리고 더욱 아름다운 공동체로의 자람이 선순환을 이룬 교회 공동체의 전형을 보여 준다. 이 부분에 대한 더 실제적인 지침은 이 장의 별첨 10.1(사역에서 리더십 발휘하기)에 실려 있다.

사람 세우기: 은사의 개발과 활용

교회의 비전과 목적을 세운 다음에 리더가 해야 할 일은 사람을 세우는 일이다. 즉, 리더는 교회의 목적 달성을 위해 성도들이 각자의 은사를 따라 사역에 참여하고 헌신하도록 도와야 한다. 이를 위해, 리더는 교회의 각 사역에 대해 '은사 설명서'를 준비해 두면 좋다. 은사 설명서는 교회의 사역 내용과 그 사역을 수행하기 위해 필요한 은사와 경험을 구체적으로 정리한 자료를 말한다. 리더는 은사 설명서를 바탕으로 성도들에게 사역을 소개하고, 사역에 적합한 은사를 가진 성도들에게 헌신의 기회를 제공할 수 있다. 예를 들면, 주일 학교 부장은 교사를 모집할 때 은사 설명서를 참고해 교사에게 필요한 은사를 갖춘 성도들을 모집하는 것이다[별첨 10.3(은사 설명서)을 참고하라].

은사를 따라 자발적으로 섬기는 성암교회

성암교회 사명 선언서에는 "목회자와 평신도가 은사와 기능대로 함께 사역하며 성령의 공급해 주시는 능력을 힘입어 헌신하고"라는 내용이 있다. 성암교회 홈페이지에는 일반적인 교회 홈페이지에서 볼 수 있는 교회 조직도가 없다. 그렇다고 조직이 없는 것은 아니다. 연말이면 교회 마당에 부스를 만들어 팀 사역 박람회를 열고 부서의 팀원을 모집한다. 팀이 구성되면 자체에서 팀장을 선정한다. 재정부 등 몇 개 부서를 제외하고는 당회가 부서장을 임명하는 일반적 절차가 없다. 성도들 스스로 은사를 따라 섬기는 일에 참여하라는 취지이다. 처음 시작할 때는 교회에서 부서를 정했지만 지금은 부서들이 스스로 발전해서 세분화되기도 한다. 매년 예산의 경우, 전 교인을 대상으로 1년 살림살이를 설명한다. 그리고 위원회 별로 대략 예산을 짜면 각 팀별로 사역 계획을 세워 위원회 예산을 가져다 쓰는 구조이다.

그리고 은사를 생각할 때 교회와 리더가 꼭 유의해야 할 점이 있다. 은사도 영적 성숙도를 고려하여 사용하게 해야 한다. 교회에서 자주 실수하는 것 중 하나는 이제 막 예수님을 믿기 시작한 사람도 뛰어난 은사를 가지고 있으면 사역에 적극 참여시킨다는 것이다. 노래를 잘하면 성가대, 잘 가르치면 주일 학교 교사, 행정을 잘하면 교회 사무나 재정 관리를 담당하게 한다. 그러면서 믿음은 섬기면서 자란다고 생각한다. 이 말이 틀리지는 않지만 그래도 조심해야 한다. 많은 경우 신앙이 성숙하지 않은 상태에서 교회 사역을 하다가 쉽게 상처를 받는다. 또 사역을 잘하는 것이 믿음이 좋은 상태나 영적으로 성숙한 상태를 나타낸다고 오해하는 일이 생긴다. 그래서 성경은 "새로 입교한 자도 말지니 교만하여져서 마귀를 정죄하는 그 정죄에 빠질까 함이요…이에 이 사람들을 먼저 시험하여 보고 그 후에 책망할 것이 없으면 집사의 직분을 맡게 할 것이요"(딤전 3:6, 10)라고 가르친다.

이런 점에서 사람 세우기의 첫걸음은 자기 세우기이다. 저자들이 『건강한 교회, 이렇게 세운다』에서도 소개했지만 자기 세우기는 리더십의 출발점으로서, 좋은 성품과 인격을 형성해 가는 것을 의미하며 그 내용은 다음과 같다. 첫째, 하나님과의 바른 관계 속에서 깊은 영성을 지녀야 한다. 둘째, 사람들과의 올바른 관계를 통해 진정한 공동체의 일원이 될 수 있어야 한다. 셋째, 자기를 존중하며 올바른 자존감을 가진 사람으로 자라야 한다.[10]

조직 세우기 1: 사역 팀 구성과 의사 결정 권한 부여

공동체를 위해 리더가 해야 할 역할은 성도들이 사역에 헌신할 기회를 제공하는 것이다. 성도들이 아무리 헌신하고 싶은 동기와 은사를 가지고 있어도 그것을 발휘할 사역 기회가 제공되지 않는다면 소용이 없다. 이를 위해 리더는 성도들에게 사역을 소개하고 사역 팀을 구성하고 사역을 위한 정보와 권한을 주어야 한다.

교회는 성도들에게 교회의 다양한 사역을 소개해야 한다. 또한 교회가 해야 할 사역이 생길 때마다 되도록 성도들에게 공개적으로 알리고, 은사가 있는 사람들이 참여할 기회를 주어야 한다. 교회 사역에 성도들을 끌어들이는 가장 중요한 요소는 성도들로 하여금 '이 일이 나에게 참 의미가 있다'고 느끼게 하는 것이다. 어려운 이웃을 돕는 일, 성가대의 찬양 봉사, 주일 학교 교사 등 어떤 일이든 그것이 자신에게 의미가 있다고 생각할 때 성도들은 기꺼이 헌신한다. 이런 점에서 리더가 교회의 지체들에게 사역을 권할 때는 그 사역의 의미를 제대로 제시해야 한다.

사역 팀을 구성할 때는 다양성을 인정해야 한다. 사람은 누구든지 마음이 맞는 사람과 함께하고 싶어한다. 하지만 현실에서는 사역 팀을 그렇게 구성하기가 쉽지 않다. 교회는 성격이나 인품, 은사뿐 아니라 직업과 직장에서의 위치가 다양한 사람들로 구성된다. 따라서 다양한 배경의 사람들이 각자의 은사를 따라 함께 섬기고, 그 모습을 자연스럽게 받아들이는 것이 참된 교회이고 건강한 그리스도의 몸이다. 그렇기 때문에 리더는 경제적 형편, 직종, 사회적 위치가 비슷한 사람들만 끼리끼리 모이지 않도록 신경을 써야 한다. 다양성을 용납하고 협력하면서 섬길 수 있도록 세심하게 배려해야 한다.

교회는 리더들에게 사역을 위한 정보를 제공하고 의사 결정 권한을 부여해야 한다. 성도들이 사역에 참여할 때 왜 그것을 하는지 잘 모르고 필요한 정보나 지식, 자원을 충분히 제공받지 못한 상태에서 교회가 시키니까 그냥 하는 경우가 아직도 많다. 때로는 당회에서 특정 부서와 관련된 정책을 임의로 결정하고 부서장에게 제대로 알리지 않은 상태에서 시행하는 경우도 있다. 예를 들면, 구제 부서가 있는데도 담임 목사나 당회에서 구제와 관련된 정책을 결정해 먼저 시행한 후 나중에야 구제 부서장이 알게 되는 경우이다. 성도들의 참여적 문화를 만들기 위해서는 사역에 대한 중요한 정책 결정에 대한 정보를 즉시 해당 부서장에게 알려 주어야 한다. 더 나아가서는 중요한 정책에 대해서 해당 부서에서 아이디어를 내도록 하고, 해당 부서장을 당회의 의사 결정 과정에 참여시키는 것이 바람직하다.

조직 세우기 2: 소통과 갈등 해결

리더가 조직을 세울 때 주의를 기울여야 할 것 중에 소통과 갈등 문제가 있다. 소통 부재와 갈등의 원인에는 여러 가지가 있지만 한 가지만 짚고 가겠다. 바로 정보의 흐름 문제이다. 교회 안에서 소통이나 갈등의 문제는 정보의 오해에서 비롯되는 경우가 많다. 실제 성도들은 일주일에 한 번 정도 교회에 오기 때문에 교회 일에 대한 정보를 그리 많이 알지 못한다. 그래서 많은 경우 목사나 당회가 의사 결정을 하고 성도들은 그에 따를 수밖에 없다. 또한 성도들이 의사 결정에 참여할 수 있는 통로 자체가 별로 없다. 유일한 의사 결정체인 제직회도 성도들의 참석율은 저조하고, 참석한 성도들도 발언할 엄두를 내기가 어렵다. 이를 해결하기 위해서는 교회의 정보를 적극적으로 개방하여 공유하는 것이 필요하다. 주일 광고만으로는 부족하며 홈페이지, SNS 등 다양한 홍보 및 소통 매체를 활용해야 한다. 온·오프라인에 제안함을 만들어 활성화하고, 제안에 대해 처리한 결과를 주보에 실어 알려 주는 일도 필요하다. 특히 리더들에게 정확한 정보를 제공하고 성도들이 구역 모임이나 소그룹을 통해 그 내용을 알 수 있도록 해야 한다. 사역 부서장 간 협의, 교역자 및 당회원과의 정례적 대화, 평신도의 당회 참여 및 의견 개진, 운영 위원회 등 다양한 소통 경로를 운영하는 것도 좋은 방법이다. 교회가 주기적으로 설문 조사를 통해 성도의 교회 생활에 대한 만족도를 알아보고, 그 내용을 공유하고 문제가 있다면 개선해야 한다.

소통과 갈등 문제가 발생할 경우 문제 해결이 그리 간단하지는 않다. 따라서 이에 대한 체계적 교육 프로그램을 마련하여 실행해야 한다. 이를 위해서는 별첨 10.4(소통과 갈등 관리 교육 프로그램)를 참고하기 바란다.

리더십을 준비시키자

회사의 경우, 초창기 규모가 작을 때는 창업자가 모든 권한을 가진다. 그러다 회사 규모가 커지고 인원이 많아지면 더 이상 창업자 혼자 감당하기가 어렵다. 더구나 요즘같이 복잡한 경영 환경에서는 리더가 잘못하면 회사가 망할 수도 있다. 회사는 이를 방지하기 위해 중간 리더와 각 분야의 전문가를 두고 그들에게 권한을 위임한다. 대기업이 되고 종업원 수가 늘어나면 유능한 리더들이 더 많이 필요해진다. 그래서 회사는 미리부터 리더십 개발에 힘을 쏟는다. 신입 사원, 초급 관리자, 중견 관리자, 임원, 최고 경영진에 이르기까지 각 단계마다 필요한 리더십 역량을 끊임없이 육성한다. 리더십의 세대 교체도 적절한 시기에 체계적으로 이루어진다. 미국의 세계적 기업인 GE와 IBM에서는 사장이 차기 사장이 될 만한 인물들을, 임원이나 부서장이 자기 이후에 직무를 담당할 인물들을 미리 지정하고 상당 기간 준비시킨다. 그리고 때가 되면 경영 환경을 감안하여 회사 전략을 가장 잘 실행할 수 있는 인물, 직원들이 가장 잘 따를 수 있는 인물을 등장시킨다.

성경에 이러한 리더십 준비를 제대로 한 인물이 있다. 바로 40년의 광야 생활을 성공적으로 이끈 모세이다. 모세도 처음에는 광야에서 이스라엘 백성을 혼자서 이끌었다. 그러다가 혼자서 수많은 사람들을 이끄는 데 한계에 도달하였다. 장인 이드로는 지친 모세를 보고 더 많은 리더를 세우라고 조언하였고, 모세는 장인의 말대로 대규모 백성들을 효율적으로 이끌기 위해 십부장, 백부장, 천부장이라는 중간 리더를 세웠다. 그리고 그는 여호수아를 자신을 대신하여 다음 세대를 이끌 지도자로 철저히 준비시켰다. 모세에서 여호수아로 이어지는 리더십의 성공적 승계로 인해 이스라엘 백성은 가나안 땅 정복이라는 목적을 달성하게 된다.

한국 교회 안에서도 적절한 권한 위양이 있어야 한다. 담임 목사와 당회 중심에서 벗어나 여러 성도들이 자신들의 은사를 활용하여 섬길 수 있도록 그들에게 기회를 부여하고 권한과 책임을 주어야 한다. 무엇보다 다음 세대의 리더를 준비시키고 적절한 시기에 승계하는 것도 필요하다. 이것은 담임 목사 승계뿐 아니라 장로 직분에서도 동일하게 적용되어야 한다. 이런 점에서는 유교적 전통에 따른 연공(年功)이나 은퇴 연령에 너무 얽매일 필요가 없다. 현실적으로 교회를 들여다보면, 젊은 담임 목사가 연배가 훨씬 위인 장로에 대한 예우 때문에 성경 원리에 따라 소신껏 목회를 하기가 어려운 경우도 많고 젊은 장로가 나이가 더 많은 성도나 목회자와의 관계에서 유사한 상황에 직면하는 경우도 허다하다.[11] 한국 교회도 이제는 시대적 변화와 성도의 세대 구성, 교회의 성장 단계를 고려하여 교회를 가장 잘 이끌 리더들을 지속적으로 준비시키고 세워 주는 것이 필요한 시점이다.

세움의 리더십을 위한 정책 제언

- 목적과 가치 기반 리더십을 위해서는 교회가 의사 결정과 판단의 기준을 정리해 놓아야 한다. 교회의 핵심 가치를 활용할 수도 있고, 예배당 건축 등 사안에 따라 적합한 의사 결정 기준을 당회에서 마련하고 성도들과 공유할 수도 있다. 단순히 의사 결정 기준을 제시하는 것이 아니라 실제 사역을 하는 과정에 이를 적극 반영해야 한다.
- 은사로 이끄는 리더십을 위해서는 먼저 적합한 은사를 가진 성도들을 리더와 직분자로 세워야 한다. 장로, 집사 등 직분자가 마땅히 갖추어야 할 은사에 대해 성도들에게 1년에 한 차례 정도 교육을 실시하여 그들이 올바른 직분자를 선정할 수 있도록 해야 한다. 교회 공동체의 다양한 사역과 그 사역에 필요한 은사의 내용을 정리해서 성도들에게 제시해야 한다.

- 섬김과 참여의 리더십을 위해서는 성도들에게 다양한 교회 사역에 대한 정보를 알려 주고, 은사가 있는 성도들이 사역에 적극 참여하도록 장려해야 한다. 특히, 의사 결정 과정에도 성도들이 참여할 기회를 제공해야 한다. 당회의 의사 결정 사항을 주보에 게재하고 SNS 등 다양한 매체를 통해 정보를 공유해야 한다.
- 우리 교회는 바람직한 리더십 특성을 갖추고 있는지에 대해 주기적으로 설문 조사를 하는 것도 좋은 방법이다.

[별첨 10.1] 사역에서 리더십 발휘하기

교회에서 사역이 진행되는 모습을 보자. 성도들은 대부분 주간 단위로 교회 사역에 참여한다. 평일에 교회 일을 할 수도 있지만 대부분은 주일에 교회에 나와서 일을 하므로 시간이 부족하고 일의 흐름이 끊기게 된다. 교회 일은 회사 일처럼 체계적이고 치밀하게 처리하기가 쉽지 않고, 그때그때 상황에 맞게 해야 한다. 교회의 이런저런 상황을 고려해 그때그때 되는 대로 일을 처리하면 될까? 꼭 그렇지는 않다. 시간이 부족하고 참여하는 성도들의 역량과 형편이 다양할수록 오히려 일하는 절차와 체계를 제대로 갖추어 효율적으로 일해야 한다. 이런 면에서 교회 사역에도 명확한 목표 설정과 공감 확보―과정 관리―평가 및 피드백이라는 진행 절차를 도입할 필요가 있다.

목표 설정과 공감 확보. 부서의 리더는 목표를 제대로 설정하는 일부터 시작해야 한다. 우리 부서의 사명은 무엇인지, 그 사명을 위해 무슨 일을 해야 하는지를 명확히 정리하는 것이다. 그리고 이를 연간, 반기, 분기로 구분하여 각 기간마다 수행할 구체적 과업을 정한다. 그런 다음 과업을 수행하는 데 필요한 자원, 즉 어떤 사람이 몇 명이나 필요한지, 예산은 어느 정도여야 하는지 등을 구체화한다. 이때 중요한 것은 사역에 참여하는 모든 부서원들이 목표를 공유하는 것이다. 모든 부서원들이 목표를 설정하는 과정에서부터 의견을 제안하면서 함께 참여하는 것이 바람직하다. 구체적 목표와 할 일을 정해 놓으면 부서원들이 어디에 초점을 두고 선택과 집중을 해야 하는지 알게 되므로 쓸데없는 일에 시간을 낭비하지 않게 된다. 연초에는 사역 계획서를 제공하도록 한다. 이를 위해 일을 기획하는 은사가 있는 성도들로 기획 팀을 구성하여 운영하면 좋다. 이들은 교회가 연초에 설정한 목회 방침이나 예산 지침에 따라 각 부서가 사역 계획을 짜도록 돕는다. 특히 직장 경험이 없는 사역 부서장들이 목표를 설정하고 사역 계획을 짤 때 이들이 도와줄 수 있다.

사역을 수행하는 과정 관리. 리더는 목표를 정하고 기한 내에 필요한 자원을 구비하여 사역이 제대로 수행되도록 이끌고 지원하는 역할을 한다. 우선 사역에 참여하는 성도들에게 역할을 분담하는 일부터 시작한다. 이때 교역자나 사역 부서장인 리더들은 각 성도의 은사와 헌신 정도, 섬길 수 있는 여건을 잘 살펴서 일을 맡겨야 한다. 특히, 직장 생활을 하는 성도들은 대부분 토요일이나 주일을 이용해서 교회 일을 하기 때문에 시간적 여유가 어느 정도인지를 잘 살펴야 한다. 그렇게 이것저것 따지면 일할 사람이 없다는 이야기를 듣게 되는데, 그럼에도 불구하고 교회 일로 인해 직장이나 가정을 소홀히 해서는 안 된다. 이를 해결할 수 있는 방안은 일을 골고루 분담하는 것과 최대한 효율적으로 일하는 것이다. 열심을 내는 한두 사람에게 일이 집중되지 않도록 해야 한다. 교회는 리더들에게 일을 골고루 분담하고 그들이 제한된 시간에 효율적으로 일을 하도록 훈련시켜야 한다. 효과적인 회의 진행 방법, 짜임새 있게 계획을 세워서 일을 추진하는 방법에 대해 간단한 훈련 과정을 제공하는 것도 좋은 방법이다.

적절한 평가와 피드백. 교회에서 목표를 세우고 서로 협력하여 사역을 수행하는 일은 잘 감당하지만 평가와 피드백을 하는 것은 쉽지 않다. 교회의 모든 일의 결과는 하나님의 뜻이라고 생각해서 인간이 평가하는 것을 꺼리는 것도 사실이다. 교회 사역은 자발적으로 헌신하는 것인데 직장처럼 굳이 평가해야 하는가 하는 생각도 있다. 하지만 이런 생각들은 평가와 피드백에 대한 오해에서 비롯된다. 평가와 피드백은 잘잘못을 따지기보다는 다음에 같은 일을 할 때 동일한 실수를 반복하지 않고 잘한 것은 계속 잘하기 위해서 하는 것이다. 올바른 평가와 피드백을 위해서는 먼저 목표를 합리적으로 잘 세웠는지, 그에 따른 성과는 어떠했는지를 점검한다. 다음은 좋은 성과를 함께 기뻐하고 감사한다. 좋은 성과를 낸 원인을 찾아서 다른 사역에도 적용할 수 있게 정리한다. 부족한 점들도 함께 나누고 그렇게 된 원인도 정리한다. 이때 반드시 서로를 격려하고 위로하도록 한다.

[별첨 10.2] 사역 계획서(예시)

부서명	지역 전도부			
목표	전도 활동 및 교회 공동체의 아름다운 모습을 통해 지역 사회를 복음화하는 것을 목표로 한다.			
부서원	부장: 이○○, 부원: 김○○, 최○○, 홍○○			
	사역 내용	기간	예산	관련 부서
1. 전도 축제	• 상반기: 이웃의 영혼 구원을 위한 전 교회 차원의 전도 기획 및 지원 • 하반기: 가을 음악회를 통한 이웃 섬김의 기획 및 지원	5월 10월	000원 000원	기획부 행사부
2. 지역 전도 활동	• 전도지 사역: 인근 아파트 앞에서 매주 목요일 차 봉사 및 전도지 배포 • 노방 전도 실시: 인근 시장, 지하철 역 • 병원 전도: ○○병원 방문하여 도서 봉사 및 병실 전도	매주 목요일	000원	봉사부
3. …	…	…	…	…

[별첨 10.3] 은사 설명서(예시)

사역명	주일 학교 교사	
사역 내용	• 주일 학교 학생의 신앙과 인격의 자람을 위해 성경을 가르치기 • 주일 학교 학생의 가정, 학교, 교회 생활에 대해 관심을 가지고 살피며 지도하기 • 주일 학교 학생의 친구 관계를 세심하게 돌보기 • 주일 사역, 친구 초청, 수련회 등 다양한 주일 학교 사역을 섬기기 • 상급 주일 학교와 연계하여 사역하기	
관련 부서	유년부	
	주요 내용	자기 평가
은사와 경험	• 주일 학교 학생을 가르칠 수 있는 정도의 성경 지식이 있어야 함 • 성경을 잘 가르칠 수 있어야 함 • 주일 학교 학생들의 성격과 심리를 잘 이해할 수 있어야 함 • 주일 학교 학생의 입장에서 함께 어울리고 그들의 언어를 사용할 수 있어야 함 • 신앙과 인격에 있어서 학생들이 따를 수 있도록 솔선수범해야 함 • 학생들을 위해 마음을 다해 기도할 수 있어야 함 • 복음 전도에 대한 열정이 있어야 함	항목별로 1-5점으로 평가
추천 사유	항목별로 자기 평가와 리더 또는 다른 성도의 평가를 통해 구체적 은사를 파악하고 추천 여부를 결정	

[별첨 10.4] 소통과 갈등 관리 교육 프로그램(예시)

	교육 내용	교육 시간
일과 소통	• 일을 계획하고 다른 성도들과 공감하는 방법 • 일을 합리적이고 은혜롭게 지시하는 방법 • 과정을 관리하고 결과를 피드백하는 방법 • 일을 하다가 문제가 생길 때 대처하는 방법	4시간
관계와 갈등 관리	• 나와 다른 사람의 성격 이해 • 다양성에 대한 이해와 다양성 수용 방법 • 지혜롭게 의사소통하는 방법 • 갈등의 이해와 관리 방법 • 공감하는 방법	8시간
정보와 소통	• 정보의 흐름 이해 • 정보 매체(인터넷, SNS 등)의 이해와 활용	2시간

11장

직분의 회복

오늘날 한국 교회는 과연 직분의 원천이 하나님께 있다고 믿는가? 교회를 세우기 위해 직분을 사용하는가? 직분을 통해 교회가 질서와 품위를 갖추도록 돕는가? 첫 번째 질문부터 보면, 직분의 원천을 하나님께 두기보다는 인간적 필요와 편리성에 두는 경우가 많다. 준비된 사람이 직분자가 되는 것이 아니라, 교회를 다닌 기간이 어느 정도 된 사람을 직분자로 세우는 경우가 많다. 특히 집사의 경우에는 이 문제가 더욱 심각하다. 집사를 장로가 되기 위한 중간 단계로 이해하거나, 불완전하거나 열등한 직분으로 이해하는 것이다. 그리고 집사들이 가난한 자와 성도들을 섬기는 것이 아니라, 장로나 목사를 섬김의 대상으로 여기는 기현상이 나타나고 있다. 또 교회의 직분 문제를 개인의 체면 문제로 환원시키는 현상도 존재한다. 일정한 나이가 되었는데도 특정 직분자로 세움받지 못하면 체면이 손상된다고 여기는 것이다. 그러다 보니 교회는 직분 수여를 남발하게 되고, 그 결과 직분 제도가 하나님의 나라와 교회에 도움이 되기보다는 오히려 문제를 야기하곤 한다. 교회에 특정 이슈가 생겼을 때 직분자들이 하나님의 이름을 높이고 교회의 덕을 세우는 것과는 거리가 먼 세상적 방법으로 문제를 해결하려 한다.

직분이 가지는 이런 문제점을 해결하겠다는 취지로 어떤 교회는 성도가 일정한 나이가 되면 특정 직분을 수여하기도 한다. 하지만 이는 직분을 회복시키는 것이 아니라 오히려 격하시키는 것이며 또한 인본적 접근법이라고 평가할 수 있다. 직분이란 하나님이 제정하신 것임을 전제로 하고 그것을 회복하기 위해 최대한 노력하는 대신 문제를 가볍게 처리하는 경우이다. 직분이 가진 폐단을 없애기 위해 아예 직분자, 특히 장로와 이에 준하는 직분자를 세우지 않는 교회도 있다. 매년 교인 총회에서 선출한 교인들로 운영 위원회를 구성함으로써 기존의 직분 제도를 대체하거나 변용하는 것이다. 하지만 내적 소명과 외적 소명에 대한 확인도 없이 인간적 기준으로 운영 위원을 선발하여 교회를 운영한다면 결과적으로 일반 조직을 운영하는 것과 매우 흡사해진다(만약 내적 소명과 외적 소명을 거친 선발 과정이 있다면 이것은 직분 제도를 명칭만 바꾼 것이 된다. 그러나 운영 위원의 제한된 임기나 그들의 역할과 의무를 생각해 보면 이것은 직분 제도의 정상화로 보기는 어렵다).

두 번째로 과연 교회를 세우기 위해 직분을 사용하는가? 한국 교회의 문제는 직분자의 문제라고 해도 과언이 아니다. 직분자가 교회를 세우고 교회를 허무는 이중적 역할을 동시에 하고 있다. 교회가 다툼으로 분열되고 성도가 교회를 떠나는 경우 이는 대부분 직분자의 문제이다. 중직자들 사이에 갈등과 의견 대립이 시작되고, 그것이 감정 대립으로 격화되어 돌이킬 수 없는 지경에 이르게 된다. 교회를 세우는 것이 아니라 자신들의 권위를 세우는 데 빠르게 움직인다. 직분자 개인이 아닌 직분자 집단 차원으로 가면 문제가 더욱 심화된다. 개개인은 영적으로 훌륭하고 좋은 사람들인데 당회 같은 집단으로 모이면 기이한 집단 역학이 작동하여 개인의 신앙 인격이 묻혀 버리곤 한다. 또한 교회를 세우기 위해 직분자가 존재하는 것이 아니라 직분자를 위해 교회 운영 체계를 조정하는 경우도 있다. 가령 직분자 수에 맞도록 사역을 늘리기도 하고 조직을 바꾸기도 한다. 교회다움을 세우기 위해 가장 적합한 체제를 만들고 그것을 수행할 사람을 배치하고 책임을 지게 해야 하는데, 오히려 직분자를 위해 교회가 존재하는 것처럼 보이는 엉뚱한 의사 결정이 너무 쉽게 이루어진다.

마지막으로 직분을 통해 교회를 질서 있고 품위 있게 만드는가? 한국 교회 안에는 교회의 질서가 아니라 직분자 간의 인간적 질서가 자리 잡고 있다. 목사-장로-장립(안수) 집사-서리 집사로 이어지는 서열화 현상이 뚜렷하게 나타난다. 이런 서열화는 결국 권력화와 연계되어 섬김의 직분이 군림의 직분으로 변질되는 결과를 가져온다. 권력화는 교회의 주도권 다툼과도 연결되어 교회의 본질적 사명을 다하는 데 장애가 되기도 한다. 담임 목사가 교회를 개척한 경우에는 목사가 주도권을 잡으려 하고, 기존 교회에 담임 목사가 부임하는 경우에는 장로가 주도권을 잡으려 하는 묘한 현상들이 발생하곤 한다. 역할 전도 현상도 심각한 문제인데, 이것은 직분자들이 고유한 역할에서 벗어나 다른 직분의 역할을 수행하는 것을 말한다.[1] 즉, 목사가 장로의 일을, 장로가 집사의 일을 감당하고, 집사는 앞의 직분들을 보조하거나 딱히 할 일이 없는 상태를 말한다. 특히 목사가 재정 문제에 관여하는 경우 재정 사용의 불투명성으로 인해 다양한 문제가 발생할 수 있다. 많은 이들이 한국 교회의 현재 문제를 세습 문제, 재정 투명성 문제, 신뢰 부족 문제로 표현하지만, 이것을 직분자 문제로 인식하지는 못하는 경향이 있다. 이런 직분자의 문제는 분명 교회의 품위를 떨어뜨리고 질서를 무너뜨리는 요인 중 하나로 작용하고 있다.

잘못된 직분 관행은 교회 내부에서는 직분에 대한 불신을 초래하고, 교회 외부에서는 교회 신뢰에 타격을 주는 빌미가 된다. 그리고 교회 내부와 외부에서 나타나는 권위의 불인정 현상은 둘 다 영적 리더의 권위에 대해 그리 호의적이지 않다. 이런 현상은 권위의 부재 혹은 상실로 이어지고 이는 결국 외부 사회가 교회를 불신하는 결과를 낳는다.

표 11.1이 보여 주는 CHEQ II 분석 결과를 보면, 다섯 문항에 대한 평균값은 3.67-3.89점 사이이고, 긍정 응답 비율은 44.5-61.1퍼센트 사이이다. 평균값과 긍정 응답 비율이 가장 높은 항목은 "모든 직분자들은 교회 사역에 기쁨으로 참여하고 있다"인데, 평균은 3.89점이고 긍정 응답 비율은 61.1퍼센트이다. 반면에 낮은 두 항목은 직분자들의 역할과 기능에 대한 것과 당회의 역할에 대한 것으로서 평균값은 각각 3.68점과 3.67점이고, 긍정 응답 비율은 각각 44.5퍼센트와 46.7퍼센트이다. 이 분석 결과를 해석해 보면, 직분자들이 대개 기쁨으로 사역을 행하고 있지만, 지식에 따라 효과적으로 행하고 있는지에 대한 긍정 응답은 절반도 되지 않는 실정이라고 할 수 있다.

많은 교회에서 직분 제도는 무의미하고 직분자는 무기력하다. 왜 이렇게 되었는가? 그 원인으로는 신학의 문제, 직분자 자질의 문제, 성도의 인식 문제, 제도의 문제, 이렇게 네 가지를 들 수 있다.

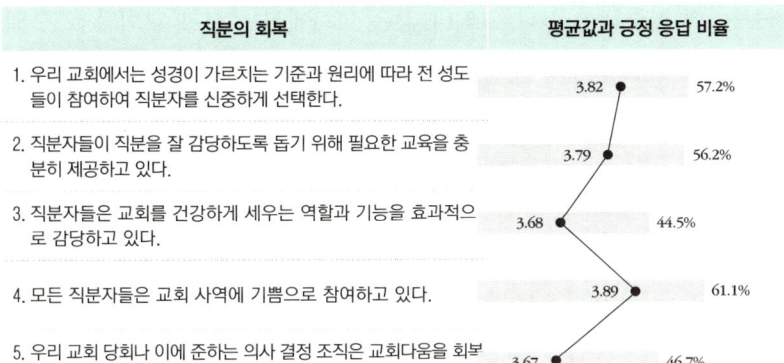

[표 11.1] CHEQ II 조사 결과: 직분의 회복(기준 연도: 2013년)

첫째로, 직분 제도의 뿌리 깊은 문제의 근원에는 신학의 부재가 자리 잡고 있다. 신학자나 목회자들도 직분에 대한 성경적·신학적·교회사적 이해와 통찰이 부족하여 인간적 관습에 따르는 경향을 보인다. 나아가 직분을 대수롭지 않게 생각하고 가볍게 다루는 경향이 있다. 개혁적 성향의 교회도 직분자를 선출하는 투표 제도를 개선하거나 평가제 및 임기제를 도입하는 수준에 머문다. 이것은 본질을 다루는 방식이 아니다. 성경에 나오는 목사, 장로, 집사의 직분은 항상 존재하는 항존직들이다. 따라서 우리는 직분 자체는 성경의 본질적 요청이라고 이해해야 한다. 우리가 할 수 있는 일은 그 역할을 실행할 때 우리 시대에 맞도록 유연하게 적용하는 것이다. 이 직분들은 하나님의 교회를 세우기 위해 존재한다. 그리고 이 직분들을 수행할 사람들을 택하여 부르시는 분은 하나님이시다.

직분 왜곡의 두 번째 원인은 직분자의 자질에서 찾을 수 있다. 특히 목사와 장로의 자질 문제로 귀결된다. 목사는 말씀을 가르치고 성도를 돌보는 데 집중해야 한다. 그러나 많은 교회에서 목사가 교회의 모든 일을 총괄하고 관리하는 데 집중하는 경향이 있다. 통제력에 대한 욕심이 심한 목회자가 많고, 담임 목사가 교회의 모든 일에 대한 통제권을 가지는 것이 특권이요 힘이라고 생각하는 경향이 있다. 또한 전문성에 기반해서 효율성을 추구하려는 동기도 한몫을 한다. 교회 사역을 추진할 때 헌신도가 떨어지는 교인들보다 계속 일해 온 부목사들이나 전문성을 갖춘 직원들을 중심으로 일을 추진하는 편이 더 효율적이기 때문이다. 직분 문제와 관련한 목사의 자질 문제에서 또 하나 언급해야 하는 부분이 있다. 어떤 목사는 본인이 직분자를 세웠다고 생각해서 직분자를 자기 마음대로 부릴 수 있다고 여기기도 한다. 물론 목사가 임직식 집례를 하지만, 이는 목사의 사람을 세운 것이 아니라 주님의 교회를 위해 하나님의 사람을 세우는 데 목사가 쓰임받은 것임을 인식해야 한다.

자질의 문제는 장로에게서도 나타난다. 교회의 직분은 교회에 귀속되는 것이지 개인에게 귀속되거나 영속적 직위가 되어서는 곤란하다. 한 개인이 장로로 임직을 받았다고 해서 그 직분이 그에게 귀속되어 아무 일을 하지 않아도 따라다니는 직함이 될 수 없다. 최근 장로 임기제의 도입으로 시무 장로와 사역 장로를 구분하여 운영하는 교회가 늘고 있다. 한국 교회에 만연한 종신제로 인한 다양한 문제를 생각할 때 이런 변화는 참신한 시도라고 생각한다. 준비되지 못하고 의욕도 없는 장로가 70세까지 장로를 맡는 것이 큰 문제인 상황에서는 이러한 시도도 개혁적일 것이다. 그러나 이런 시도는 본질적 문제 해결은 아니며, 이런 새로운 제도 자체를 건강한 교회의 표지로 볼 수도 없다. 왜냐하면 이런 시도가 직분의 왜곡으로 나타날 가능성이 있기 때문이다. 장로 입장에서는 제대로 장로로서 섬기는 것이 현실적으로 용이하지 않을 때 도피하는 방편이 될 수 있다. 목사 입장에서는 신임 장로들이 계속 당회에 들어와 장로단 구성이 바뀌면 전횡을 하려는 유혹을 받을 수 있다. 한편, 교회 규모가 크지 않아서 장로로 섬길 사람이 많지 않은데도 짧은 임기제로 인해 장로단이 계속 교체되는 경우에도 문제가 발생할 가능성이 있다. 따라서 직분자의 안식년, 신임 투표, 임기제 등 직분제 개혁은 직분의 본질을 잘 이해하고 어떻게 직분자를 통해 교회다움을 세워 갈 것인지 깊이 고민하는 가운데 그 방향을 결정해야 한다.

직분 왜곡의 문제를 발생시키는 데는 성도의 의식 문제도 한몫을 한다. 직분에 대해서, 하나님이 그분의 교회를 세우기 위하여 부여하신 것이 아니라 사람들이 교회 내에서 자신의 지위를 드러내는 방편쯤으로 이해하는 경향이 있다. 일정한 나이가 되었는데도 장로가 되지 못하면 마치 기업에서 승진하지 못한 사람처럼 체면과 위신이 깎인다고 생각하고 장로 지위를 획득하기 위해 노력한다. 한국교회탐구센터의 직분자 대상 조사 결과를 보면, 직분에 관한 의견에 대한 동의 정도에서 '명예'라고 응답한 이가 60.3퍼센트, '서열'이라고 동의한 이가 55.0퍼센트, 그리고 '관료 제도'와 동일하다고 생각하는 이가 59.4퍼센트였다. 한국 교회 직분자의 절반 이상이 교회의 직분과 세상의 직위를 구별하여 인식하지 못함을 보여 주는 결과이다.[2]

직분 왜곡의 마지막 원인은 잘못된 직분 제도의 고착화에서 연유한다. 잘못된 제도가 그대로 굳어져서 이제는 어디서부터 손을 대야 할지 모르는 상태가 되었다. 직분 선출을 가볍게 여기는 사례가 늘고, 소명의 외적 확인 과정을 무시하거나 편리한 방식으로 대체하기도 한다. 또한 왜곡된 직분자 역할의 정착으로 인해 교회 본질에 충실한 직분 수행이 방해를 받기도 한다. 당회가 그 고유한 역할을 넘어서 모든 의사 결정의 정점을 차지한 상태에서 폐쇄성을 띠면 힘의 집중 현상이 나타나는데 그것이 직분 왜곡의 중요한 원인 중 하나이다. 또한 유교 전통의 강한 영향으로 인해 신분 의식이 뚜렷하고 서열화가 나타난다. 예를 들면, 장로의 효과적인 역할 수행을 목사에 대한 충성도로 이해하고, 집사로서 섬긴 햇수를 장로 선발 조건으로 내세우기도 한다. 죄성을 가진 직분자는 결국 이런 상황에서 특권 의식을 보이게 된다.

제도의 문제와 관련하여 또 한 가지 지적할 점은 은사 개발 훈련과 직분 수행 교육의 부족이다. 직분자가 되기 전에 은사를 파악하고 훈련을 통해 개발함으로써 직분자가 되기 위한 요건을 갖추도록 돕는 일이 필요하다. 물론 은사가 있다고 자동적으로 직분을 맡을 수 있는 것은 아니며, 주님이 직분으로 부르시는 내적 소명과 성도들이 인정하는 외적 소명 확인 과정이 있어야 한다.[3] 그에 대해 존 머레이(John Murray)는 다음과 같이 설명한다.[4]

> 직분을 위해서는 그에 상응하는 은사가 있어야 합니다. 그러나…그 모든 은사들이 신자들에게 사도와 선지자, 목사와 치리 장로와 집사의 직분에 참여할 자격을 주는 것은 아닙니다.

은사는 직분자가 되기 위한 충분조건이 아니다. 직분자의 역할을 수행하려면 훈련을 받아야 한다. 성도들 중에는 직분의 역할이 무엇인지를 잘 모르는 이들이 많다. 그래서 세상 직장에서 배운 직무 수행 방식을 그대로 교회로 가지고 들어온다. 기업마다 일하는 방식, 문화, 리더십 유형이 다르다 보니 교회 안에 온갖 직분 수행 방식과 리더십 유형이 섞여서 혼란을 가중시킨다. 직분자를 세워 놓고 막연한 충성만 요구하거나 알아서 잘하기를 기대하는 것은 교회의 무책임한 방치에 불과하다. 한국교회탐구센터의 조사 결과를 보면, 직분자 대상 교육 과정의 존재에 대한 질문에서 다양하게 존재하는 경우는 20.3퍼센트, 약간 있는 경우는 67.2퍼센트, 별로 없거나 거의 없는 경우는 12.5퍼센트였다.[5]

교회에서의 직분은 하나님 말씀의 원리에 따라 질서 있고 품위 있게 교회를 세우기 위해 하나님이 부여하신 과업이다. 하나님이 주신 것이므로 소중히 받아 원래의 뜻대로 수행해야 한다. 특별히 직분은 "교회를 세우려는 목적으로 주님의 회중을 지속적이고도 제도적으로 섬길 수 있게 특별히 주신 과업"이다.[6] 따라서 모든 신자는 하나님의 보편적인 직분을 가진 자이지만, 특별히 목사, 장로, 집사는 하나님의 교회를 위해 따로 세움받은 구분된 직분이다. 집사의 직분은 구약에까지 거슬러 올라갈 수 있다. 코넬리스 반 담(Cornelis Van Dam)은 구약에서 물질적으로 가난한 자들, 힘없는 자들, 괴롭힘과 억압을 받는 자들을 가난한 자의 범주로 분류하고, 이스라엘 사회 안에서는 소농이나 소작농, 고아와 과부들, 거류민과 이방인, 외국인들 그리고 레위인들을 나열하면서 이들을 돕기 위해 가족과 친족, 사회, 국가와 왕이 맡은 역할들을 고찰하여 구제의 원리를 도출하였다.[7] 장로의 직분도 구약에서 출발한다. 구약에는 장로라는 단어가 121번 언급된다. 이스라엘이 이집트의 종으로 있을 때부터 모세 시대를 거쳐 왕정 시대까지 줄곧 장로의 역할이 나온다.[8]

앞서 말했듯이, 직분의 목적은 교회를 세우는 것이다. 주님의 몸 된 교회, 즉 하나님의 백성인 성도들의 공동체가 올바로 서도록 하는 것이다. 장로의 직분은 특히 그러하다. 장로 직분의 핵심 과업은 "하나님과의 언약 안에서 살아가는 삶을 보전하고 육성하는 것"으로 정리할 수 있다.[9] 장로는 성도들이 말씀에 굳건히 서서 언약 백성으로 살아가도록 돕고, 또 교회 공동체 전체가 이런 모습을 가지도록 자신의 역할을 수행해야 한다. 바른 직분 제도의 확립은 하나님의 교회를 바로 세우고, 하나님이 택하신 백성들이 온전히 하나님을 섬기고 주님의 몸을 이루어 가게 만든다. 그리고 이로 인해 교회가 교회다워지게 된다. 반대로 직분의 타락은 직분자로 인해 교회가 교회다움을 상실하고 결국 교회가 무너지는 결과를 초래한다. 이런 폐단 때문에 직분을 없애야 한다고 주장하는 사람들도 많다. 그러나 이는 바른 선택이 아니다. 왜냐하면 이런 문제들은 직분 제도 자체의 문제라기보다는 직분 제도의 왜곡과 직분자의 타락이 가져온 결과이기 때문이다.

직분을 통해 교회를 세우되, 교회를 하나님의 말씀의 원리에 따라 질서 있고 품위 있게 세워야 한다. 바울 사도는 고린도 교회에 "모든 것을 품위 있게 하고 질서 있게 하라"(고전 14:40)고 권면한다. 칼뱅의 말은 이를 잘 설명한다.[10]

무슨 일이든 무질서하게 행하는 것보다 더 큰 위험을 초래하는 것이 없기 때문이다. 그러므로 시끄럽고 문제를 일으키는 사람들이 경솔하게 스스로 나서서 가르치거나 다스리지 못하도록 막기 위해서는, 부르심을 받지 않은 상태에서 교회에서 공적인 직분을 차지하는 일이 없도록 특별히 조심해야 할 것이다.

이러한 직분의 본질이 잘 드러나도록 하기 위해 지켜야 할 원리는 무엇일까? 첫째, 권위와 자율의 균형 원리이다. 교회 정치의 대전제는 하나님의 주권 사상과 그리스도께서 교회의 머리가 되신다는 사실이다.[11] 한편으로는 모든 직분자들이 영적 권위를 가진다. 따라서 직분을 통해 교인들을 치리하고 감독하고 지도한다. 교인들은 직분자들의 권위에 따르고 협력해야 한다. 특히 영적 권위를 강력하게 발휘해야 하는 경우는 교회다움을 세우고 유지하고 지켜 나갈 때이다. 교회다움을 위해서는 권위적 개입이 필요하다. 그 외의 경우는 겸손과 섬김으로 리더십을 발휘해야 한다. 특정 직분자가 직분을 가졌다는 이유로 교인들이나 다른 직분자들 위에 군림해서는 안 된다. 왜냐하면 모든 직분자들은 하나님의 종이기 때문이다. 이는 바울이 상전들에게 준 권면에서도 잘 나타난다.

> 상전들아, 의와 공평을 종들에게 베풀지니 너희에게도 하늘에 상전이 계심을 알지어다. (골 4:1)

인간의 전적 타락의 교리가 이 원리의 중요한 기반이 된다. 인간은 여전히 타락의 영향 아래에 있기 때문에 직분자라도 권위를 무한정 발휘할 수는 없으며, 견제와 균형의 원리를 따라야 한다. 동시에 회중도 타락의 영향 아래에 있기에 직분자의 권위에 순종하고 그 지도를 받아야 한다.

둘째, 직분의 평등과 사역의 차등 원리이다. 직분이 평등하다는 것은 직분 간에 역할상의 우열이나 관계상의 서열이 존재하지 않는다는 뜻이다. 평등 사상은 직분 간에도 적용되고 직분 내에서도 적용된다. 목사와 장로와 장립(안수) 집사와 서리 집사 사이에 종속 관계가 존재하지 않는다. 직분 내에서 담임 목사-부목사-강도사-전도사, 수석 장로-시무 장로-사역 장로, 혹은 장립 집사-서리 집사의 구분에 따라 서열화하는 것은 이 원리에 반하는 것이다. 이것은, 칼뱅이 주장한 바와 같이, 설교하는 일이 목사의 고유한 사역이고 가르치는 일이 교사의 사역이며 다스리는 일은 장로의 고유한 사역이고 집사에게는 섬기는 사역이 주어졌다는 점에서 확인할 수 있다.[12] 따라서 장로가 목사를 보조하거나 집사가 장로 혹은 목사를 보조하는 부수적 역할을 수행하는 것이 아니다. 크리스천 개혁교회(Christian Reformed Church)가 직분자의 평등에 대한 정신을 이어 가고 있는데, 『교회 운영 교본』(*Manual of Christian Reformed Church Government 2001*, 북미개혁주의장로회한인출판국)의 85조에 그 정신이 잘 나타나 있다.[13]

> 85조(교회와 직분자의 평등): 어떤 교회나 의결 기구도 다른 교회나 의결 기구 위에 결코 군림할 수 없으며, 어떤 직분자라 하더라도 다른 직분자 위에 군림할 수 없다.

직분의 평등이 적용된다고 해서 모든 직분의 역할이 똑같다는 의미는 아니다. 하나님의 교회를 세우고 섬긴다는 측면에서 모든 직분이 동등하게 중요하며, 또 각 직분이 개별적 부르심에 따른 역할을 수행함으로써 하나님의 중요한 사역에 동참한다는 측면에서는 차별이 없지만, 구분된 역할들은 존재한다. 그리고 이 역할들은 품위 있고 질서 있게 작동되어야 한다.

마지막으로 호혜성(reciprocity)의 원리이다. 호혜성의 원칙은 단순히 주고받는 거래를 넘어서 상대방에게 기꺼이 호의를 베풀고 또 타인의 호의에 기꺼이 보답하여 건강한 관계를 추구하는 것을 말한다.[14] 호혜성 개념은 "남에게 대접을 받고자 하는 대로 너희도 남을 대접하라"(눅 6:31)는 황금률과 관계가 있다. 교회 공동체는 희생적인 상호 섬김 가운데 형성된다. 이는 "너희가 짐을 서로 지라. 그리하여 그리스도의 법을 성취하라"(갈 6:2)는 말씀과 상통한다. 진 게츠(Gene Getz)도 상호 책임을 리더십이 기능하는 중요한 원리로 제시하였다.[15]

교회의 영적 리더들은 자신의 사역을 수행하는 방식뿐만 아니라, 영적인 삶에 있어서도 서로를 책임져야 한다.

진 게츠에 의하면, 특히 직분자들 사이의 상호 책임이란 상호 신뢰 안에서 타인들이 자신의 삶을 들여다보고 점검할 여지를 두는 개방성을 의미한다. 이와 유사하게 알렉산더 스트라우치(Alexander Strauch)도 공동 목회의 원리를 제시하는데, 그 원리는 서로의 연약함과 죄에 빠지는 것을 막아 주며, 약점을 상호 보완하며, 서로를 적극적으로 세워 주는 것을 포함한다.[16]

그러면 직분자의 역할은 어떻게 구분되고 할당되어야 하는가? 이를 논의하기 위해 우선 직분자의 역할 네 가지를 알아보자. 그것은 조직 건설자, 성도 개발자, 사역 수행자 및 행정 지원자이며 다음 면의 표 11.2에 그 의미가 정리되어 있다.[17]

이렇게 구분된 역할을 목사, 장로, 집사의 직분에 따라 어떻게 분담

역할	역할의 내용
조직 건설자	교회의 본질적 모습에 대해 이해하고, 우리 시대에 바람직한 교회의 모습을 회복시키는 역할
성도 개발자	성도들이 말씀대로 사는지 확인하고, 성령의 열매를 맺어 좋은 신앙 인격자로 서며 하나님의 형상을 회복하도록 돕고, 삶의 영역에서 본이 되는 역할
사역 수행자	교회의 핵심 사역이라고 불리는 예배, 교제, 교육, 선교, 봉사 등의 영역에서 사역이 제대로 수행되도록 하고, 실제 세상에서 사역을 감당하는 역할
행정 지원자	행정적 지원, 관리, 재정, 각종 회의 등 조직체로서의 교회를 운영하는 데 필요한 제반 업무를 수행하는 역할

[표 11.2] 직분자의 주요 역할[18]

할 것인가? 앞에서 제시한 네 가지 역할은 아래의 그림 11.1과 같이 분담될 수 있다.[19] 성도 개발의 경우에는 목사의 비중이 가장 크고 장로, 집사 순으로 비중이 점점 작아진다. 조직 세우기의 경우에는 목사와 장로가 큰 비중을 차지하고 집사가 작은 비중을 차지한다. 사역 수행/행정 지원의 경우에는 집사가 큰 비중을 차지하는 삼각형 형태를 띤다. 한국 교회에서 각 직분이 회복되어야 할 방향은 뚜렷해 보인다. 목사는 성도들을 잘 가르치고 교회다움을 잘 구축해야 한다. 그리고 장로의 직분은 교회다움의 구축과 유지 및 성도 개발에 더 집중하는 방향으로

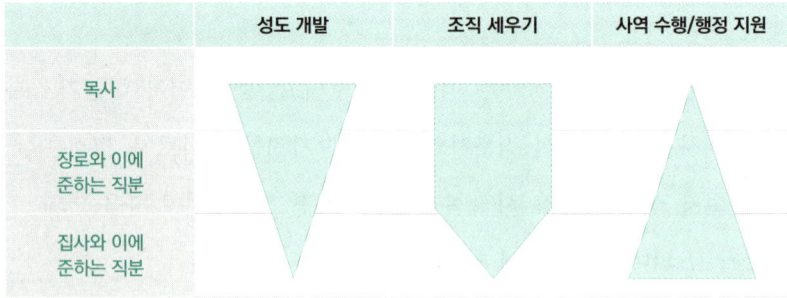

[그림 11.1] 직분자 간의 역할 구분[20]

역할의 전환이 일어나야 한다. 그리고 '디아코노스'(*diakonos*, 섬기는 자)라는 어원을 갖는 집사의 경우 '디아코니아'의 직무를 수행해야 하는데, 성경에서 '디아코니아'는 '식탁에서 수종 드는 것' '일반적인 봉사' '재물로 섬기는 것' '사회에서 공직 생활을 수행하는 사람들' 그리고 '교회에서 봉사하는 직분' 등 다양한 의미로 사용되었다.[21] 교회에서 봉사의 많은 부분이 집사의 직무인 것이다. 반 담은 집사 직분의 필요성을 설명하면서, 교회에 불평이 있고 기쁨이 사라진 상태에서 신약의 집사 직분이 생겼음을 상기시킨다.[22]

> 집사들은 회중이 함께 누리는 기쁨을 지켜 보호하는 사람들이고, 그렇게 성도의 교제가 함의하는 모든 것들이 회중 가운데서 점점 선하게 발전하여 가도록 살펴 행하는 사람들입니다. 집사들은 하나님의 교회 안에서 소외되거나 돌봄을 받지 못하는 사람이 없도록 살펴야 합니다.

그러면 어떻게 직분을 회복할 것인가? **첫째, 직분의 성격과 본질을 제대로 이해하고 공유하는 작업이 요청된다.** 직분을 단순히 사람이 세운 리더 정도로 간주하는 인식을 없애는 작업이 필요하다. 직분자의 역할은 예수님의 몸으로서의 교회가 제 역할을 감당하도록 하는 것이다. 예수님은 감당해야 할 총체적 활동을 혼자서 다 감당할 수 없으셨기 때문에 당신의 몸으로서 거룩한 교회를 세우셨다. 예수님의 몸으로서의 교회는 각각 다른 은사를 가진 지체들로 하여금 합력하여 총체적인 예수님의 사역에 동참하고 그분의 생명력을 전달하도록 해야 한다.[23] 그런 후 잘못되어 있는 직분자 역할을 본래의 모습으로 되돌려야 한다. 그렇게 함으로써 각 직분이 본래의 역할을 감당하도록 해야 한다. 하나님의 나라를 향한 모든 사역은 분업적으로 수행될 수 있다. 성경은 은사에 대한 다양한 가르침(고전 12장; 엡 4:11-12; 벧전 4:10)에서 복음 사역의 분업을 제시하므로 그 원리에 따라 다양한 직분자가 함께 온전한 교회를 완성해야 한다.

그 시작은 목사를 포함하는 장로단의 직분 회복에서 출발하는 것이 좋다.[24] 우선 목사는 설교하고 가르치고 목양하는 데 집중해야 한다. 한국 교회의 무너진 강단을 설교의 회복을 통해 다시 세우고, 교회 운영에 대해서는 장로와 집사에게 과감히 맡겨서 직분 회복을 주도해야 한다. 장로들도 앞에서 제시한 네 가지 역할 중에서 성도 개발과 조직 세우기에 더 큰 비중을 두고 사역에 임해야 한다. 여기에 현실적인 고민 한 가지가 있다. 여기서 제시하는 장로의 역할을 오늘날 우리가 살아가는 현대 사회에서 제대로 실천할 수 있는가의 문제이다. 직장과 생업에 매인 장로가 성도를 세우기 위해 여러 역할을 감당하는 것이 쉬운 일은 아니다. 현실적 방안을 생각해 보자면, 장로의 본질적 직분들에 대해서는 최소한의 기준을 정하여 모든 장로들이 이를 수행하고, 특정 사역에 대해서는 일을 분담하거나 다양한 대안을 마련하여 유연성 있게 운용하는 전략이 필요하다. 가령 교인들을 세우는 일에 있어서 공식적으로 1년에 한 번이라도 담당 지역의 가정을 방문하여 그 가족이 가정 예배를 드리는지, 자녀 교육을 어떻게 하는지, 직장에서 어떻게 빛과 소금으로 살아가는지 이야기를 나누고 함께 기도한다면 큰 변화가 있을 것이다. 하지만 이것이 여의치 않다면 한 달에 한 번 정도 한두 가정을 직장 근처에서 만나 식사와 대화를 나누며 그들의 가정을 돌보는 방안을 생각해 볼 수 있다.

둘째, 직분의 자격과 선출 과정의 개선이 필요하다. 직분자로의 부르심은 내적 부르심과 외적 부르심이 있다. 내적 부르심은 남들이 알지 못하고 교회가 증인이 될 수 없는, 개개인이 하나님 앞에서 의식하는 사적 부르심이다. 그리고 외적 부르심은 특정 직분을 수행할 자격을 갖추고 있는지를 교회 회원들의 합의에 의해서 확인하는 과정을 거치는 것으로 교회의 공적 질서와 관계되는 외적인 엄숙한 부르심이다.[25] 외적 부르심과 관련하여 칼뱅은 감독의 자격에 대한 성경 구절(딛 1:7-9; 딤전 3:1-7)을 활용하여 "오직 건전한 교리와 거룩한 삶이 있는 자들을 택하여야 하며, 어떤 현저한 과실이 있어서 그 때문에 권위를 빼앗기고 사역을 더럽힐 소지가 있는 자들은 제외하여야 한다"고 요약하고, 집사의 경우(딤전 3:8-13)는 "자기들에게 부과되는 임무를 감당하기에 합당하고 적합해야 한다는 것을, 즉 그 직분을 수행하는 데 필요한 자질을 습득한 상태여야 한다는 것을 언제나 명심해야 한다"고 요약하여 설명하였다.[26] 여기에서 말하는 필요한 자질을 검증할 때 은사를 고려할 필요가 있다. 그러한 외적 소명을 확인하는 검증 절차를 소홀히 하면 가르치는 은사가 없는 목사, 다스리는 은사가 없는 장로, 구제와 행정의 은사가 없는 집사가 나온다. 선출 과정에서도 변화가 요청된다. 칼뱅은 직분자의 자격을 갖추었다고 생각되는 사람들을 대상으로 사람들의 동의와 승인을 받아 세우는 것이 하나님의 말씀을 따르는 적법한 방법임을 제안한다.[27] 외적 부르심을 철저히 그리고 대중적으로 검증해야 할 필요성을 제기한 것이다. 그러나 현재 한국 교회의 경우 규모가 커지면서 여러 가지 편법이 동원되고 있다. 외적 부르심의 확증을 위한 지혜로운 방법을 모색하지 않은 채 이 절차를 가볍게 처리하거나 무시하면 건강한 교회를 세워 가는 과정에서 큰 한계에 부딪히게 된다. 누가 직분자가 될 자격이 있는지에 대한 외적 부르심의 확인이 어렵다는 것은 그만큼 교회가 진정한 교제와 상호 권면이 어려운 상태에 처해 있음을 반증하는 것이다.

셋째, 직분자에 대한 지원과 관리 측면에서 변화가 필요하다. 한국 교회에서는 직분 제도와 관련해서 다양한 실험을 하고 있는데, 직분자의 임기제와 신임 투표제, 사역 장로제 등이 그 예이다. 많은 경우 개혁적 성향을 가진 개별 교회에서 이런 제도들을 시행한다. 성경에서 제시하는 목사, 장로, 집사 같은 직분 제도는 그 본질이 손상되지 않는 범위 내에서 다양한 역사적·상황적 요인을 충분히 고려하여 얼마든지 유연하게 운영될 수 있다.[28] 또한 직분자에 대한 다양한 교육 훈련을 제공해야 한다. 다음 면의 표 11.3은 앞에서 설명한 직분자의 역할 네 가지에 따른 교육 훈련에 대해 제안한 것이다. 공통 역량에 대한 교육은 모든 직분자들이 공히 익혀야 하는 내용이다. 조직 건설자의 경우 교회의 참다운 모습 혹은 이상적 전형에 대한 이해를 돕는 교육 내용을 포함한다. 그런 교육을 통해 이상적 조직을 세워 가는 과정에서 필요할 때마다 적시에 개혁할 수 있는 역량을 갖추어야 한다. 개별 교회가 이런 교육을 감당하기 어려울 경우 노회 차원에서 운영하거나 지역 교회들이 함께 모여 공동으로 교육의 장을 마련할 수 있다. 기업의 경우 임원이 되면 그 역량을 효과적으로 발휘할 수 있도록 시대의 변화, 기술의 변화, 사회 문화적 조류, 세계적 추세 등 여러 방면의 교육을 실시함으로써 그들의 안목을 키운다. 교회에서도 직분자들을 대상으로 한국 교회의 변화, 사회의 변화, 시대 사조 등을 교육함으로써 그들이 개교회 중심의 좁은 틀에서 벗어나 올바른 안목을 가지고 직분을 감당하도록 돕는 전향적 교육 체계를 갖출 필요가 있다.

교육 유형	교육 방향	교육 내용 예시
공통 역량 교육	모든 직분자가 기본적으로 갖추어야 할 역량에 대한 교육	• 건강한 교회를 위한 핵심 원리 이해 • 교회의 존재론적 비전 이해 • 리더십을 세우는 과정 • 교회의 환경 분석
조직 세우기	교회의 본질을 이해하고 하나님이 의도하신 교회다움을 유지하기 위해 필요한 역량을 배양	• 교회의 본질에 대한 성경적·신학적 이해 • 한국 사회에서의 교회다움에 대한 이해 공유 • 교회 역사, 비전과 전략, 교회 교육 체계와 내용, 교회가 처한 환경에 대한 종합적 이해
성도 개발	성도들이 말씀대로 살아가도록 교육하고 점검하는 능력을 배양	• 교회 성도들의 구성과 영적 성장 현황 공유 • 멘토링 역량 • 소그룹 인도
사역 수행	예배, 교제, 교육, 선교, 봉사 같은 사역을 전문적으로 수행하도록 교육	• 사역별 교육 프로그램(예. 사역의 신학적·성경적 의미, 사역 현장 이해, 한국 교회와 세계 교회에서의 사역의 흐름 등) • 개별 교회의 역사 속에서 그리고 다른 사역과의 관계 속에서 특정 사역의 이해
행정 지원	재정, 행정, 관리, 회의 등의 기능이나 교회가 추구하는 사업과 관련된 특정 역량에 대한 이해를 갖추게 함	• 교회의 본질적 사명과 사역을 원활하게 운영하기 위해 필요한 행정적 지원 • 운영 시스템 이해 • 각종 회의에 대한 이해

[표 11.3] 직분자의 역할에 따른 교육 훈련[29]

마지막으로 **당회와 제직회가 정상화되어야 한다.** 이를 위해 직분자가 제대로 역할을 수행하도록 뒷받침해 주는 제도화 과정이 필요하다. 먼저 당회와 제직회를 구분할 필요가 있다. 많은 교회에서 장로는 당회원인 동시에 제직회의 특정 직책(예. 선교 위원장)을 맡고 있다. 그러다 보니, 당회는 직책을 맡은 사람들의 회의체가 아님에도 불구하고 당회에서 제직회 산하 조직의 내용을 주로 다루는 경우가 많다. 이는 당회와 제직회가 구분되지 못한 것이다. 당회는 고유한 업무가 있고 위원회 업무를 넘어 다루어야 하는 과제가 있으며, 또한 모든 당회원이 제직회 직책을 맡을 필요도 없다. 당회는 기능주의적 운영에서 탈피해야 한다. 즉 위원회 보고를 하고 그것을 승인하는 등 기능적 과업에 한정된 회의체가 되어서는 곤란하다. 또한 목회자의 리더십 유형에 따라서 당회의 운영 방식이 매우 상이할 수 있는데, 그렇다 하더라도 당회의 고유 업무가 잠식되거나 도외시되지 않도록 해야 한다.

제직회의 경우 가장 큰 문제는 많은 제직들이 참여하지 않는 것이다. 그 이유는 그들에게 역할이 주어지지 않아 관련된 일이 없거나, 특정 개인들이 주로 의사 결정을 하기 때문에 다른 이들에게는 참여 동기가 생기지 않아서일 것이다. 그러나 직분자들이 제 기능을 발휘하고 제반 사항을 공유하는 최소한의 메커니즘이 없어지면 의사 결정이 매우 불투명해지고 교회의 본질에서 벗어나는 관행들이 쌓여서 결국에는 교회 공동체의 건강을 해칠 수 있다.

직분 제도의 회복을 위한 정책적 제언

- 당회 구성원, 즉 장로단의 상호 목회적 '코이노니아' 회복이 출발이다. 바른 교회관 및 세계관에 대한 특강을 들으며 관점을 공유하고 공통의 비전을 나누는 장이 마련되어야 한다.
- 원칙에 기반한 의사 결정과 리더십 발휘가 필요하다. 합의에 이르기까지는 치열하게 토론하되 의사 결정이 이루어진 후에는 비판 없이 협력하여 실행하는 자세를 보여야 한다. 당회와 제직회에서 토론이 활성화

되려면 구성원들이 주인 의식을 가지고 적극적으로 참여하도록 중진들이 나서서 격려하고 지지해 주어야 한다.

- 직분에 따른 역할 회복이 절실하다. 하나님 나라의 가치, 성경적 원리, 그리고 교단의 교회 정치 원리에 기반하여 목사, 장로, 집사와 이에 준하는 직분의 고유한 직무와 역할이 무엇인지 명확히 점검하고, 그것으로 돌아가는 방법을 진지하게 고민해야 한다. 효율적 분업이 아닌 복음적 분업에 따라 역할이 부여되어야 한다.

12장

핵심 원리에 기반한 운영

여성 용품 및 유아 용품을 핵심 사업으로 하는 국내 중견 기업 한 곳은 1990년대 중반에 신임 사장이 취임하면서 새로운 핵심 가치와 경영 방침을 적용하여 회사를 획기적으로 도약시킨 바 있다.[1] 신임 사장은 당시 파업 중이던 노동조합에 대한 대응 방안을 임원들과 논의하면서 '노동조합원들은 우리의 가족인가, 아니면 우리의 적인가?'라는 물음에 어떻게 답할지부터 정하고 그 답에 맞는 경영 방침을 세우자고 제안하였다. 그리고 토론 끝에 '그들은 우리의 가족이다'라는 입장을 선택하기로 하였다. 그리고 사장과 임원들은 그 결단에 부합한 경영 방침을 정하고 일관되게 추진하였다. 일례로 노사 간 신뢰를 쌓기 위해 투명성의 원칙을 적용하기로 했다. 하지만 그 원칙을 적용하려니 곳곳에서 걸리는 요소들이 많았다. 동종 업계 임원들의 모임에 나가면 그동안 이어진 가격 담합의 관행이 투명성의 원칙과 부딪혔고, 대형 유통업체에게 제품을 납품하는 과정에서 이루어지는 뇌물 관행도 그 원칙과 충돌하였다. 이 중장부를 작성하느라 월말 결산을 하고도 즉시 결산 보고서를 공시하지 못하는 기업의 관행도 투명성의 원칙에 걸렸다. 원칙을 지킨다는 것이 현실에서 여러 가지 대가를 지불해야 하는 문제로 다가온 것이다.

그러나 사장과 임원들은 그에 따른 대가를 지불하기로 결단하고 투명성에 반하는 관행들을 하나하나 끊어 나갔다. 그러자 예상했던 대로 그에 대한 역풍이 불어오기 시작했다. 대형 유통업체들로부터 회사 제품을 더 이상 받지 않겠다는 통보를 받고 몇 개월간 유통 공백이 생겨서 백수십억 원의 손실을 감수해야 했다. 기업 경영자에게는 그러한 대가가 크나큰 고통이 아닐 수 없다. 그러나 그에 대한 반대급부 또한 생겨나기 시작했다. 직원들 사이에 회사와 경영자에 대한 신뢰가 형성되고, 회사에 대한 애착과 주인 의식이 확산되기 시작했다. 회사와 경영진에 대한 신뢰는 고객들과 사회 구성원들에게도 점차 확산되어 사회적 인정과 명성이 쌓여 나갔다. 눈에 보이지 않는 자산이 축적되고 있었던 것이다.

200여 년의 역사를 가진 세계적 기업 듀퐁(DuPont)은 지나치다 싶을 만큼 자사의 핵심 가치를 고수하는 것으로 유명하다. 일례로 듀퐁의 제품 생산 공장에서는 공장에서 내보내는 폐수의 배출 온도가 기준치를 넘을 경우 즉시 공장 가동을 중단하고 상부에 보고하라는 규정이 있었다. 그런데 타이완 지사의 한 공장에서 폐수의 배출 온도가 기준치를 잠시 넘는 일이 발생했다. 하지만 이를 처음 발견한 직원은 상부에 보고하지 않았다. 왜냐하면 배출 온도가 기준치를 넘긴 했지만 위협적일 정도는 아니었고 배출 시간도 길지 않아서 굳이 공장 가동을 멈추고 상부에 보고할 필요까지는 없다고 생각했기 때문이다. 공장 기계를 한번 멈추게 되면 다시 가동하기까지 많은 연료와 시간이 필요한데,

이는 결과적으로 회사에 손해를 끼친다는 판단에 근거한 것이었다. 하지만 듀퐁 본사에서는 그런 일이 있었음을 파악하자 조직에 대한 직원의 선의를 알고 있었음에도 불구하고 그 직원을 해고하였다. 이유는 환경의 청지기 역할을 감당한다는 자사의 핵심 가치가 훼손될 수 있다는 우려 때문이었다.[2]

사회로부터 인정과 존경을 받는 기업들을 보면, '이윤 극대화를 위해서라면 무슨 일이든 할 수 있다'고 생각하는 일반 기업들과는 달리 핵심 가치를 명확하게 세우고 철저하게 지키면서 기업을 운영한다. 이 기업들처럼 원칙에 충실하면 당장은 이윤에 마이너스 효과가 나타나는 것처럼 보이지만, 그로 인해 고객과 직원과 사회의 신뢰를 얻게 됨으로써 중장기적으로는 견고한 사업 기반을 확보하게 된다.

한국 교회의 현재 모습

기업에 비해 교회는 훨씬 더 목적 지향적이고 가치 중심적으로 운영되어야 할 신앙 공동체이다. 교회가 철저하게 존재 목적과 성경적 가치에 기반하여 운용되지 않으면 교회로서의 정체성을 잃고, 세상 가운데서 빛과 소금의 역할을 감당할 수 없게 된다. 그렇다면 성경적 핵심 원리와 운영 원칙을 명확히 하고 그것을 나침반 삼아 교회 공동체를 운영하는 면에서 한국 교회는 어떤 모습일까? 저자들이 180개의 교회를 대상으로 실시한 CHEQ II 조사의 분석 결과에 따르면, 건강한 교회를 특징 짓는 여덟 가지 속성—참된 예배, 연합된 지체, 건강한 자람, 섬김의 실천, 목적 충실성, 섬김의 리더십, 직분의 회복, 핵심 원리에 기반한 운영—중에서 상대적으로 가장 취약한 속성이 핵심 원리에 기반한 운영

핵심 원리에 기반한 운영	평균값과 긍정 응답 비율
1. 교회의 운영 과정에서 중요하게 지켜야 할 운영 원칙(핵심 가치)을 성도들이 공유하고 있다.	3.43　38.3%
2. 우리 교회가 중시하는 운영 원칙은 성경 말씀에 기반을 둔 것으로서 세속적 가치에 물들지 않았다.	3.59　40.6%
3. 목회자와 교회 리더들은 교회의 운영 과정에서 교회가 중요하게 여기는 운영 원칙을 지키기 위해 노력한다.	3.72　50.6%
4. 교회 내 각 부서에서 이루어지는 주요 의사 결정의 절차나 내용은 우리 교회의 운영 원칙에 잘 부합한다.	3.65　45.5%
5. 우리 교회에서는 어떤 개인이나 부서가 이룬 사역의 결과보다는 그 과정에서 교회의 운영 원칙을 잘 지켰는지를 더 중요하게 여긴다.	3.61　46.7%

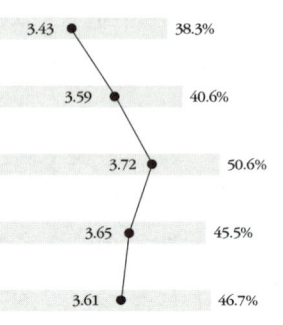

[표 12.1] CHEQ II 조사 결과: 핵심 원리에 기반한 운영(기준 연도: 2013년)

으로 나타났다. 관련된 세부 항목들에 대한 목회자와 직분자의 평가 결과는 5점 기준으로 평균 3.43-3.72점 사이로서 한국 교회가 성경적 핵심 원리를 중심으로 운영된다고 보기 어려운 상태임을 말해 준다.

세부 항목별로 긍정 응답 비율을 살펴보면, "교회의 운영 과정에서 중요하게 지켜야 할 운영 원칙(핵심 가치)을 성도들이 공유하고 있다"라는 항목에는 38.3퍼센트, "우리 교회가 중시하는 운영 원칙은 성경 말씀에 기반을 둔 것으로서 세속적 가치에 물들지 않았다"라는 항목에는 40.6퍼센트, "목회자와 교회 리더들은 교회의 운영 과정에서 교회가 중요하게 여기는 운영 원칙을 지키기 위해 노력한다"라는 항목에는 50.6퍼센트, "교회 내 각 부서에서 이루어지는 주요 의사 결정의 절차나 내용은 우리 교회의 운영 원칙에 잘 부합한다"라는 항목에는 45.5퍼센트 그리고 "우리 교회에서는 어떤 개인이나 부서가 이룬 사역의 결과보다는 그 과정에서 교회의 운영 원칙을 잘 지켰는지를 더 중요하게 여긴다"라는 항목에는 46.7퍼센트만이 긍정적으로 답했다. 성경적 핵심 원리를 기반으로 교회 공동체가 운영되는 것이 교회로서의 정체성과 건강성 유지에 매우 중요하다는 점을 감안하면 한국 교회의 현재 모습은 결코 양호한 상태라 할 수 없다.

사실 우리 주변의 교회들을 둘러보면, 교회 운영에서 핵심 원리가 가지는 중요성을 인식하지 못하거나 성경적 핵심 원리를 명확하게 세우지 못한 교회들이 대부분이다. 설령 원칙을 세웠다 하더라도 그것을 교회 운영의 실질적 나침반으로 삼는 단계까지 나아간 교회는 드물다. 핵심 원리를 반드시 지켜야 할 소중한 것으로 생각하지 않고 현실적 이유를 앞세워 뒷전으로 미루는 경우가 많다. 그것을 지킬 수 있을 때만 지키고 희생이나 손실이 수반될 경우 뒤로 미룬다면, 그것은 핵심 원리로서의 실질적 의미를 갖지 못한다.

교회가 변질되지 않고 건강하게 본래의 사명을 수행하려면 9장에서 살펴본 교회의 존재 목적과 본 장에서 다루는 성경적 핵심 원리에 충실해야 한다. 존재 목적이 '왜 이 교회가 이 시대에 이 지역에 존재해야 하는가?'에 대한 대답으로서 교회가 궁극적으로 도달해야 할 푯대와 같다면, 핵심 원리는 그 푯대를 향해 가는 과정에서 하나님의 통치를 받는 교회의 정체성을 유지하면서 가도록 안내하는 나침반과 같다. 멸망으로 인도하는 넓은 문이 아닌 생명으로 인도하는 좁은 문(마 7:13-14)으로 안내하는 지침인 것이다. 교회가 도달해야 할 푯대와 길을 안내할 나침반 없이 운영된다면, 세속에 물들고 타락하기 쉽다.

핵심 원리에 기반한 교회 운영이란?

핵심 원리에 기반하여 교회를 운영한다는 것은, 교회 공동체가 본래의 존재 목적을 실현하는 과정에서 그것을 나침반으로 삼아 운영한다는 의미이다. 구체적으로는 주요 의사 결정, 조직 체계, 주요 사역의 우선순위와 지향점, 사역 수행 방식, 예산 지출의 우선순위, 성도들의 역할 분담 및 참여 방식, 리더십 발휘 방식 등 교회 공동체 안에서 이루어지는 제반 활동과 시스템이 그 핵심 원리에 부합하게 이루어진다는 의미이다. 그림 12.1은 이를 단순 도식화한 것이다.

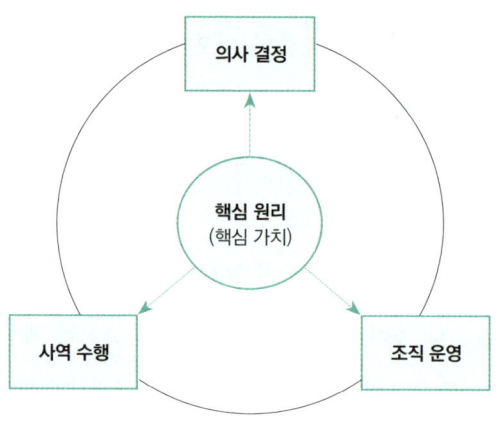

[그림 12.1] 핵심 원리에 기반한 교회 운영

우선 의사 결정이 핵심 원리를 나침반 삼아 이루어져야 한다. 교회 내에서 중요한 사안을 다룰 때 다양한 고려 사항과 관점들 때문에 의사 결정이 원만하게 이루어지지 못하는 경우가 많다. 특별히 그 의사 결정이 여러 이해관계와 얽혀 있으면 더욱 어려워진다. 그렇다고 그러한 복잡한 상황을 회피하거나 영향력 있는 특정인이 주도하여 일방적으로 의사 결정을 한다면 그것은 교회의 건강성 면에서 결코 바람직하지 않다. 교회가 평상시 핵심 원리를 설정하고 지속적 소통을 통해 공유한다면 성도들과 핵심 원리를 기반으로 한 통합적 의사 결정을 어렵지 않게 할 수 있다. 잘 정립되고 공유된 핵심 원리는 무엇이 더 중요하고 무엇이 덜 중요한지 판단할 수 있는 지침을 제공하기 때문이다. 그래서 의사 결정 과정에서 참여자들 사이에 생길 수 있는 갈등을 줄여 주고, 의사 결정이 상황 논리에 따라 임기응변식으로 이루어지는 것을 방지한다.

핵심 가치와 의사 결정 사례

예인교회는 초기부터 '최소한의 소유, 최대한의 나눔'을 핵심 가치로 설정하고 교인들과 공유했기 때문에 자체 예배당을 가지겠다는 생각을 하지 않는다. 그래서 부천 소재 문화센터 강당을 주일 예배처로 사용하고 있으며, 교인 수가 300명 수준에 이르자 이를 수용할 수 있는 더 넓은 예배 공간을 확보하기보다는 분립 교회를 세워 2013년 7월에 독립시켰다. 이런 사례들을 보면 교회 예배당 건축의 문제는 교인 수가 늘어나면 그에 따른 공간 수요를 충족하기 위한 수요 대응 차원에서 접근할 기술적 문제 이전에 교회 공동체가 지키려는 핵심 가치의 문제라고 볼 수 있다.

핵심 원리는 조직 운영에도 적용되어야 한다. 예인교회는 '운영은 민주적으로'라는 모토를 핵심 원리 중 하나로 설정하여 실제 운영에 적용하고 있다. 예인교회는 교인 총회에서 선출한 성도들로 운영 위원회를 구성하고, 그 운영 위원회가 교회의 운영에 관한 중요 사안을 결정하며 집행한다. 담임 목사는 운영 위원회의 당연직 위원이지만 의결권은 없고 운영 위원들이 의사 결정 시 참고하도록 담임 목사로서 목회 관련 입장을 표명한다. 목회자 의존성이 강한 기존 교회의 권위주의적 운영 방식에 비교하면 파격적인 실험이라 할 수 있다. 그렇게 한 이유는 기존의 교회 운영 방식이 성경이 말하는 만인제사장 정신에 맞지 않을 뿐만 아니라, 그동안 한국 교회 안에 여러 부작용을 야기했다고 보기 때문이다.

교회의 운영 방식은 다양하다. 위계적 조직 구조에서 권위주의적 방식으로 운영되는 교회가 있는 반면, 수평적 조직 구조에서 자율적·민주적 방식으로 운영되는 교회도 있다. 교회 내 부서 운영 방식도 다양하다. 리더가 일 중심으로 이끌어 가는 방식이 있는 반면, 일보다는 부서원들의 성장에 비중을 두고 리더가 뒤에서 밀어 주는 방식도 있다. 교회가 어떠한 방식으로 운영되는지에 따라 그 열매가 달라진다. 그러므로 지금의 한국 교회 모습은 그동안 한국 교회의 운영 방식이 만들어 낸 결과물이다. 적절한 견제가 없는 상태에서 목회자나 소수의 장로들이 중심이 되어 권위주의적으로 교회를 운영하게 되면 문제 예방 장치가 작동하지 않기 때문에 여러 부작용이 누적되고 속으로 곪다가 터지게 된다. 그러한 부작용들을 방지하기 위해서라도 건강한 조직 운영을 위한 핵심 원리를 명확하게 설정하고 엄격하게 지켜야 한다.

사역 수행에서도 핵심 원리가 중요한 중심축 역할을 해야 한다. 많은 교회에서 목적이나 원칙이 없는 상태에서 사역과 프로그램을 선정하고 추진하는 경우가 많다. 핵심 원리로부터 사역의 선정, 추진 방식, 재원 확보 및 지출에 대한 원칙을 도출하고 구성원들과 공유하지 않으면, 사역의 우선순위나 타당성에 대한 판단에 일관성이 없어지고, 사역 책임자의 성향에 따라 사역의 내용과 질이 좌우된다. 그리고 그 과정에 세속적 방식과 인간적 욕심 혹은 이권이 개입될 가능성이 높아진다. 예를 들어, 재정 확보 및 지출에 관한 원칙을 명확히 정립해 두지 않으면 사역별 프로그램을 운영하는 사람이 누구인지에 따라 참가자 회비와 교회 재정 지원의 비중을 어느 정도로 할지, 교회 재정에 회비 수입을 산입할 것인지 아닌지, 외부 강사와 내부 강사 사례비를 어느 수준으로 지불할지 등에 대한 결정이 계속 달라진다. 때로는 특정 사역이나 프로그램을 맡은 사람이 그것을 사적 방식으로 운영하는 현상까지 발생한다. 교회가 핵심 원리를 중심축으로 해서 운영되지 않으면, 교회의 성장에 기여한다는 명분 때문에 혹은 교회의 예산을 절감할 수 있다는 이유 때문에 편법이나 교회답지 않은 사역 진행 방식까지 정당화된다. 그러한 관행이 교회 안에 뿌리내리면 교회의 정체성이 상실되는 것은 시간 문제이다. 교회의 의사 결정과 운영 과정과 사역 수행이 핵심 원리를 나침반 삼아서 이루어질 때 그 교회는 건강한 방향으로 계속 발전할 수 있다.

유의할 점은 개별 핵심 원리를 의사 결정과 교회 운영과 사역 수행에 적용할 때 그 핵심 원리에 맞는 단 하나의 적용 방식이 존재하는 것은 아니라는 점이다. 교회의 규모나 제반 특성에 따라 혹은 시대적 상황이나 그 교회가 섬겨야 할 지역과 사회의 특성에 따라 구체적 적용 방식은 달라질 수 있다. 예를 들어, 만인제사장 정신(벧전 2:9)에 근거한 '권위와 자율의 균형'이라는 핵심 원리를 조직 운영 체계에 적용할 경우, 제직회 산하에 운영 협의회라는 심의 기구를 두고 당회와 협력하여 교회의 주요 의사 결정을 이끌도록 할 수 있다. 또한 담임 목회자는 말씀과 목양 사역에 집중하고 교회의 제반 운영은 평신도 리더들로 구성된 운영 위원회가 이끄는 방안도 있다. 개별 교회의 특성을 반영하여 얼마든지 다양한 운영 방안을 갖출 수 있다. 중요한 것은 교회의 제반 의사 결정이나 운영 및 사역 수행에서 성경적 핵심 원리에 충실하기 위해 얼마나 진지하게 고민하고 기도하며 믿음으로 결단하는지 여부이다.

일곱 가지 핵심 원리

교회 공동체가 교회다움과 건강성을 유지하기 위해 지켜야 할 핵심 원리는 무엇일까? 그것은 두말할 것도 없이 성경에서 나온 것이어야 하며, 교회의 정체성과 교회다움을 유지하는 데 필수적인 것이어야 한다. 세속적 가치나 세속적 조직 운영 원리와는 명확히 구별되면서 하나님의 통치 아래 있는 교회 공동체의 본질과 성경적 가치를 잘 드러낼 수 있는 것이어야 한다. 저자들은 이전 저서 『건강한 교회, 이렇게 세운다』에서 교회 공동체가 건강성을 유지하기 위해 교회 운영 면에서 반드시 지켜야 할 성경적 핵심 원리 일곱 가지를 제시한 바 있다.[3] 그 핵심 원리들은 한국 교회에 내재된 고질적 문제들과 그 원인을 분석해서 도출한 것들로서, 한국 교회가 교회다움을 회복하기 위해 반드시 지켜야 할 성경적 교회 운영 원리이다. 그 핵심 원리들을 요약하면 다음과 같다.

1. 성령 하나님에 대한 민감함: 하나님 주권의 원리라고도 말할 수 있는 이 원리는 교회 공동체는 머리이신 예수 그리스도의 뜻을 받들고 수행하는 몸이기 때문에 성령 하나님께 항상 민감해야 한다는 원리이다. 이 원리에 충실한 교회는 교회의 모든 사역과 운영의 주도권이 하나님께 있음을 인정하고, 주님의 뜻을 분별하고 그 뜻에 순종하는 차원에서 교회를 운영한다. 이 원리가 적용되려면 교회 내 모든 의사 결정에서 하나님의 뜻을 분별하려는 노력이 선행되어야 한다. 이 원리가 철저

하게 적용될 때 인간의 뜻과 계획이 아니라 하나님의 뜻과 계획이 교회 공동체를 이끌게 된다.

2. 핵심 목적의 성취: 하나님이 특정 교회를 이 땅에 두신 존재 목적을 성취하는 데 초점을 맞추어 교회를 운영해야 한다는 원리이다. 이 원리는 제반 사역과 프로그램과 조직 운영이 교회 전체의 핵심 목적에 부합해야 함을 의미하며, 교회 내 제반 자원의 배분도 교회의 존재 목적 성취에 효과적으로 기여해야 함을 의미한다. 교회 운영의 전 영역에서 이 원리가 철저하게 적용될 때 방향을 상실한 채 표류할 위험성을 최소화할 수 있고 교회 내 자원을 효과적으로 사용할 수 있다.

3. 권위와 자율의 균형: 한국 교회에 만연한 성직주의와 목회자 중심주의를 극복하고, 목회자의 역할상 권위를 인정하되 모든 교회 구성원들이 공동체의 운영에 책임적 자세로 참여해야 한다는 원리이다. 이 원리가 효과적으로 적용되려면 성도들이 교회 운영에 주도적으로 참여할 기회를 넓히고, 성도들이 하나님의 뜻을 찾는 주체가 되도록 그들의 영적 분별력을 높여야 한다. 아울러 교회 리더들은 반대자의 의견을 백안시하기보다는 그 의견이 하나님의 메시지는 아닌지 귀 기울여야 한다.

4. 상호적 섬김과 공동체성: 이는 성도들이 상호 섬김을 통해 함께 세워져야 한다는 점을 강조하는 원리이다. 개개인은 완전한 인격체인 동시에 상호 의존적 존재이다. 그리고 교회 공동체 내에서 이들 간의 관계는 서로가 서로를 위해 기꺼이 희생하는 관계이다. 따라서 성도들은 단독자로서 하나님 앞에 서야 하지만, 동시에 공동체로서 하나님 앞에 나아가야 한다. 교회 공동체 내의 형제자매들은, 내가 섬길 대상으로서 하나님이 나에게 보내 주신 사람들이다. 또한 성도들은 예수 그리스도

의 몸의 지체로서 서로의 다름을 인정하고 존중해야 한다.

5. **유기적 연계성과 공유**: 이 원리는 교회 사역과 조직의 영역에 포함되는 개별 요소들이 건강하게 기능하되 이 기능들이 상호 유기적으로 연계되어야 함을 의미한다. 이 원리에는 부서 이기주의를 배격하고, 교회의 존재 목적의 실현을 위해 부서들이 긴밀하게 협력해야 한다는 점과 교회 내 제반 의사 결정과 자원 배분이 투명하게 공유되어야 한다는 점을 내포한다. 이 원리가 적용될 때 부서 이기주의가 약화되고 교회 지체들이 한 방향을 향해 협력하며 나아가게 된다.

6. **보편적 교회**: 이 원리는 개교회주의와 배치되는 개념으로서, 각 교회는 개교회주의에 매몰되지 않고 우주적 교회의 일원으로서 다른 교회들을 돕고 세우며 건강한 연합을 이루어야 함을 강조한다. 또한 교회들은 자신들이 우리 사회의 중요한 공적 기관임을 자각하고 그에 걸맞은 역할을 수행하기 위해 함께 힘써야 한다.

7. **영적 성장과 '세상 속의 그리스도인'**: 이는 교회 공동체와 그리스도인들이 교회 자체를 위해서가 아니라 세상을 위해서 존재하므로 성도들이 영적으로 성장하여 세상 속에서 빛과 소금의 역할을 수행하도록 세우고 지지해야 함을 강조하는 원리이다. 이 원리를 따라 교회 리더들은 일이 사람보다 앞서지 않도록, 과업의 달성이 참여자들의 영적 성장보다 우선하지 않도록 신경써야 한다. 일의 처리 속도보다 참여자들이 하나님의 인도를 경험함으로써 영적으로 성장하는 것이 더 중요하다. 뿐만 아니라 교회 리더들은 성도들에게 삶을 통해 올려 드리는 예배가 공적 예배에 참석하는 것 못지않게 중요함을 일깨우고, 그들이 삶의 현장에서 그리스도인답게 살 수 있도록 지원해야 한다.

이상의 핵심 원리는 건강한 교회를 지향하는 교회들이 보편적으로 적용할 수 있는 성경적 원리들이다. 그것들을 명시적으로 교회의 핵심 원리로 내세우지는 않더라도 교회의 건강한 운영을 위해서 반드시 지켜야 한다. 물론 이 핵심 원리 일곱 가지가 성경적 교회 운영 원리를 모두 포괄한다고 볼 수는 없다. 따라서 이것들 외에 또 다른 핵심 원리를 추가할 수 있다. 그리고 '성령 하나님에 대한 민감함의 원리'를 '하나님 주권의 원리'로, '보편적 교회의 원리'를 '공교회성 중시의 원리'로 쓰는 것과 같이 개별 핵심 원리의 명칭을 달리할 수도 있다. 또 교회에 따라서는 핵심 원리라는 용어 대신 핵심 가치나 목회 방침 같은 용어를 써서 핵심 원리를 담아 내기도 한다. 어떤 용어를 사용하든 한 교회 공동체가 운영 과정에서 반드시 지켜야 할 성경적 핵심 원리를 정하고 철저하게 지키는 것이 중요하다.

핵심 원리를 지키려면 그것을 상황에 맞는 실천적 수준의 행동 지침으로 구체화할 필요가 있다. 이 핵심 원리들은 추상적 개념들이기 때문에 상황에 맞게 실천 원칙으로 구체화하지 않으면 교회 운영에 적용하기 어렵고 제대로 지켜지고 있는지 판단하기도 쉽지 않다. 예를 들면, 교회 건축을 추진하는 과정에서 이 핵심 원리들을 어떻게 지킬지 고민하는 상황을 생각해 보자. 교회의 핵심 원리들과 맥을 같이하면서 건축 과정에서 직면하게 될 다양한 이슈들을 처리하는 데 도움을 줄 구체적 실천 원칙을 만들어야 한다. 그리고 건축 위원회 회의 때마다 구성원들이 그 기본 원칙을 함께 숙지하고 중요 사항을 결정해야 한다. 다음에 나오는 예배당 건축의 기본 원칙은 한 예시이다(구 일산광성교회 사례).

예배당 건축의 기본 원칙

대원칙: 전 성도가 하나님의 인도를 함께 체험하는 기회가 되도록 한다.

1. 교회의 본질적인 사역(선교, 교육, 봉사 등)과 병행되도록 한다.
2. 교회 공동체의 하나됨을 더욱 공고히 한다.
3. 하나님이 기뻐하시는 정당한 방법만을 사용한다.
4. 부딪히는 문제와 장애물은 인간적 방법이 아닌 기도로 해결한다.
5. 기쁨으로 하나님께 드려진 헌신과 헌금만으로 건축한다.
6. 투명한 방식으로 일을 추진한다.
7. 실용성, 경제성, 장애인·노약자의 접근 용이성 등을 충분히 반영한다.

핵심 원리에 기반한 운영의 유익

핵심 원리에 기반한 교회 공동체 운영으로부터 기대할 수 있는 효과는 무엇일까? 성경적 핵심 원리에 기반한 교회 운영은 교회의 정체성과 교회다움을 드러내는 가장 중요한 요소 중 하나이다. 어떤 공동체든지 핵심 원리에 따라 의사 결정이 이루어지고 그에 맞는 운영 시스템이 작동될 때 비로소 그 정체성이 명확해진다는 점에서 그렇다. 성경적 원리에 기반하여 교회를 운영하지 않는다면, 다시 말해 성경적 원리에 비추어 올바른 방향인지 고민하지 않은 채 관행적으로 교회를 운영한다면 교회가 세상 조직과 별로 다를 바가 없게 된다. 교회 안에서 성경적 원리가 지켜지지 않는다면 어떻게 하나님 나라의 본래 모습을 세상에 드러낼 수 있겠는가? 오늘날 한국 교회가 교회로서의 정체성과 교회다움을 상실했다는 비판을 자주 듣는 이유가 바로 이것이다. 교회 공동체가 보여 주는 운영 행태가 성경적 원리와 동떨어진 세상 조직들과 별반 다르지 않기 때문이다. 쉽게 일을 처리하기 위해 교회 안에서 편법이나 탈법을 동원하는 일이 버젓이 벌어지고, 교회가 세상 조직처럼 세력 확장을 성공의 기준으로 삼고 매진하는 상태에서 사회 구성원들로부터 교회답다는 평가를 받을 수는 없다. 교회에서 이루어지는 의사 결정과 사역들이 세속적 원리에 따라 이루어진다면 그 교회는 시간이 흐를수록 교회로서의 정체성을 잃게 될 것이며, 이 땅에서 교회에 부여하신 하나님의 사명을 제대로 감당할 수 없게 된다. 교회로서의 정체성과 교회다움의 회복은 교회 안에 똬리를 튼 세속적 운영 원리를 걷어 내고 하나님 나라의 운영 원리에 충실할 때 비로소 확보될 수 있다.

핵심 원리는 교회 공동체가 하나됨을 유지하는 데도 매우 중요하다. 교회 공동체는 획일적 하나됨이 아니라, 각자의 은사를 따라 섬기는 다양성 속에서의 하나됨을 유지해야 한다. 교회 공동체의 규모가 작을 때에는 유기적 협력과 하나됨이 이루어지기 쉽다. 리더를 구심점으로 모든 구성원들이 협의하고 의견을 조율하기가 비교적 용이하기 때문이다. 그러나 교회 공동체의 규모가 점차 커지면 하나됨을 유지하기가 점점 더 힘들어진다. 사역이 늘어나고 부서가 세분화되면서 모든 구성원들이 참여하는 면대면 협의가 어려워지고, 리더에게도 상황 판단의 과부하가 걸리면서 의사 결정의 일관성을 유지하기가 점점 힘들어지기 때문이다. 그렇기 때문에 교회 공동체의 규모가 커질수록 그 공동체를 하나로 묶어 주고 그 공동체를 운영하는 과정에서 일관성과 통일성을 유지할 수 있도록 중심축 역할을 해 줄 핵심 원리의 중요성이 더 커진다. 교회 내에서 이루어지는 의사 결정과 활동들이 핵심 원리에 기반해서 이루어질 때 그것들 사이에 일관성이 확보되고 우선순위도 명확해진다.

장애 요인

왜 교회 공동체에서 성경적 핵심 원리에 기반한 운영이 이루어지지 않을까? 첫째, 세속적 목표와 가치의 침투 때문이다. 의사 결정이나 사역 수행 과정에서 성경적 원리를 적용하려 해도 세속적 목표가 교회 공동체를 다그친다면 성경적 핵심 원리 중심의 운영은 뒷전으로 밀려나게 된다. 그 대표적인 예가 교회의 양적 성장을 교회의 존재 목적으로 삼고 거기에 초점을 맞추어 교회를 운영하는 경우이다. 교회의 본질적 존재 목적이 왜곡되고 세속화되면 성경적 핵심 원리도 지켜지기 어렵다. 그럴 경우 교회의 주요 의사 결정이나 사역의 내용과 수행 방식은 '교회의 양적 성장에 도움이 되는가?'라는 기준에 따라 결정되며, 그 내용과 과정이 '교회의 정체성과 성경적 원리에 부합하는가?'와 같은 고민은 뒷전으로 밀리게 된다. 그럴 경우 하나님의 이름과 교회의 부흥이라는 명분을 앞세우지만, 실은 교회의 양적 성장을 위해 하나님의 이름을 망령되이 일컫는 상황까지 갈 수 있고, 교회 공동체의 교회다움에 손상을 입히게 된다.

교회에 침투한 세속적 가치의 또 다른 예는 한국 교회 구성원들의 의식 구조 속에 깊숙이 뿌리내린 결과 지상주의이다. 우리가 몸담고 있는 한국 사회는 "모로 가도 서울만 가면 된다"는 결과 중심 가치 체계를 우리에게 강요해 왔으며, 그러한 가치 체계가 우리 안에 체질화되어 있다 해도 과언이 아니다. 그러나 하나님은 우리가 우리 자신의 힘으로 그분을 위해 무엇을 하겠다고 나서기 전에 그분의 통치를 받고 그분께 순종하는 자가 되기를 원하신다. 그런 의미에서 교회 공동체에서는 결과보다 과정이, '어떠한 일을 하는가'보다 '어떠한 존재가 되는가'가 훨씬 더 중요하다. 한 지역 교회가 하나님이 기뻐하실 교회 공동체 운영의 핵심 원리를 곧게 세우고 충실하게 지키는 것이 외형적으로 화려한 결과물을 만들어 내는 것보다 훨씬 더 의미가 크다.

둘째, 권위주의적 목회자 중심주의가 또 하나의 원인이라 할 수 있다. 유교적 전통이 뿌리 깊은 한국의 교회들에서는 목회자가 교회 운영의 중심적 위치를 차지하는 경우가 대부분이다. 목회자와 성도가 역할만 다를 뿐 모두가 하나님 앞에서 동등한 제사장 직책을 부여받았다는 만인제사장의 교리가 성경적 원리라고 말하지만, 실제적인 교회 운영에서 목회자의 발언권과 주도권은 거의 절대적인 위치를 차지한다. 그러한 관행이 어디에서부터 연유했는지는 명확하지 않다. 목회자의 권위주의적 리더십에서 연유한 경우도 있고, 성도들이 독립적 신앙을 가지지 못한 채 목회자에게 의존하다 보니 그러한 관행이 굳어진 경우도 있다. 어떤 경우에 해당하든 결과적으로 목회자 중심주의가 교회 내에 자리 잡게 되면, 특정 사안에 대해 의사 결정을 내릴 때마다 교인들은 점점 더 목회자에게 의존하게 되고 목회자가 주도적으로 결정을 내리는 상황이 반복된다.

목회자들은 중요 의제를 당회나 제직회에 부쳐 결정을 내린다는 점을 들어 목회자가 주도적으로 결정을 내린다는 데 동의하지 않을지도 모른다. 그러나 목회자 주도적 의사 결정이 내려지는 관행이 교회 내에 자리 잡고 나면 당회원이나 제직들이 목회자의 의사에 반하는 의견을 개진하는 것 자체가 어려워져서 회의는 형식적 절차를 충족시키기 위한 통과 의례로 전락하게 된다. 주요 의사 결정을 목회자의 판단에 맡기는 관행이 뿌리내리면, 교회 공동체는 핵심 원리가 아니라 목회자의 자의적 판단에 따라 운영된다. 그 결과 목회자의 잘못된 판단에 의해 교회 공동체가 한순간에 어려움에 처할 가능성이 높아진다.

셋째, 편의주의 관행 때문이다. 사실 교회 리더들의 입장에서 보면 원리 원칙에 얽매이지 않고 교회를 운영하는 것이 더 편리하다. 자신들의 운신의 폭이 그만큼 넓어지기 때문이다. 반면, 원칙을 철저하게 지키면서 운영한다는 것은 리더들의 입장에서는 의사 결정이나 사역 수행에서 그만큼 운신의 폭이 좁아진다는 의미이며, 불편함과 실질적 비용을 감내해야 한다는 의미이다. 예를 들어, 교회를 건축할 때 수많은 인허가 과정을 거쳐야 하는 상황을 생각해 보자. 이러한 상황에서 연줄을 이용하면 수월하게 인허가를 받고 비용도 절감할 수 있다는 생각을 얼마든지 할 수 있다. 리더들이 성경적 원리와 가치를 지켜야 한다는 생각을 안 하는 것은 아니겠지만, 막상 제한된 자원을 가지고 건축을 조속히 끝내야 하는 현실에 직면하면 편의적 방식을 택하려는 유혹을 피하기 어렵다. 그렇게 하면 예산도 절감하고 결과도 수월하게 달성할 수 있기 때문이다. 성경적 원리에 기반한 운영은 스스로 불편과 추가 비용을 감수하고라도 그 원칙을 철저하게 지키겠다는 결단과 실천이 전제되어야 한다.

편의적 교회 운영 관행은 우리 인간에게 내재된 죄성과 깊이 연계되어 있다. 우리 안에 깊이 뿌리내린 죄성이 성경적 원리와 가치를 따라 교회 공동체를 운영해야 한다는 당위성에 저항하며 익숙함과 편리함을 좇도록 우리를 이끌어 간다. 성경적 원리가 인간적 욕망에서 벗어나지 못한 우리에게 거추장스럽기 때문에 우리는 그것을 애써 외면하는지도 모른다. 교회 공동체 리더들과 구성원들이 인간적 죄성에 기반한 욕심을 하나님 앞에 내려놓지 못한다면 교회 공동체의 정체성을 다지고 교회다움을 회복하기 위한 여러 가지 노력이 물거품이 된다. 교회 공동체 내에서 핵심 원리에 기반한 조직 운영이 이루어지려면 교회 리더들과 구성원들이 하나님을 깊이 알고 그분의 인도에 전적으로 의지하며 순종하는 믿음을 훈련해야 한다.

회복의 길

원칙을 기반으로 교회 공동체를 운영하려면, 우선 목회자와 교인들이 교회 공동체의 건강성과 정체성을 회복하는 데 원칙에 기반한 운영이 얼마나 중요한지를 인식해야 한다. 그리고 지금까지 행한 비성경적 관행들과 철저하게 단절하겠다는 결단이 있어야 한다. 이는 결코 쉬운 일이 아니다. 자그마한 죄가 공동체 전체를 망칠 수 있다는 영적 민감성과 하나님께 대한 경외심을 가지고 비성경적 관행들과 단절하겠다는 결단이 전제되지 않으면 핵심 원리에 기반한 운영을 결코 기대할 수 없다.

또한 결단과 동시에 공동체 구성원들이 성경적 핵심 원리를 공유해야 한다. 공동체 구성원들이 공유하고 내면화하지 않은 원칙은 실천 단계에서 힘을 발휘하지 못한다. 그러므로 교회 리더들은 교회 전체가 지켜야 할 핵심 원리를 구성원들과 적극적으로 공유하고 실천을 다짐하는 기회를 만들어야 한다. 하나의 방안은, 교회 창립 기념일 전후로 일정 기간(예. 한 달)을 정해서 교회의 존재론적 비전과 핵심 원리를 말씀 안에서 재차 확인하고 지난 1년의 교회 사역과 운영을 그에 비추어 점검하는 것이다. 그 기간에는 핵심 원리가 하나님의 뜻과 어떻게 맞닿아 있고 교회 공동체의 본질과 사명에 어떻게 반영되어 있는지 구성원들과 함께 나눔으로써 그 의미와 중요성에 대한 공감대를 형성하고 강화할 수 있을 것이다. 교회 공동체의 핵심 원리는 공동체 구성원들의 마음판에 새겨질 때 가장 강력한 힘을 발휘한다.

올바른 핵심 원리를 교인들과 공유한 다음에는, 구성원들이 교회 공동체 구석구석에서 그것을 철저하게 실천하도록 뒷받침해야 한다. 사실 핵심 원리에 기반하여 교회를 운영하는 것이 중요하다고 인식하는 경우라도 이런저런 현실적 이유나 시급하게 처리해야 할 사안들에 휘둘리다 보면 그것을 일관되게 지키지 못하는 경우가 많다. 이를 방지하려면 교회의 주요 의사 결정 기구나 단위 조직에서 중요한 결정을 내리거나 계획을 수립하고 실행할 때 반복적으로 그것을 확인할 필요가 있다. 목회자를 포함한 개개인은 언제라도 잘못된 판단을 할 수 있기 때문에, 교회 운영에 관한 의사 결정을 내리거나 사역 수행 방식을 정할 때는 목회자나 단위 조직 리더들의 자의적 판단에 근거한 운영을 경계하면서 지속적으로 핵심 원리의 거울에 비추어 보아야 한다.

또한 교회의 리더들은 핵심 원리를 철저하게 실천하기 위해 스스로 몸부림쳐야 할 뿐만 아니라, 그것이 교회 공동체 구석구석에서 잘 지켜지는지 주기적으로 점검해야 한다. 특히 당회나 그에 준하는 교회 내 중추 기관의 가장 중요한 역할 중 하나가 바로 이것이다. 교회 공동체의 단위 조직이나 지체들 사이에서 이루어지는 제반 사역과 활동이 그 공동체의 존재 목적과 핵심 원리에 얼마나 충실한지 점검하고 지원하는 일이야말로 교회 공동체의 정체성과 건강성을 지키는 가장 중요한 축이기 때문이다.

핵심 원리에 기반한 운영은 그것을 지키기 위해 상당한 비용을 지불함으로써 점차 뿌리를 내린다. 핵심 원리에 기반한 교회 공동체 운영이 실질적 의미를 가지려면 그것을 지키기 어려운 상황에 직면하더라도 결코 적당히 넘어가면 안 된다. 오히려 그것을 지키기 위해 상당한 희생과 비용을 감내할 때 비로소 그 핵심 원리는 살아 숨 쉬게 되고 교회 공동체 안에 깊이 뿌리내리게 된다.

성경적 원리와 가치를 따라 교회 공동체를 운영한다는 것은, 여전히 죄성과 인간적 욕망의 영향을 강하게 받는 우리들에게 결코 자연스러운 것이 아니다. 성경적 핵심 원리가 대부분 인간의 본성에 거스르는 것들이기 때문이다. 그러므로 우리는 핵심 원리에 반하는 관행에 경계심을 늦추지 않아야 하며, 말씀과 성령님의 도우심에 의존해야 한다. 그리고 하나님이 말씀하신 원리에 순종할 때 그분이 친히 이끄신다는 믿음을 가져야 한다. "말씀하옵소서. 주의 종이 듣겠나이다!"라는 순종의 마음을 가지고 하나님 앞에 설 때 그분의 힘으로 이 모든 일을 능히 감당할 수 있게 되며, 하나님의 통치를 받는 건강한 교회 공동체가 이루어질 수 있다.

핵심 원리에 기반한 운영을 위한 제언

- 세속화의 물결이 거세게 몰아치는 악조건에서 교회의 정체성을 지키기 위해서는 성경적 핵심 원리에 대한 파수꾼을 교회 안에 세워야 한다. 당회와 제직회에 교회의 제반 의사 결정과 사역 수행에서 핵심 원리를 제대로 지킬 수 있는 방안을 연구, 실행, 평가하는 '핵심 원리 지킴이'를 구성해 보자.
- 교회 내 당회원들이나 사역 부서 리더들이 교회의 핵심 원리를 거듭

되새김질할 수 있도록 그 내용을 명확하게 정리하여 배포하고, 더 나아가 모임이나 회의를 시작할 때마다 그것을 함께 확인하도록 회의 진행 지침서를 만들어 보급해 보자. 아울러 각종 정기 보고서 양식에 핵심 원리 점검표를 포함시킴으로써 해당 기간의 사역 수행을 정리하고 평가할 때 핵심 원리의 거울에 자신들을 비추어 보도록 해 보자.

- 교회 창립 기념 주간에는 교회의 정체성을 확인하고 다지는 차원에서 교회의 핵심 원리나 핵심 가치를 설교와 행사에 반영해 보자.

결론

한국 교회가 위기에 직면해 있다. 이 땅에 하나님 나라의 모형을 보여주고 하나님의 영광을 높이기보다는 교회 안팎의 신뢰를 잃어버린 채 선교의 기반마저 크게 훼손하고 있다. 특별히 한국 교계를 대표할 만한 초대형 교회들 안에 쌓인 폐단들이 동시다발적으로 분출되면서 한국 교회의 부끄러운 민낯을 드러내고 있다. 문제는 이러한 현상이 일시적 실수나 판단 착오로 인해 발생한 것이 아니라 교회 안에 오랫동안 쌓여 온 토양에서 자라난 열매라는 점이다. 교회들이 성장의 가속 페달만 밟느라 문제 예방을 위한 제동 장치를 마련하지 못한 결과라고도 볼 수 있다. 그런 점에서 지금까지 표면에 드러난 사건들은 빙산의 일각일 수 있으며, 언제라도 유사한 사건들이 터질 수 있는 구조적 취약성이 한국 교회에 내재되어 있다.

이러한 위기 상황에서도 한국 교회에 대해 책임감을 가지고 안타까워하는 목회자나 직분자들이 많다. 그들은 그러한 현실을 탈피하기 위해 기도하며 몸부림치는 이들이다. 하나님은 이스라엘이 탈선하여 그분의 징계를 피할 수 없는 상황에서도 '남은 자'를 통해 이스라엘을 회복시키셨다. 하나님은 병든 한국 교회를 치유하고 한국 교회의 생태계를 건강하게 회복시키기 위해 그분의 뜻과 말씀에 순종하려는 종들을 부르시고 그들과 함께 교회를 새롭게 하는 일을 진행하고 계신다.

본서는 한국 교회 안에 누적된 문제들을 심각하게 인식하고 교회다움을 회복하기 위해 변화하려고 애쓰는 목회자들과 직분자들에게 교회 공동체의 건강성을 진단하고 처방하는 실천적 지침을 제공할 목적으로 쓰였다. 교회의 공동체적 속성(참된 예배, 연합된 지체, 건강한 자람, 섬김의 실천)과 조직체적 속성(목적 충실성, 세움의 리더십, 직분의 회복, 핵심 원리에 기반한 운영)을 진단하고 개선할 수 있는 방향을 제시하고자 했다. 본서가 제시하는 교회 건강성 회복 방안들은 기계적으로 적용해서 효과를 낼 수 있는 지침은 아니나, 교회 건강성 회복을 열망하는 목회자나 직분자들이 교회 공동체를 통합적으로 진단하고 개선의 방향을 잡는 데 자그마한 도움이 될 수 있으리라 생각한다.

한국 교회의 건강성 회복을 위한 길은 좁은 길이다. 익숙한 관습을 철저하게 거부하고 하나님의 말씀에 천착하여 새로운 원칙을 따라 불편함을 감수해야 하는 길이다. 현재의 한국 교계는 건강한 교회의 싹을 틔우기 어려운 토양이며, 근본적인 수술과 체질 개선을 필요로 하는 중병 상태이기 때문에 그 여정은 만만치 않은 도전이 될 것이다. 따라서 교회의 건강성 회복을 위한 노력이 가까운 장래에 한국 교회의 전면적 갱신을 가져올 가능성은 높지 않다. 올바른 변화를 향한 걸음을 내딛고자 하면 여기저기에서 그것을 방해하는 복병들이 튀어나올 것이다.

무엇보다도 좁은 길을 가기보다는 성취욕과 명예욕과 물욕 등 인간적 욕망을 좇으려는 우리 안의 육체적 소욕이 가장 큰 복병이 될 것이다. 이미 그러한 인간적 욕망들이 한국 교계를 뒤덮고 있으며 많은 교회 리더들이 그 길을 걸어감으로써 넓은 길을 형성하고 있기 때문이다.

그러나 교회다움의 회복을 위한 몸부림은 가능성과 확률의 문제가 아니다. 그것은 마땅히 가야 할 길이다. 하나님이 영광스러운 교회의 회복을 간절히 원하시기 때문이다. 그리고 우리의 작은 순종과 헌신을 통해 그러한 변화를 주도적으로 이루실 이도 하나님이시기 때문이다. 우리 안에 있는 겨자씨만한 믿음을 드릴 때 하나님의 인도를 경험할 수 있을 것이다. 이스라엘 백성이 순종으로 한 발을 내디뎠을 때 하나님이 요단 강을 가르셨듯이 우리가 교회다움을 회복하기 위한 여정에 믿음으로 첫발을 내디딜 때 하나님의 인도를 경험할 수 있을 것이다.

누가 나서야 하는가? 하나님을 진정으로 사랑하는 목회자들과 직분자들이 앞장서야 한다. 한국 교회의 미래를 짊어질 신학생들과 청년들이 함께 나서야 한다. 그들이 앞장서서, 인간적 욕망을 채우려고 하나님의 이름을 이용하는 기복적 신앙 패러다임을 하나님의 뜻과 인도하심에 순종하는 하나님 주권적 신앙 패러다임으로 바꾸어야 한다. 세속적 가치에 근거한 교회의 존재론적 비전과 목표를 하나님이 이 땅에 교회를 세우신 본래의 존재 목적에 부합한 존재론적 비전과 목표로 바꾸어야 한다. 세속적 원리에 따른 교회 운영을 성경적 원리에 따른 교회 운영으로 바꾸어야 한다. 세속화된 체질을 바꾸려면 적당한 선에서 타협해서는 안 된다. 하나님께로부터 받은 존재론적 비전을 향해 성경적 원리를 철저하게 적용하면서 한 걸음씩 걸어가야 한다.

한국 교회의 건강성을 회복하는 길은 함께 걷는 길이다. 건강한 교회를 세우기 위한 작지만 의미 있는 네트워크들이 형성되고 있다. 같은 뜻과 의지를 가진 동역자들이 한국 교회의 건강성 회복을 위한 비전을 나누고 서로 밀어 주고 끌어 주면서 나아가는 걸음걸음을 하나님이 기뻐하시리라 믿는다. 교회를 건강하게 회복하려는 선한 의지들을 결집하기 위해서는 작은 차이를 놓고 서로를 구분하고 나누기보다는 개혁의 공통분모를 찾고 키워 가면서 변화의 물결을 일으켜야 한다. 성경적 진리와 원리를 포기하면서까지 타협해서는 안 되지만, 비본질적 차이를 가지고 서로를 판단하고 배제해서는 안 된다. 우리 모두는 불완전하고 연약한 자들이다. 그와 동시에 하나님의 교회를 향한 애정과 교회의 건강성 회복을 위한 소망을 마음 한구석에 품은 자들이다. 그 작은 소망과 선한 의지에 불을 붙여 한국 교회 갱신에 동참하도록 격려하고 서로의 연약한 부분을 채워 주면서 나아간다면 희망의 불꽃을 더 키울 수 있을 것이다. 그러한 꿈을 꾸며 나아가기를 소망하는 교회와 목회자들과 직분자들에게 본서가 자그마한 격려와 도움이 되기를 바란다.

부록 1

2013년도 CHEQ II 분석 결과

설문 조사 개요

교회 건강성을 진단하기 위해 전국의 180개 교회를 대상으로 2013년에 설문 조사를 실시하였다. 전국 각 지역과 각 교단에 있는 교회들을 고루 포함시키기 위해 지역으로는 14개 광역시와 도, 교단으로는 11개 교단의 교회들을 대상으로 조사하였다.

조사 대상 교회의 주요 특징을 보면, 교회의 설립 연도는 1970-1989년 사이가 38.3퍼센트로 가장 많고, 1990년 이후가 29.4퍼센트이며, 1950년 전도 17.2퍼센트나 되었다. 교회의 규모는 100명 미만, 100-500명 미만, 500명 이상이 각기 33.3퍼센트를 차지하였다. 개별 교회에 대한 설문은 담임 목사와 성도를 대표하는 직분자 한두 명이 작성하였다.

설문을 보는 방법

1. 교회 배경과 현황: 설문 조사 대상 180개 교회의 소재 지역, 소속 교

단, 설립 연도, 성도 수, 목회자 수, 지난 3년간의 성도 수 변화, 담임 목사의 개척 여부, 성도 거주 지역을 조사하였다.

2. 간단한 교회 건강성 진단: 교회의 현재 모습에 대한 11개의 질문에 응답하도록 하였다. 전체 평균은 5점 만점에 3.89점으로서 보통을 약간 넘는 수준이다.

3. 건강한 교회의 속성: 건강한 교회의 속성 여덟 가지에 대한 질문으로, 각 속성별 평균은 참된 예배가 4.02점, 연합된 지체가 3.63점, 건강한 자람이 3.52점, 섬김의 실천이 3.63점, 목적 충실성이 3.63점, 세움의 리더십이 3.69점, 직분의 회복이 3.77점, 핵심 원리에 기반한 운영이 3.60점이다.

4. 교회 건강성 영향 요인: 건강한 교회의 속성에 대해 올바른 목회 철학이 있는지, 성도들이 함께 공유하고 있는지, 건강한 교회를 만들기 위해 구체적인 목표와 실행 전략을 갖고 있는지를 질문하였다. 평균은 목회 철학이 3.93점, 성도들의 공유 상태가 3.79점, 실행 전략이 3.66점이다.

5. 건강한 교회의 열매: 교회가 얼마나 건강한 교회인지를 종합적으로 판단하고자 성도들의 교회 행복 정도, 이웃 평판, 전도를 통한 신자 증가, 목회자와 성도 간의 건강한 교제, 하나님 나라의 확장, 예수님의 뜻을 실현하는 정도, 그리스도의 몸으로서의 교회다움에 대해 질문하였고 평균은 3.88점이다.

6. 교회 규모에 따른 특성: 교회 규모별로 건강한 교회의 속성 여덟 가지, 교회 건강성 영향 요인, 건강한 교회의 열매가 어떤 상태인지를 파악하여 그래프로 표시하였다.

설문 조사 개요

분야	내용
1. 교회 배경과 현황	소재 지역, 소속 교단, 설립 연도, 성도 수, 목회자 수, 지난 3년간의 성도 수 변화, 담임 목사의 개척 여부, 성도 거주 지역
2. 간단한 교회 건강성 진단	
3. 건강한 교회의 속성	참된 예배, 연합된 지체, 건강한 자람, 섬김의 실천, 목적 충실성, 세움의 리더십, 직분의 회복, 핵심 원리에 기반한 운영
4. 교회 건강성 영향 요인	목회 철학, 성도들의 공유 상태, 실행 전략
5. 건강한 교회의 열매	
6. 교회 규모에 따른 특성	

1. 교회 배경과 현황

1.1 소재 지역

지역	빈도	비율	지역	빈도	비율
서울	33	18.3	경기도	36	20.0
부산	9	5.0	강원도	6	3.3
대구	9	5.0	충청북도	6	3.3
인천	21	11.7	충청남도	6	3.3
광주	12	6.7	경상북도	6	3.3
대전	12	6.7	경상남도	3	1.7
울산	6	3.3	전라북도	15	8.3
계				180	100.0

1.2 소속 교단

교단명	빈도	비율	교단명	빈도	비율
예수교장로회	115	63.9	그리스도의교회	2	1.1
기독교장로회	18	10.0	대한예수교복음교회	4	2.2
감리교	9	5.0	기독교대한감리회	3	1.7

순복음	9	5.0	기독교대한성결교회	1	0.6
성결교	10	5.6	예수침례교회	1	0.6
침례교	8	4.4	계	180	100.0

1.3 교회 설립 연도

연도 구분	빈도	비율	연도 구분	빈도	비율
1950년 전	31	17.2	1990–2009년	49	27.2
1950–1969년	27	15.0	2010년 이후	4	2.2
1970–1989년	69	38.3	계	180	100.0

1.4 성도 수

규모 구분	빈도	비율
100명 미만	60	33.3
100–500명 미만	60	33.3
500명 이상	60	33.3
계	180	100.0

1.5 목회자 수

전임 사역자	빈도	비율	파트타임 사역자(결측=1)	빈도	비율
1명	136	75.6	0명	29	16.2
2–5명 미만	20	11.1	1명	21	11.7
5–10명 미만	12	6.7	2–5명 미만	58	32.4
10–30명 미만	9	5.0	5–10명 미만	46	25.7
30명 이상	3	1.7	10명 이상	25	14.0
계	180	100.0	계	179	100.0

1.6 지난 3년간의 성도 수 변화

구분	빈도	비율
성도 수가 증가했다	73	40.6
성도 수가 증가한 편이다	23	12.8
성도 수가 그대로이다	45	25.0

구분	빈도	비율
성도 수가 감소한 편이다	7	3.9
성도 수가 감소했다	32	17.8
계	180	100.0

1.7 담임 목사의 개척 여부

구분	빈도	비율
개척 교회	55	30.6
부임 교회	125	69.4
계	180	100.0

1.8 성도 거주 지역

구분	빈도	비율
성도들이 주로 교회 근처에 거주한다	129	70.0
성도들이 주로 교회에서 먼 곳에 거주한다	12	6.7
먼 곳과 가까운 곳의 비율이 비슷하다	42	23.3
계	180	100.0

2. 간단한 교회 건강성 진단

간단한 교회 건강성 진단	문항별 평균			긍정 응답 비율 (4.0 이상)
	전체	담임목사	직분자	
1. 성도들의 마음이 부드럽고 따뜻하다.	3.95	4.01	3.89	63.8%
2. 교회 분위기가 밝고 활기가 넘친다.	4.02	4.08	3.95	72.8%
3. 최근 몇 년 동안 교회 내 갈등이 없었다.	3.66	3.73	3.59	43.8%
4. 교회 지도자들을 신뢰하고 존경한다.	4.27	4.33	4.20	81.1%
5. 성도들은 교회에 오는 것을 즐거워하고 교회 생활에서 비교적 행복감을 느낀다.	4.11	4.15	4.08	80.0%
6. 교회를 떠나는 성도들이 거의 없다.	3.26	3.29	3.22	24.4%
7. 성도들은 지역 사회와 이웃에 대한 사랑이 넘친다.	3.53	3.63	3.43	37.7%
8. 교회가 점점 더 건강해질 것이라는 믿음이 있다.	4.34	4.42	4.26	88.9%
9. 성도들은 우리 교회를 '교회다운 교회'라고 생각한다.	4.04	4.04	4.03	73.3%

	전체	담임목사	직분자	긍정 응답 비율 (4.0 이상)
10. 목회자와 장로(혹은 이에 준하는 교회 리더)의 관계가 만족스럽다.	3.86	3.91	3.81	60.0%
11. 담임 목사와 부교역자의 관계가 만족스럽다.	3.83	3.89	3.76	56.7%
평균	3.89	3.95	3.83	62.0%

3. 건강한 교회의 속성

3.1 참된 예배

참된 예배	문항별 평균			긍정 응답 비율 (4.0 이상)
	전체	담임목사	직분자	
1. 우리 교회는 하나님께 예배 드리는 것을 매우 중요하게 생각한다.	4.53	4.63	4.43	96.6%
2. 성도들은 교회에서 드려지는 예배를 통해 하나님의 임재와 감동을 경험한다.	4.01	4.07	3.96	68.9%
3. 예배의 순서와 내용은 성도들이 마음을 하나님께 집중하고 하나님 한 분만 높여 드릴 수 있도록 짜여 있다.	3.86	3.87	3.83	54.9%
4. 예배 중 설교의 초점은 인간적 교훈보다는 하나님이 어떤 분이시고 어떤 일을 행하셨는지 선포하는 데 맞춰져 있다.	3.83	3.82	3.84	55.1%
5. 우리 교회는 공적 예배 뿐 아니라 삶을 하나님께 올려 드리는 생활 예배도 매우 중요하게 여긴다.	3.85	3.89	3.81	56.2%
평균	4.02	4.05	3.98	66.3%

3.2 연합된 지체

연합된 지체	문항별 평균			긍정 응답 비율 (4.0 이상)
	전체	담임목사	직분자	
6. 성도들은 그리스도의 몸인 지체로서 서로가 연결되고 연합되어 있음을 느낀다.	3.63	3.70	3.56	46.2%
7. 성도들 서로 간에 사랑과 나눔의 교제가 풍성하다.	3.49	3.54	3.45	38.3%
8. 성도들은 서로를 돕고 서로의 삶을 진심으로 나누는 경험을 하고 있다.	3.53	3.55	3.51	38.9%
9. 성도들이 소속감을 느낄 수 있는 모임들이 활성화되어 있다.	3.64	3.67	3.62	43.9%
10. 성도들은 각자의 은사를 통해 그리스도의 몸인 교회를 세우는 데 즐겁게 헌신한다.	3.84	3.88	3.80	59.5%
평균	3.63	3.67	3.59	45.4%

3.3 건강한 자람

건강한 자람	문항별 평균			긍정 응답 비율 (4.0 이상)
	전체	담임목사	직분자	
11. 성도의 건강한 자람을 위한 교육 프로그램이 잘 준비되어 있다.	3.72	3.77	3.68	47.8%
12. 성도들은 교육 프로그램에 적극적으로 참여한다.	3.21	3.22	3.20	28.3%
13. 성도들은 하나님, 교회, 그리고 세상에 대한 올바른 지식과 관점을 갖추고 있다.	3.69	3.70	3.66	52.2%
14. 성도들은 교회 생활만 열심히 하는 것이 아니라, 개인, 가정, 그리고 직장의 삶 속에서도 성경 말씀의 가르침에 따라 살아가고 있다.	3.35	3.38	3.32	30.6%
15. 성도들의 삶을 통해 모든 영역에서 그리스도의 생명력이 전달되어 하나님 나라가 회복되고 있다.	3.63	3.64	3.62	48.9%
평균	3.52	3.54	3.49	41.6%

3.4 섬김의 실천

섬김의 실천	문항별 평균			긍정 응답 비율 (4.0 이상)
	전체	담임목사	직분자	
16. 성도들은 이웃 섬김을 전도의 수단이라고 생각하기보다는 어려운 이웃을 돕고 그들을 사랑하는 것 자체에 의미를 두고 있다.	3.76	3.82	3.70	52.8%
17. 성도들은 각자의 은사를 따라 섬김 사역에 적극적으로 참여하고 있다.	3.84	3.90	3.77	58.9%
18. 성도들은 삶의 각 영역(직장, 가정 등)에서 섬김의 삶을 적극적으로 실천하고 있다.	3.23	3.25	3.20	30.0%
19. 우리 교회는 재정이나 봉사를 통해 이웃과 지역 사회에 실제적인 도움을 주고 있다.	3.62	3.66	3.59	43.3%
20. 우리 교회는 이웃의 필요를 제대로 파악하고 그들을 효과적으로 섬기기 위해 노력하고 있다.	3.73	3.77	3.68	55.6%
평균	3.63	3.68	3.59	48.1%

3.5 목적 충실성

목적 충실성	문항별 평균			긍정 응답 비율 (4.0 이상)
	전체	담임목사	직분자	
21. 성도들은 우리 교회의 존재 목적, 즉 하나님이 이 지역에 왜 우리 교회를 세우셨는지에 대한 이유와 사명을 명확하게 공유하고 있다.	3.78	3.77	3.79	52.2%

	전체	담임목사	직분자	긍정 응답 비율 (4.0 이상)
22. 우리 교회의 존재 목적은 하나님의 뜻에 비춰 볼 때 순수하며 인간적 욕심에 물들지 않은 목적이라고 말할 수 있다.	3.77	3.84	3.69	56.6%
23. 우리 교회는 전반적으로 볼 때 존재 목적에 맞게 운영되고 있다.	3.57	3.62	3.52	38.3%
24. 우리 교회는 교회의 사역이나 운영이 존재 목적에 부합하는지 수시로 되돌아보는 편이다.	3.47	3.52	3.42	37.7%
25. 우리 교회에서는 어떤 사역이나 프로그램을 도입하거나 실행하고자 할 때 그것이 교회의 존재 목적에 부합하는지를 우선적으로 고려하여 결정한다.	3.57	3.62	3.51	39.4%
평균	3.63	3.68	3.59	44.8%

3.6 세움의 리더십

세움의 리더십	문항별 평균			긍정 응답 비율 (4.0 이상)
	전체	담임목사	직분자	
26. 우리 교회 리더는 예배, 교제, 섬김 및 성도를 자라게 하는 일에 그 역할을 다하고 있다.	3.72	3.77	3.67	48.9%
27. 우리 교회 리더는 성도들이 사역에 동참하도록 좋은 영향을 주고 있다.	3.74	3.76	3.72	50.0%
28. 우리 교회 리더는 성도들이 그들의 은사를 개발하고 발휘할 수 있도록 기회를 제공하기 위해 노력한다.	3.65	3.69	3.61	45.6%
29. 우리 교회는 정보 공유와 소통이 잘 된다.	3.62	3.62	3.62	44.4%
30. 우리 교회 리더는 다양한 의견을 수용하고 갈등을 잘 해결한다.	3.73	3.76	3.70	52.3%
평균	3.69	3.72	3.66	48.2%

3.7 직분의 회복

직분의 회복	문항별 평균			긍정 응답 비율 (4.0 이상)
	전체	담임목사	직분자	
31. 우리 교회에서는 성경이 가르치는 기준과 원리에 따라 전 성도들이 참여하여 직분자를 신중하게 선택한다.	3.82	3.86	3.78	57.2%
32. 직분자들이 직분을 잘 감당하도록 돕기 위해 필요한 교육을 충분히 제공하고 있다.	3.79	3.79	3.78	56.2%
33. 직분자들은 교회를 건강하게 세우는 역할과 기능을 효과적으로 감당하고 있다.	3.68	3.66	3.70	44.5%
34. 모든 직분자들은 교회 사역에 기쁨으로 참여하고 있다.	3.89	3.94	3.83	61.1%

	문항별 평균			긍정 응답 비율
	전체	담임목사	직분자	(4.0 이상)
35. 우리 교회 당회나 이에 준하는 의사 결정 조직은 교회다움을 회복하는 일과 성도를 돌보는 일에 중심축 역할을 잘 감당하고 있다.	3.67	3.70	3.64	46.7%
평균	3.77	3.79	3.75	53.1%

3.8 핵심 원리에 기반한 운영

핵심 원리에 기반한 운영	문항별 평균			긍정 응답 비율
	전체	담임목사	직분자	(4.0 이상)
36. 교회의 운영 과정에서 중요하게 지켜야 할 운영 원칙(핵심 가치)을 성도들이 공유하고 있다.	3.43	3.44	3.42	38.3%
37. 우리 교회가 중시하는 운영 원칙은 성경 말씀에 기반을 둔 것으로서 세속적 가치에 물들지 않았다.	3.59	3.66	3.52	40.6%
38. 목회자와 교회 리더들은 교회의 운영 과정에서 교회가 중요하게 여기는 운영 원칙을 지키기 위해 노력한다.	3.72	3.78	3.65	50.6%
39. 교회 내 각 부서에서 이루어지는 주요 의사 결정의 절차나 내용은 우리 교회의 운영 원칙에 잘 부합한다.	3.65	3.72	3.58	45.5%
40. 우리 교회에서는 어떤 개인이나 부서가 이룬 사역의 결과보다는 그 과정에서 교회의 운영 원칙을 잘 지켰는지를 더 중요하게 여긴다.	3.61	3.64	3.57	46.7%
평균	3.60	3.65	3.55	44.3%

4. 교회 건강성 영향 요인

4.1 목회 철학

목회 철학	문항별 평균			긍정 응답 비율
	전체	담임목사	직분자	(4.0 이상)
1. 목회자는 참된 예배가 드려지는 것이 가장 중요하다는 목회 철학을 가지고 있다.	4.44	4.47	4.41	92.8%
2. 건강한 공동체를 이루는 것은 목회자의 우선순위에서 높은 순위를 차지한다.	4.04	4.05	4.03	72.2%
3. 목회자는 성도 개개인의 성장을 중시하는 목회 철학을 가지고 있다.	3.68	3.72	3.64	42.8%
4. 이웃 섬김은 목회자의 우선순위에서 높은 순위를 차지한다.	3.67	3.76	3.58	51.1%
5. 목회자는 교회의 존재 목적에 맞도록 목회하기 위해 최선의 노력을 기울인다.	4.25	4.28	4.23	82.8%
6. 바람직한 리더를 세우는 일은 목회자의 우선순위에서 높은 순위를 차지한다.	3.77	3.85	3.69	52.8%

	문항별 평균			긍정 응답 비율 (4.0 이상)
	전체	담임목사	직분자	
7. 목회자는 직분자 세우는 것과 직분자의 역할을 중시하는 방침을 가지고 있다.	3.74	3.76	3.71	46.2%
8. 목회자는 핵심 원리에 충실하게 교회를 운영해야 한다는 목회 철학을 가지고 있다.	3.89	3.94	3.83	63.2%
평균	3.93	3.98	3.89	63.0%

4.2 성도들의 공유 상태

성도들의 공유 상태	문항별 평균			긍정 응답 비율 (4.0 이상)
	전체	담임목사	직분자	
9. 목회자와 성도들은 예배가 중요하다는 점을 깊이 인식하고 이를 공유하고 있다	3.99	4.03	3.96	67.8%
10. 교회가 건강한 공동체가 되어야 한다는 생각을 성도들이 함께 공유하고 있다.	3.94	4.01	3.88	67.2%
11. 성도가 성장해야 된다는 것을 모든 성도가 공유하고 있다.	3.78	3.84	3.72	49.5%
12. 교회가 이웃을 섬겨야 한다는 생각을 성도들이 함께 공유하고 있다.	3.72	3.71	3.74	51.1%
13. 목회자와 성도들은 교회의 존재 목적에 따라 교회를 운영해야 한다는 점을 공유하고 있다.	3.67	3.65	3.69	46.7%
14. 바람직한 리더를 세우는 일이 중요하다는 생각을 성도들이 함께 공유하고 있다.	3.68	3.75	3.61	41.6%
15. 교회 직분을 귀중하게 여기는 분위기가 형성되어 있다.	3.76	3.79	3.73	52.2%
16. 목회자와 성도들이 성경적 원칙을 지켜야 한다는 생각을 공유하고 있다.	3.77	3.76	3.78	53.9%
평균	3.79	3.82	3.76	53.8%

4.3 실행 전략

실행 전략	문항별 평균			긍정 응답 비율 (4.0 이상)
	전체	담임목사	직분자	
17. 우리 교회에서는 참된 예배가 드려지도록 하기 위한 분명한 목표와 전략을 모색한다.	3.77	3.78	3.76	52.8%
18. 교회가 그리스도의 몸인 건강한 공동체를 이루기 위한 분명한 목표와 전략을 가지고 있다.	3.66	3.69	3.63	41.1%
19. 성도의 성장을 위한 목표와 이를 이루기 위한 전략이 분명하게 정립되어 있다.	3.59	3.63	3.55	36.0%
20. 우리 교회는 이웃 섬김을 위한 목표와 전략이 분명하게 정립되어 있다.	3.65	3.65	3.64	46.7%
21. 교회의 존재 목적에 기반하여 교회 운영을 하기 위한 다양한 방법과 전략을 모색한다.	3.60	3.60	3.60	45.5%

	전체	담임목사	직분자	긍정 응답 비율 (4.0 이상)
22. 우리 교회는 바람직한 리더를 세우기 위한 목표와 전략을 분명히 가지고 있다.	3.66	3.74	3.57	45.0%
23. 직분자를 잘 세우고 교육하며 이들이 역할을 잘 감당하도록 돕는 구체적인 전략을 가지고 있다.	3.69	3.73	3.64	45.6%
24. 핵심 원리에 따라 교회 운영을 하기 위한 전략과 방법이 분명하게 정립되어 있다.	3.70	3.74	3.67	52.2%
평균	3.66	3.70	3.63	45.6%

5. 건강한 교회의 열매

건강한 교회의 열매	문항별 평균			긍정 응답 비율 (4.0 이상)
	전체	담임목사	직분자	
1. 교회 내에서 성도 개개인들이 교회의 구성원이 됨을 행복해하고 있다.	4.06	4.09	4.02	77.8%
2. 우리 교회는 지역 사회와 이웃에게 좋은 평판을 받고 있다.	3.98	4.04	3.91	66.7%
3. 전도를 받은 새로운 신자가 꾸준히 늘고 있다.	3.43	3.43	3.42	32.2%
4. 교회의 목회자 및 지도자와 성도들 간에 건강한 교류가 지속되고 있다.	3.72	3.73	3.71	48.9%
5. 하나님 나라 확장이라는 교회의 본질적 목적이 효과적으로 달성되고 있다.	3.79	3.83	3.76	54.4%
6. 우리 교회는 예수님의 뜻이 온전하게 실현되는 교회이다.	3.90	3.95	3.85	61.1%
7. 전반적으로 볼 때 머리 되신 그리스도의 몸으로 교회다움을 유지하고 있다.	4.28	4.38	4.18	88.4%
평균	3.88	3.92	3.84	61.4%

6. 교회 규모에 따른 특성

6.1 참된 예배

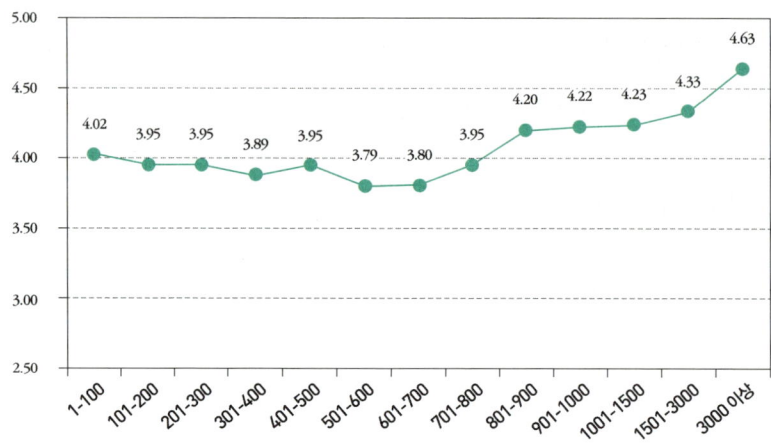

6.2 연합된 지체

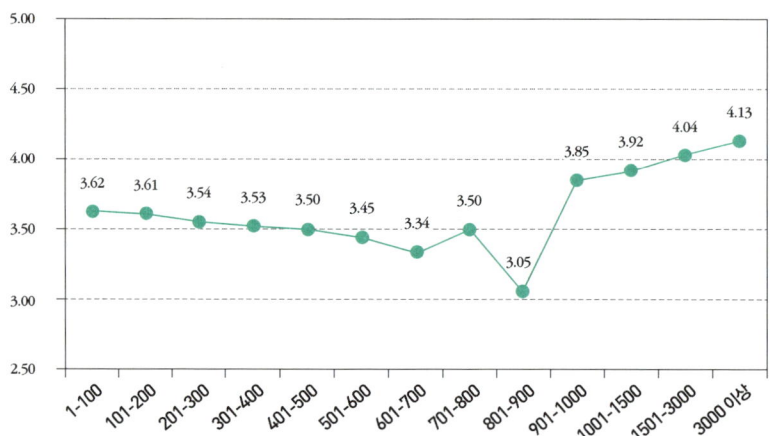

6.3 건강한 자람

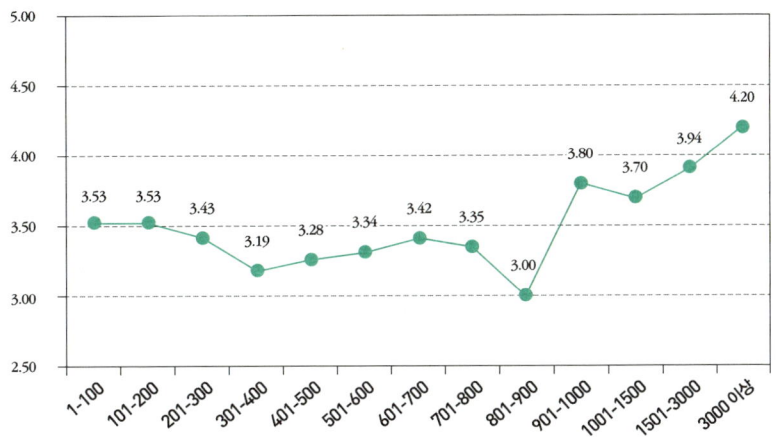

6.4 섬김의 실천

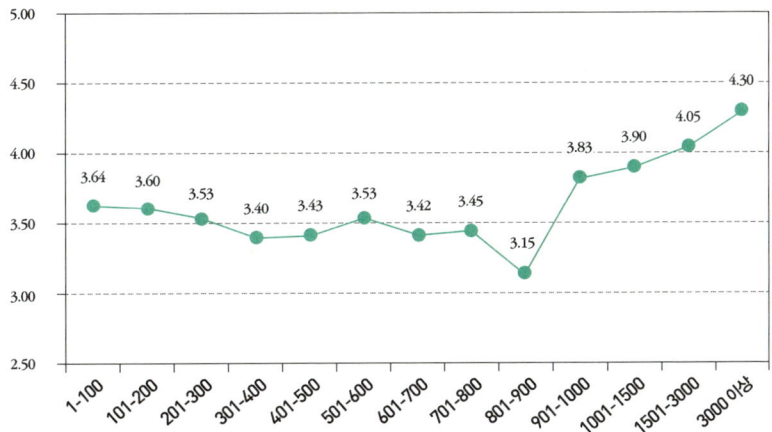

6.5 목적 충실성

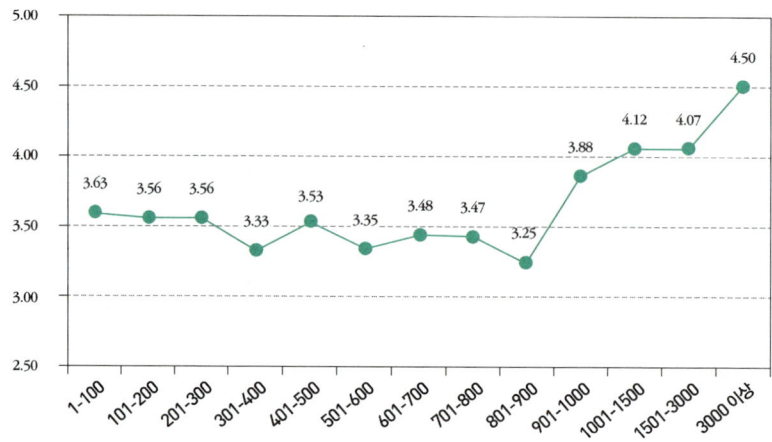

6.6 세움의 리더십

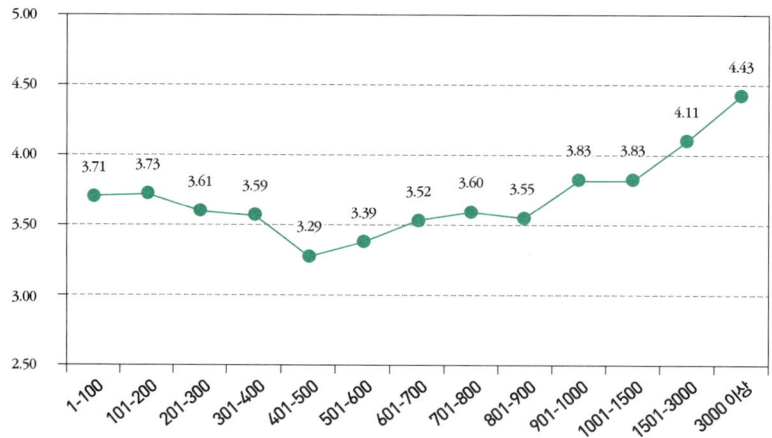

6.7 직분의 회복

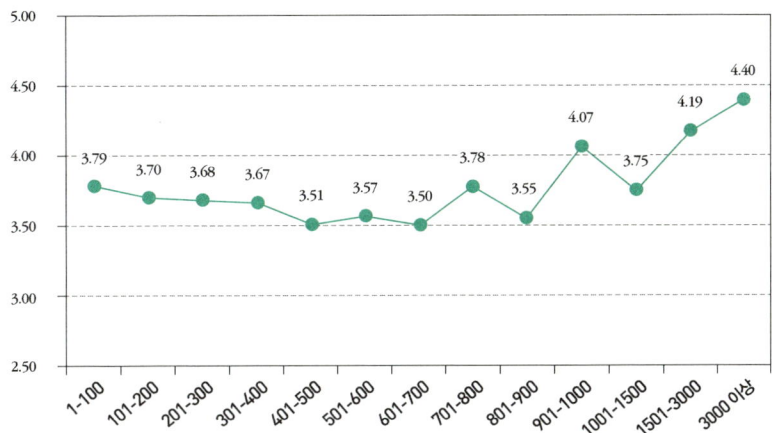

6.8 핵심 원리에 기반한 운영

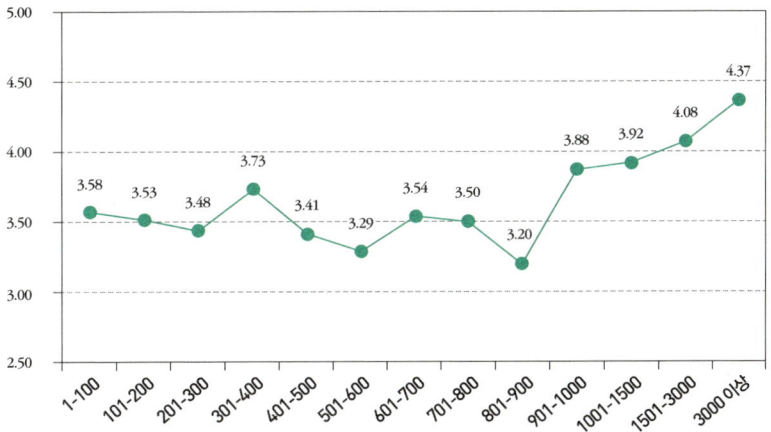

6.9 목회 철학

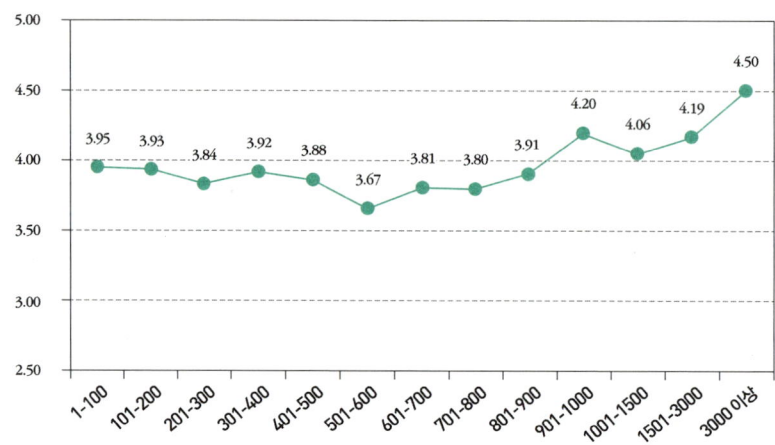

6.10 성도들의 공유 상태

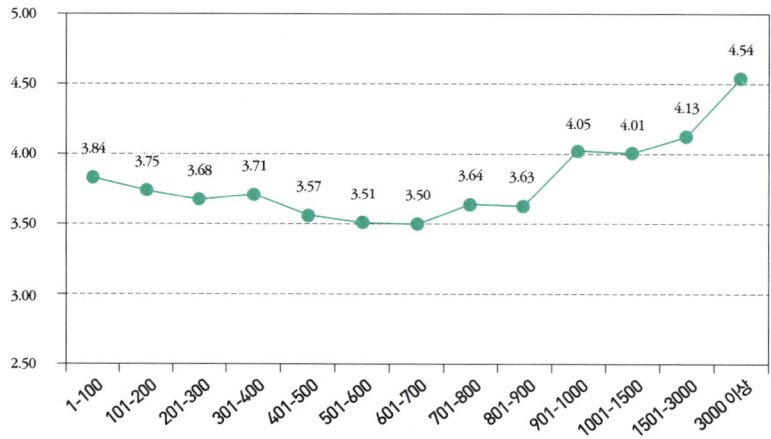

6.11 실행 전략

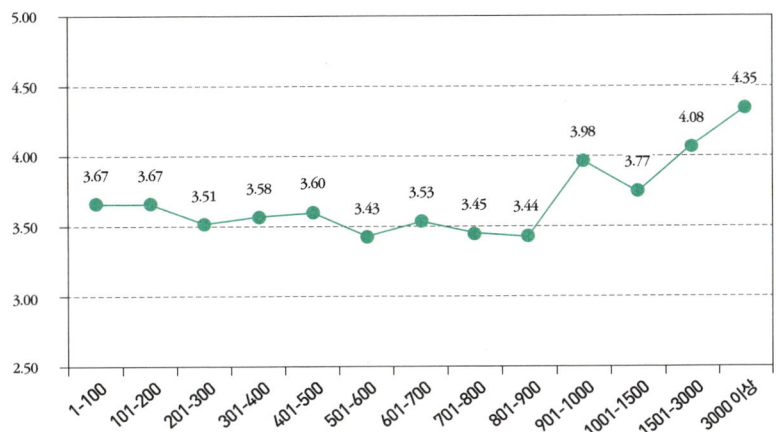

6.12 건강한 교회의 열매

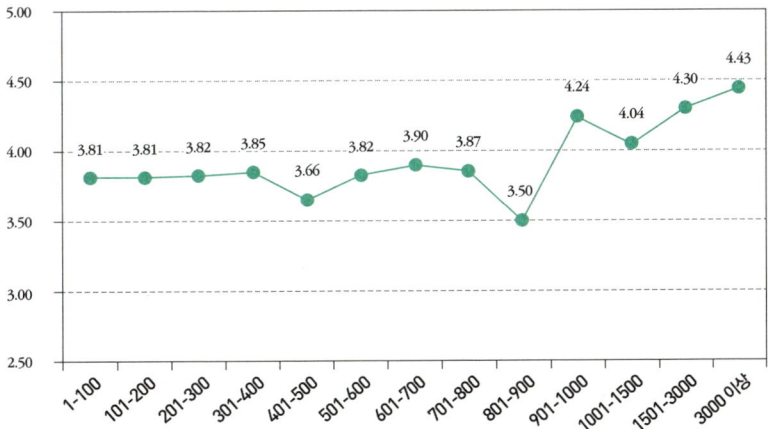

부록 2

교회 건강성 진단 설문(CHEQ II)

응답자 인적 사항

문1 현재 교회 내에서 맡고 계신 직분은 무엇입니까?

    1. 담임 목사
    2. 장로
    3. 권사
    4. 안수 집사
    5. 서리 집사
    6. 기타

문2 귀하의 성별은 어떻게 되십니까?

    1. 남성
    2. 여성

문3 귀하의 연령은 어떻게 되십니까?

    1. 20대
    2. 30대
    3. 40대
    4. 50대
    5. 60대
    6. 70대 이상

문4 현 교회에 출석하신 지는 얼마나 되셨습니까? _____ 년

교회의 현재 상태

문5 다음은 섬기시는 교회의 현재 상태에 대한 질문입니다. 각 문장에 대해 동의하시는 정도를 1에서 5 사이로 평가해 주시기 바랍니다. 5는 '매우 그렇다', 3은 '보통이다', 1은 '전혀 그렇지 않다'를 의미합니다.

항목	매우 그렇다	그렇다	보통 이다	그렇지 않다	전혀 그렇지 않다
1. 성도들의 마음이 부드럽고 따뜻하다.	5	4	3	2	1
2. 교회 분위기가 밝고 활기가 넘친다.	5	4	3	2	1
3. 최근 몇 년 동안 교회 내 갈등이 없었다.	5	4	3	2	1
4. 교회 지도자들을 신뢰하고 존경한다.	5	4	3	2	1
5. 성도들은 교회에 오는 것을 즐거워하고 교회 생활에서 비교적 행복감을 느낀다.	5	4	3	2	1
6. 교회를 떠나는 성도들이 거의 없다.	5	4	3	2	1
7. 성도들은 지역 사회와 이웃에 대한 사랑이 넘친다.	5	4	3	2	1
8. 교회가 점점 더 건강해질 것이라는 믿음이 있다.	5	4	3	2	1
9. 성도들은 우리 교회를 '교회다운 교회'라고 생각한다.	5	4	3	2	1
10. 목회자와 장로(혹은 이에 준하는 교회 리더)의 관계가 만족스럽다.	5	4	3	2	1
11. 담임 목사와 부교역자의 관계가 만족스럽다.	5	4	3	2	1

건강한 교회의 속성

문6 다음은 섬기시는 교회가 지닌 건강한 교회의 속성을 파악하기 위한 질문입니다. 각 문장에 대해 동의하시는 정도를 1에서 5 사이로 평가해 주시기 바랍니다. 5는 '매우 그렇다', 3은 '보통이다', 1은 '전혀 그렇지 않다'를 의미합니다.

항목	매우 그렇다	그렇다	보통 이다	그렇지 않다	전혀 그렇지 않다
1. 우리 교회는 하나님께 예배 드리는 것을 매우 중요하게 생각한다.	5	4	3	2	1

항목	매우 그렇다	그렇다	보통 이다	그렇지 않다	전혀 그렇지 않다
2. 성도들은 교회에서 드려지는 예배를 통해 하나님의 임재와 감동을 경험한다.	5	4	3	2	1
3. 예배의 순서와 내용은 성도들이 마음을 하나님께 집중하고 하나님 한 분만 높여 드릴 수 있도록 짜여 있다.	5	4	3	2	1
4. 예배 중 설교의 초점은 인간적 교훈보다는 하나님께서 어떤 분이시고 어떤 일을 행하셨는지 선포하는 데 맞춰져 있다.	5	4	3	2	1
5. 우리 교회는 공적 예배뿐 아니라 삶을 하나님께 올려 드리는 생활 예배도 매우 중요하게 여긴다.	5	4	3	2	1
6. 성도들은 그리스도의 몸인 지체로서 서로가 연결되고 연합되어 있음을 느낀다.	5	4	3	2	1
7. 성도들 서로 간에 사랑과 나눔의 교제가 풍성하다.	5	4	3	2	1
8. 성도들은 서로를 돕고 서로의 삶을 진심으로 나누는 경험을 하고 있다.	5	4	3	2	1
9. 성도들이 소속감을 느낄 수 있는 모임들이 활성화되어 있다.	5	4	3	2	1
10. 성도들은 각자의 은사를 통해 그리스도의 몸인 교회를 세우는 데 즐겁게 헌신한다.	5	4	3	2	1
11. 성도의 건강한 자람을 위한 교육 프로그램이 잘 준비되어 있다.	5	4	3	2	1
12. 성도들은 교육 프로그램에 적극적으로 참여한다.	5	4	3	2	1
13. 성도들은 하나님, 교회, 그리고 세상에 대한 올바른 지식과 관점을 갖추고 있다.	5	4	3	2	1
14. 성도들은 교회 생활만 열심히 하는 것이 아니라, 개인, 가정, 그리고 직장의 삶 속에서도 성경 말씀의 가르침에 따라 살아가고 있다.	5	4	3	2	1
15. 성도들의 삶을 통해 모든 영역에서 그리스도의 생명력이 전달되어 하나님 나라가 회복되고 있다.	5	4	3	2	1

항목	매우 그렇다	그렇다	보통 이다	그렇지 않다	전혀 그렇지 않다
16. 성도들은 이웃 섬김을 전도의 수단이라고 생각하기보다는 어려운 이웃을 돕고 그들을 사랑하는 것 자체에 의미를 두고 있다.	5	4	3	2	1
17. 성도들은 각자의 은사를 따라 섬김 사역에 적극적으로 참여하고 있다.	5	4	3	2	1
18. 성도들은 삶의 각 영역(직장, 가정 등)에서 섬김의 삶을 적극적으로 실천하고 있다.	5	4	3	2	1
19. 우리 교회는 재정이나 봉사를 통해 이웃과 지역 사회에 실제적인 도움을 주고 있다.	5	4	3	2	1
20. 우리 교회는 이웃의 필요를 제대로 파악하고 그들을 효과적으로 섬기기 위해 노력하고 있다.	5	4	3	2	1
21. 성도들은 우리 교회의 존재 목적, 즉 하나님께서 이 지역에 왜 우리 교회를 세우셨는지에 대한 이유와 사명을 명확하게 공유하고 있다.	5	4	3	2	1
22. 우리 교회의 존재 목적은 하나님의 뜻에 비춰 볼 때 순수하며 인간적 욕심에 물들지 않은 목적이라고 말할 수 있다.	5	4	3	2	1
23. 우리 교회는 전반적으로 볼 때 존재 목적에 맞게 운영되고 있다.	5	4	3	2	1
24. 우리 교회는 교회의 사역이나 운영이 존재 목적에 부합하는지 수시로 되돌아보는 편이다.	5	4	3	2	1
25. 우리 교회에서는 어떤 사역이나 프로그램을 도입하거나 실행하고자 할 때 그것이 교회의 존재 목적에 부합하는지를 우선적으로 고려하여 결정한다.	5	4	3	2	1
26. 우리 교회 리더는 예배, 교제, 섬김 및 다른 성도를 자라게 하는 일에 그 역할을 다 하고 있다.	5	4	3	2	1
27. 우리 교회 리더는 다른 성도들이 사역에 동참하도록 좋은 영향을 주고 있다.	5	4	3	2	1
28. 우리 교회 리더는 다른 성도들이 그들의 은사를 개발하고 발휘할 수 있도록 기회를 제공하기 위해 노력한다.	5	4	3	2	1

항목	매우 그렇다	그렇다	보통 이다	그렇지 않다	전혀 그렇지 않다
29. 우리 교회는 정보 공유와 소통이 잘 된다.	5	4	3	2	1
30. 우리 교회 리더는 다양한 의견을 수용하고 갈등을 잘 해결한다.	5	4	3	2	1
31. 우리 교회에서는 성경이 가르치는 기준과 원리에 따라 전 성도들이 참여하여 직분자를 신중하게 선택한다.	5	4	3	2	1
32. 직분자들이 직분을 잘 감당하도록 돕기 위해 필요한 교육을 충분히 제공하고 있다.	5	4	3	2	1
33. 직분자들은 교회를 건강하게 세우는 역할과 기능을 효과적으로 감당하고 있다.	5	4	3	2	1
34. 모든 직분자들은 교회 사역에 기쁨으로 참여하고 있다.	5	4	3	2	1
35. 우리 교회 당회나 이에 준하는 의사 결정 조직은 교회다움을 회복하는 일과 성도를 돌보는 일에 중심축 역할을 잘 감당하고 있다.	5	4	3	2	1
36. 교회의 운영 과정에서 중요하게 지켜야 할 운영 원칙(핵심 가치)을 성도들이 공유하고 있다.	5	4	3	2	1
37. 우리 교회가 중시하는 운영 원칙은 성경 말씀에 기반을 둔 것으로서 세속적 가치에 물들지 않았다.	5	4	3	2	1
38. 목회자와 교회 리더들은 교회의 운영 과정에서 교회가 중요하게 여기는 운영 원칙을 지키기 위해 노력한다.	5	4	3	2	1
39. 교회 내 각 부서에서 이루어지는 주요 의사 결정의 절차나 내용은 우리 교회의 운영 원칙에 잘 부합한다.	5	4	3	2	1
40. 우리 교회에서는 어떤 개인이나 부서가 이룬 사역의 결과보다는 그 과정에서 교회의 운영 원칙을 잘 지켰는지를 더 중요하게 여긴다.	5	4	3	2	1

건강한 교회의 속성에 대한 준비 정도

문7 다음은 섬기시는 교회가 건강한 교회의 속성에 대해 준비된 정도를 묻는 질문입니다. 각 문장에 대해 동의하시는 정도를 1에서 5 사이로 평가해 주시기 바랍니다. 5는 '매우 그렇다', 3은 '보통이다', 1은 '전혀 그렇지 않다'를 의미합니다.

항목	매우 그렇다	그렇다	보통이다	그렇지 않다	전혀 그렇지 않다
1. 목회자는 참된 예배가 드려지는 것이 가장 중요하다는 목회 철학을 가지고 있다.	5	4	3	2	1
2. 건강한 공동체를 이루는 것은 목회자의 우선순위에서 높은 순위를 차지한다.	5	4	3	2	1
3. 목회자는 성도 개개인의 성장을 중시하는 목회 철학을 가지고 있다.	5	4	3	2	1
4. 이웃 섬김은 목회자의 우선순위에서 높은 순위를 차지한다.	5	4	3	2	1
5. 목회자는 교회의 존재 목적에 맞도록 목회하기 위해 최선의 노력을 기울인다.	5	4	3	2	1
6. 바람직한 리더를 세우는 일은 목회자의 우선순위에서 높은 순위를 차지한다.	5	4	3	2	1
7. 목회자는 직분자 세우는 것과 직분자의 역할을 중시하는 방침을 가지고 있다.	5	4	3	2	1
8. 목회자는 핵심 원리에 충실하게 교회를 운영해야 한다는 목회 철학을 가지고 있다.	5	4	3	2	1
9. 목회자와 성도들은 예배가 중요하다는 점을 깊이 인식하고 이를 공유하고 있다	5	4	3	2	1
10. 교회가 건강한 공동체가 되어야 한다는 생각을 성도들이 함께 공유하고 있다.	5	4	3	2	1
11. 성도가 성장해야 된다는 것을 모든 성도가 공유하고 있다.	5	4	3	2	1
12. 교회가 이웃을 섬겨야 한다는 생각을 성도들이 함께 공유하고 있다.	5	4	3	2	1
13. 목회자와 성도들은 교회의 존재 목적에 따라 교회를 운영해야 한다는 점을 공유하고 있다.	5	4	3	2	1
14. 바람직한 리더를 세우는 일이 중요하다는 생각을 성도들이 함께 공유하고 있다.	5	4	3	2	1

항목	매우 그렇다	그렇다	보통이다	그렇지 않다	전혀 그렇지 않다
15. 교회 직분을 귀중하게 여기는 분위기가 형성되어 있다.	5	4	3	2	1
16. 목회자와 성도들이 성경적 원칙을 지켜야 한다는 생각을 공유하고 있다.	5	4	3	2	1
17. 우리 교회에서는 참된 예배가 드려지도록 하기 위한 분명한 목표와 전략을 모색한다.	5	4	3	2	1
18. 교회가 그리스도의 몸인 건강한 공동체를 이루기 위한 분명한 목표와 전략을 가지고 있다.	5	4	3	2	1
19. 성도의 성장을 위한 목표와 이를 이루기 위한 전략이 분명하게 정립되어 있다.	5	4	3	2	1
20. 우리 교회는 이웃 섬김을 위한 목표와 전략이 분명하게 정립되어 있다.	5	4	3	2	1
21. 교회의 존재 목적에 기반하여 교회 운영을 하기 위한 다양한 방법과 전략을 모색한다.	5	4	3	2	1
22. 우리 교회는 바람직한 리더를 세우기 위한 목표와 전략을 분명히 가지고 있다.	5	4	3	2	1
23. 직분자를 잘 세우고 교육하며 이들이 역할을 잘 감당하도록 돕는 구체적인 전략을 가지고 있다.	5	4	3	2	1
24. 핵심 원리에 따라 교회 운영을 하기 위한 전략과 방법이 분명하게 정립되어 있다.	5	4	3	2	1

건강한 교회의 열매

문8 다음은 섬기시는 교회에서 나타나는 건강한 교회의 열매에 대한 질문입니다. 각 문장에 대해 동의하시는 정도를 1에서 5 사이로 평가해 주시기 바랍니다. 5는 '매우 그렇다', 3은 '보통이다', 1은 '전혀 그렇지 않다'를 의미합니다.

항목	매우 그렇다	그렇다	보통이다	그렇지 않다	전혀 그렇지 않다
1. 교회 내에서 성도 개개인들이 교회의 구성원이 됨을 행복해하고 있다.	5	4	3	2	1

항목	매우 그렇다	그렇다	보통이다	그렇지 않다	전혀 그렇지 않다
2. 우리 교회는 지역 사회와 이웃에게 좋은 평판을 받고 있다.	5	4	3	2	1
3. 전도를 받은 새로운 신자가 꾸준히 늘고 있다.	5	4	3	2	1
4. 교회의 목회자 및 지도자와 성도들 간에 건강한 교류가 지속되고 있다.	5	4	3	2	1
5. 하나님 나라 확장이라는 교회의 본질적 목적이 효과적으로 달성되고 있다.	5	4	3	2	1
6. 우리 교회는 예수님의 뜻이 온전하게 실현되는 교회이다.	5	4	3	2	1
7. 전반적으로 볼 때 머리 되신 그리스도의 몸으로 교회다움을 유지하고 있다.	5	4	3	2	1

설문에 응해 주셔서 대단히 감사합니다

주

들어가는 글
1 Clouser, Roy, A., *The Myth of Religious Neutrality: The Essay on the Hidden Role of Religious Belief in Theories* (revised version; Notre Dame, IN: University of Notre Dame Press, 2005).

1장 건강한 교회 공동체
1 그렉 L. 호킨스 & 캘리 파킨슨, 『발견』(국제제자훈련원).
2 데이빗 웰스의 4부작 『신학 실종』 『거룩하신 하나님』 『윤리 실종』 『위대하신 그리스도』 그리고 완결판으로 출판된 『용기 있는 기독교』(이상 부흥과개혁사)는 모두 세속화에 도전받고 있는 복음주의 교회들의 병증을 해부한 책들이다.
3 옥성호의 『심리학에 물든 부족한 기독교』 『마케팅에 물든 부족한 기독교』 『엔터테인먼트에 물든 부족한 기독교』(이상 부흥과개혁사).
4 그렉 L. 호킨스 & 캘리 파킨슨, 앞의 책.
5 여기에 제시된 내용은 서울중앙교회의 갈렙 성경 공부 시간에 얻은 아이디어들이다.
6 여기서 설명하는 교회론에 대한 내용은 주로 마이클 윌리엄스의 『성경 이야기와 구원 드라마』(부흥과개혁사)와 크리스토퍼 라이트의 『하나님 백성의 선교』(한국 IVP)에서 발췌한 내용임을 밝힌다.
7 마이클 윌리엄스, 앞의 책, p. 347.
8 이 표현은 신약 성경신학자 조지 엘든 래드가 한 것인데, 마이클 윌리엄스, 앞의 책(p. 380)에서 재인용한 것이다.

9   박영돈, 『일그러진 한국 교회의 얼굴』, 7장.
10 Lesslie Newbigin, *The Open Secret* (Grand Rapids, MI: Eerdmans, 1978). 『오픈 시크릿』(복있는사람).
11 여기에 설명된 구심적 선교와 원심적 선교 전략에 대한 것은 마이클 윌리엄스, 앞의 책 13장을 참조한 것이다.
12 코넬리우스 플랜틴가, 『기독 지성의 책임』(규장); 알버트 월터스와 마이클 고힌, 『창조 타락 구속』(한국 IVP).
13 핵심 원리는 분석틀을 설명할 때 구체적으로 언급된다.

2장 건강한 교회를 추구하는 사례 교회들

1   교인 50명이면 예산 규모는 6,500~7,000만 원이다. 이 중 1,000만 원은 예배 장소를 빌려 쓸 경우 운영비 및 관리비이다. 그리고 부교역자가 없다는 전제하에 2,000~3,000만 원은 사례비, 1,500만 원은 교제 친교비, 나머지 1,000만 원은 구제와 선교로 사용한다.
2   더함공동체교회는 담임 목사를 초빙할 때 '전임 목사 초빙 협약서'를 작성한다. 협약서에 들어가는 내용은 (1) 목사 인적 사항, (2) 초빙 조건, (3) 목사의 교회(교인)에 대한 협약, (4) 교회(교인)의 목사에 대한 협약 등이다. (3)에 해당하는 두 항목 중 하나를 소개하면 다음과 같다. "목사는 더함공동체교회의 규약의 정신과 방향에 동의하며 교회가 추구하는 핵심 가치를 훼손함이 없이 교회를 섬기고, 설교, 성례, 심방, 교육 등 목회 활동에 전심을 다합니다." (4)에 해당하는 두 항목 중 하나를 소개하면 다음과 같다. "교회(교인)는 특별한 일이 없는 한 목사 초빙 조건을 최대한 보장하며, 목사를 사랑하고 존중하며, 목회 사역을 최대한 지원하고 협력적 교회를 세워 감에 동참합니다."
3   한국일, 『선교적 교회의 이론과 실제』(장로회신학대학교출판부), 104쪽.
4   주재일, 『이웃과 함께하는 도시 교회』(뉴스앤조이); "다시 빛과 소금으로 (2): 청주주님의교회"(「동아일보」, 2011. 7. 29.); 청주주님의교회 홈페이지 http://www.lordchurch.or.kr을 참고하였다.

3장 교회의 건강성 진단

1   기윤실, 「한국 교회 사회적 신뢰도 조사 결과 보고서」(2008, 2009, 2010, 2013, 2017).
2   http://www.newsnjoy.or.kr/news/articleView.html?idxno=215141
3   이 표의 결과는 개별 교회의 진단 결과가 아니고 설문에 참여한 교회들의 평균값을 나타낸다.
4   구체적인 내용은 5~12장에서 건강한 교회의 속성별로 논의하였다.
5   CHEQ는 저자들이 개발한 'Church Health Evaluation Questionnaire'(교회 건강성 진단 설문지)이다. 이전 책 『건강한 교회, 이렇게 세운다』에서는 CHEQ I을, 본서에서는 CHEQ II를 제시하였다.

6　건강한 교회 속성 여덟 가지에 대해서는 본서의 5-12장에서 하나씩 설명하였으니 참고하기 바란다. 그리고 다음 장에서 문제의 원인과 처방을 함께 다루었으므로 이를 참고하기 바란다.

4장 교회의 건강성 회복을 위한 처방과 변화 관리
1　크리스티안 A. 슈바르츠, 『자연적 교회 성장 첫걸음』(도서출판NCD).

5장 참된 예배
1　에드먼드 클라우니, 『교회』(IVP), p. 141.
2　존 파이퍼, 『열방을 향해 가라』(좋은씨앗). 크리스토퍼 라이트, 『하나님 백성의 선교』(IVP), p. 365에서 재인용.
3　Paul W. Hoon, *The Integrity of Worship* (Nashville: Abington Press, 1971), p. 77. 제임스 화이트, 『기독교 예배학 입문』(예배와설교아카데미), p. 25에서 재인용.
4　워렌 위어스비, 『건강한 사역자입니까?』(디모데, 2009), p. 112.
5　박영돈, 『일그러진 한국 교회의 얼굴』, p. 111.
6　팀 체스터 & 스티브 티미스, 『교회다움』(한국 IVP), p. 21.
7　김순환, 『21세기 예배론』(대한기독교서회), p. 224.
8　https://ko-kr.facebook.com/jino2520/posts/536147109756282
9　국수교회는 성인들과 아이들이 함께 주일 예배를 드린다.
10　송인규, 『평신도 신학 I』(홍성사), p. 270.
11　니콜라스 월터스토프, 『정의와 평화가 입맞출 때까지』(한국 IVP), p. 294.
12　김순환, 앞의 책, p. 224.
13　박영돈, 앞의 책, p. 268.
14　리처드 포스터, 『영적 훈련과 성장』(생명의말씀사, 1986, 1995), p. 239.
15　리처드 포스터, 앞의 책, p. 248.
16　박영돈, 앞의 책, p. 88.
17　박영돈, 앞의 책, p. 113.
18　데이빗 웰스, 『신학 실종』, 3장.
19　송인규, 앞의 책, p. 277.
20　송인규, 앞의 책, p. 287.

6장 연합된 지체
1　http://learn.greatplacetowork.com/rs/520-AOO-982/images/Tips_to_Get_Your_Leadership_Aligned.pdf
2　존 매키와 라젠드리 시소디어, 『돈 착하게 벌 수는 없는가』(흐름출판).

3 존 스토트는 『살아 있는 교회』(한국 IVP)에서 진정한 공동체를 이루는 '코이노니아'가 되려면 공동 유산, 공동 봉사, 상호 책임 세 가지를 갖추어야 한다고 말한다.
4 하워드 스나이더, 『참으로 해방된 교회』(한국 IVP), p. 104.
5 김순성, "신앙 공동체 영성 연구의 중요성", 「복음과 실천 신학」 제11권(2006년 봄호), pp. 211-229.
6 에드먼드 클라우니, 『교회』(한국 IVP). p. 92.
7 래리 크랩, 『영혼을 세우는 관계의 공동체』(한국 IVP), p. 53.
8 래리 크랩, 앞의 책, p. 81.
9 래리 크랩, 앞의 책, p. 210.
10 본서의 pp. 329-330에 실린 2013년도 CHEQ II 조사 결과를 보라.
11 존 매키와 라젠드리 시소디어, 앞의 책, p. 85.
12 Beckett 회사 홈페이지 http://www.beckettcorp.com/corporatevalues.asp
   유튜브 "Loving Monday" http://youtube.com/watch?v=el7Z3cf2rQw
13 로버트 뱅크스와 줄리아 뱅크스, 『교회, 또 하나의 가족』(한국 IVP). pp. 45-53.
14 하워드 스나이더, 앞의 책, p. 150.
15 본 회퍼, 『신도의 공동 생활 성서의 기도서』(대한기독교서회), p. 27.
16 교회에서 제도와 조직이 왜 필요한지에 대해서는 저자들의 이전 저서, 『건강한 교회, 이렇게 세운다』를 참고하라.

7장 건강한 사람

1 기윤실, "사랑의교회 건축을 통해 본 한국 교회 건축 문제"에 대한 긴급 좌담회 녹취록(2013. 12. 4.).
2 박영돈, 『일그러진 한국 교회의 얼굴』, p. 42.
3 김홍전, 『나는 포도나무요 너희는 가지니』(성약, 2012).
4 유해무, "왜 교회가 쇠퇴하는가?", 2011 부산 지역 신학 포럼 강의 내용.
5 존 스토트, 『제자도』, p. 49.
6 한국기독교목회자협의회, 『한국 기독교 분석 리포트』(도서출판URD).
7 필립 얀시, 『하나님, 은혜가 사라졌어요』(규장).
8 정재영, "교회 직분에 대한 의식 조사", 정주채·배종석·송인규·정재영, 『한국 교회와 직분자』(한국 IVP), pp. 213-285.
9 "교회를 어떻게 그렇게 분변하지 못하는 처지에 가두어 두면서 그 진리를 알지 못하는 그 상태에서 지내도록 [하고], 몇 십 년 가야 그 교회 교우들은 그저 진리를 모르는 그 처지에 계속 있는데도 거기 대해서 근심도 안 합니다. 이와 같이 교회의 종이 될 내가 교회를 내 종으로 삼는 이와 같은 현대 교회의 실정이 아닙니까?"(박윤선 박사, 1984년 설교 중에서)

10 고신에서 14년(1946-1960), 총신에서 13년(1963-1974, 1979-1980) 그리고 합신에서 8년(1980-1988).
11 도널드 맥가브란, 『교회 성장 이해』(대한예수교장로회총회출판국, 1987). 이 책과 함께 피터 와그너의 『교회 성장 전략』(나단출판사), 릭 워렌의 『목적이 이끄는 교회』(디모데), 크리스티안 슈바르츠의 『자연적 교회 성장』을 모두 교회 성장학 계열의 책으로 이해한다(엘머 타운즈 외, 『교회 성장 운동 어떻게 볼 것인가』, 부흥과개혁사, p. 152).
12 맥가브란, 앞의 책, p. 8.
13 엘머 타운즈 외, 『교회 성장 운동 어떻게 볼 것인가』; 한국복음주의실천신학회, 『복음주의 교회 성장학』(생명의말씀사).
14 엘머 타운즈 외, 앞의 책.
15 릭 워렌, 『새들백 교회 이야기』(디모데, 1996).
16 릭 워렌, 앞의 책, pp. 371-382.
17 김순성, "신앙 공동체 영성 연구의 중요성", 『복음과 실천(제11권)』(한국복음주의실천신학회).
18 김순성, 앞의 글.
19 존 스토트, 『제자도』, p. 54.
20 김홍전, 『포도나무와 가지』(성약), pp. 30-31.
21 김홍전, 앞의 책, p. 27.
22 제1계명의 덕에 반대되는 악으로는 (1) 하나님과 그분의 뜻에 대한 무지, (2) 하나님에 대한 오류 혹은 그릇된 관념들, (3) 마술, 점술, 주술, (4) 미신, (5) 피조물에 대한 모든 신뢰, (6) 우상숭배, (7) 하나님을 멸시함을 제시하였다.
23 요 14장과 15장에 나오는 '거하다'라는 헬라어를 KJV에서는 여러 가지 영어로 표현한다. 거하다(abide, 14:16, 15:4-7, 10); 거주하다(dwell, 14:10, 17); 현존하다(being present, 14:25); 지속하다(continue, 15:9); 남아 있다(remain, 15:11, 16). 하나의 헬라어 단어를 번역하기 위해 이처럼 다양한 용어들을 쓴 것은 그 단어의 의미가 얼마나 풍성한지 보여 준다.

8장 섬김의 실천
1 삼성경제연구소, 「협력으로 승화하는 기업의 사회 공헌」.
2 "교회의 사회 봉사, 문 활짝 열라"(「국민일보」, 2000. 5. 26.). http://news.naver.com/main/read.nhn?mode=LSD&mid=sec&sid1=111&oid=005&aid=0000003289
3 존 스토트, 『살아 있는 교회』, p. 59.
4 "이동원 목사 '大 사명' 힘썼지만 '한 계명' 소홀했다"(「크리스천투데이」, 2010. 10. 16.), http://www.christiantoday.co.kr/view.htm?id=241563

5 '공유 가치 창출'(CSV: Creating Shared Value)이란 기업이 경제적 가치를 창출하면서 동시에 지역과 사회 공동체에 필요한 가치를 창출하려는 목적을 가져야 한다는 의미로 하버드 경영대학원의 마이클 포터(Michael E. Porter)가 처음으로 사용한 용어이다.
6 하워드 스나이더, 『참으로 해방된 교회』, p.187.
7 스탠리 그렌츠, 『조직 신학』(크리스천다이제스트).
8 하워드 스나이더, 앞의 책, p. 189.
9 유성준, 『세이비어 교회(실천편)』(평단문화사).
10 로잔 운동, "그리스도인의 사회적 책임", 『케이프타운 서약』(한국 IVP), p. 219.
11 크리스토퍼 라이트, 『하나님 백성의 선교』, pp. 156-157.
12 존 스토트, 앞의 책, p. 161.
13 본 내용은 삼성경제연구소의 CEO Information, 「기업 사회 공헌의 본질: SPIRIT」을 요약한 것이다.
14 존 스토트, 앞의 책, p. 62.
15 로잔 운동, 앞의 책, p. 233.
16 기독교 사회 복지 엑스포 2010 국민일보 좌담회에서는 한국 교회가 일반 사회 복지의 60-70%를 담당하고 있다고 언급한다.
"복지 단체 시너지 창출…나눔 극대화"(「국민일보」, 2010. 10. 8.).
http://news.kukinews.com/article/view.asp?page=1&gCode=kmi&arcid=0004197393&cp=nv
17 임성빈, 기독경영연구원 포럼에서 윌로우크릭의 *Reveal*을 소개한 강연 자료(2008. 10.). *Reveal*은 『발견』(국제제자훈련원)으로 국내에 역간되어 있다.

9장 목적 충실성

1 크리스토퍼 라이트, 『하나님 백성의 선교』, p. 19.
2 같은 책, pp. 17-30, 397-408.
3 같은 책, pp. 90-93.
4 같은 책, pp. 175-177.
5 같은 책, pp. 62, 71.
6 같은 책, pp. 365, 399.
7 같은 책, p. 93.
8 박영돈, 『일그러진 한국 교회의 얼굴』, p. 115.
9 크리스토퍼 라이트, 앞의 책, p. 19.

10장 세움의 리더십

1 하형록, 『P31』(두란노).

2 하형록 회장은 팀하스의 설립자 겸 현 CEO이다. 한국계 미국인인 그는 언스트앤영 최우수 건설기업가상, 필라델피아 올해의 엔지니어상 등을 수상했으며, 2013년 오바마 정부 국립건축과학원 (National Institute of Building Science, NIBS)의 이사로 선임되었다.
3 하형록, 앞의 책, p. 16.
4 갤럽의 「2011-2012년 글로벌 업무 현장 리포트」에 따르면 업무에 몰입하는 한국 직장인 비율은 전체의 11%에 불과한 것으로 나타났다.
   "한국 직장인 90% 업무 몰입 못해…부하 잘 이끌 리더 키워야"(「한국경제신문」, 2013. 10. 20.).
   http://news.hankyung.com/article/2013102059411
5 존 매키와 라젠드리 시소디어, 『돈 착하게 벌 수는 없는가』(흐름출판). p. 101.
6 수만트라 고샬과 크리스토퍼 바틀렛, 『개인화 기업』(세종연구원).
7 류지성, 『마음으로 리드하라』(삼성경제연구소), pp. 210-215.
8 박영돈, 『일그러진 한국 교회의 얼굴』, pp. 107-108.
9 본서의 pp. 329-331에 실린 2013년도 CHEQ II 조사 결과를 보라.
10 배종석, 양혁승, 류지성. 『건강한 교회, 이렇게 세운다』, pp. 123-124.
11 배종석, "교회 본질을 살려 내는 교회 직제의 바른 설계", 『한국 교회와 직분자』, p. 110.

11장 직분의 회복

1 배종석, "교회 본질을 살려 내는 교회 직제의 바른 설계", 『한국 교회와 직분자』, pp. 75-132.
2 정재영, "교회 직분에 대한 의식 조사", 『한국 교회와 직분자』, pp. 213-285.
3 코넬리스 반 담, 『성경에서 가르치는 장로』(성약), pp. 15-16.
4 같은 책, p. 16에서 재인용.
5 정재영, 앞의 글.
6 코넬리스 반 담, 앞의 책, p. 15. 반 담은 직분을 보편적 직분과 구별된 직분으로 구분한다. 보편적 직분이란 모든 그리스도인이 가진 직분으로서 그리스도의 기름 부음에 참여하여 만인제사장으로서의 역할을 수행하는 것을 말하고, 구별된 직분은 목사, 장로, 집사 같은 공식적인 직분을 말한다.
7 김헌수·반 담·후이징아, 『성경에서 가르치는 집사와 장로』(성약).
8 같은 책.
9 코넬리스 반 담, 앞의 책, p. 20.
10 장 칼뱅, 『기독교 강요(하)』(크리스천다이제스트), p. 70.
11 배종석, 앞의 글, p. 89.
12 장 칼뱅, 앞의 책.

13 엥겔하드 & 호프만, 『교회 운영 교본』(2001년 수정판; 북미주개혁장로회한인출판국), p. 475.
14 배종석, 앞의 글.
15 진 게츠, 『직분론』(국제제자훈련원), p. 357.
16 알렉산더 스트라우치, 『성서에 나타난 장로상』(쿰란출판사), pp. 75-80.
17 더 자세한 내용은 배종석, 앞의 글, pp. 114-119를 참고하라.
18 배종석, 앞의 글, p. 115를 수정하여 표로 작성하였다.
19 더 자세한 내용은 배종석, 앞의 글, pp. 119-121를 참고하라.
20 배종석, 앞의 글, p. 120.
21 김헌수 외, 앞의 책.
22 코넬리스 반 담, 앞의 책, p. 27.
23 김홍전, 『나는 포도나무요 너희는 가지니』, pp. 30-31를 참고하라.
24 김헌수 외, 앞의 책에 의하면 감독은 '감독하는 기능'을 더 강조하고, 장로는 연장자로서 '인도하는 기능'을 더 강조하는 표현이다. 그리고 신약에 나오는 감독은 '가르치는 장로'인 목사와 '다스리는 장로'인 장로를 동시에 가리키는 것이라고 설명한다.
25 장 칼뱅, 앞의 책, p. 71.
26 같은 책, p. 72.
27 같은 책, p. 76.
28 이에 대한 구체적인 내용은 배종석, 앞의 글, pp. 124-126를 참고하라.
29 배종석, 앞의 글, p. 127의 내용을 수정하여 표로 작성하였다.

12장 핵심 원리에 기반한 운영
1 이 사례는 문국현 사장 재임 기간에 유한킴벌리에서 있었던 일이다.
2 배종석, 『인적 자원론』(제2판; 홍문사), p. 363에서 발췌하였다.
3 배종석·양혁승·류지성, 『건강한 교회, 이렇게 세운다』, pp. 56-67.

무엇이 교회를 건강하게 하는가

초판 발행_ 2018년 1월 29일

지은이_ 양혁승, 류지성, 배종석
펴낸이_ 신현기

펴낸곳_ 한국기독학생회출판부
등록번호_ 제313-2001-198호(1978.6.1)
주소_ 04031 서울시 마포구 동교로 156-10
대표 전화_ (02)337-2257 팩스_ (02)337-2258
영업 전화_ (02)338-2282 팩스_ 080-915-1515
홈페이지_ http://www.ivp.co.kr 이메일_ ivp@ivp.co.kr
ISBN 978-89-328-1608-1
ISBN 978-89-328-1609-8 (세트)

ⓒ 양혁승, 류지성, 배종석 2018

책값은 뒤표지에 있습니다.
무단 전재와 복제를 금합니다.